Georg Milzner

DIGITALE
HYSTERIE

Georg Milzner

DIGITALE HYSTERIE

Warum Computer unsere Kinder
weder dumm noch krank machen

BELTZ

Dieses Buch ist auch als E-Book erhältlich:
ISBN 978-3-407-22244-2

Die im Buch veröffentlichten Hinweise wurden mit größter Sorgfalt und nach bestem Wissen vom Autor erarbeitet und geprüft. Eine Garantie kann jedoch weder vom Verlag noch vom Verfasser übernommen werden. Die Haftung des Autors bzw. des Verlages und seiner Beauftragten für Personen-, Sach- oder Vermögensschäden ist ausgeschlossen.
Das Werk und seine Teile sind urheberrechtlich geschützt. Jede Nutzung in anderen als den gesetzlich zugelassenen Fallen bedarf der vorherigen schriftlichen Einwilligung des Verlages. Hinweis zu § 52 a UrhG: Weder das Werk noch seine Teile dürfen ohne eine solche Einwilligung eingescannt und in ein Netzwerk eingestellt werden. Dies gilt auch für Intranets von Schulen und sonstigen Bildungseinrichtungen.

www.beltz.de

© 2016 Verlagsgruppe Beltz, Werderstraße 10, 69469 Weinheim

Umschlaggestaltung: www.anjagrimmgestaltung.de,
Stephan Engelke (Beratung)
Umschlagillustration: © Thomas Kappes, gutentag-hamburg.de
Lektorat: Katharina Theml
Herstellung: Lelia Rehm
Druck und Bindung: Beltz Bad Langensalza GmbH, Bad Langensalza
Printed in Germany

ISBN 978-3-407- 86406-2
1 2 3 4 5   20 19 18 17 16

Inhalt

EINLEITUNG 11

1. EIN KLEINER KRIEGER HAT ALBTRÄUME 24
Computerkinder in meiner Praxis 27
Torben – Bildschirm ist nicht gleich Bildschirm 30
Von Ängsten gebannt 32
Falscher Alarm 34
Begründete Entwarnung 37
Kinder spielen auf der Höhe ihrer Zeit 39
Das digitale Dilemma 40

2. MACHEN COMPUTER UNS DÜMMER? 45
Wenn aus Zahlen Sorgen werden 46
Die aufgeheizte Debatte 49
Marco – Eigensinn als Stärke oder Problem? 54
Jenseits der Klischees 55
Was nicht benutzt wird, wird schlechter 59
Verderben Computerspiele die Sprache? 60
Intelligent, aber anders 62
Computerlernen im Labor 65
Experten in der Irrtumsschleife 67

3. WIE GEFÄHRLICH SIND COMPUTERSPIELE? 70
Spiel: Versuch einer Definition 71
Erst mal kennenlernen 74

Ein Update für Eltern	76
Was lernt man beim Gamen? Ein Selbstversuch	78
Ins Netz anstatt in den Wald?	86
Kleinere Welt mit mehr Möglichkeiten?	91
Auch Wissenschaftler benutzen Computerspiele	94
Spielen für die Hirnforschung	96

4. COMPUTERSUCHT ODER LEIDENSCHAFT? 99

Ein Blick in die klinische Forschung	101
Bestimmungsmerkmale einer Sucht	104
Kann ein Computer eine Droge sein?	106
Sucht ist etwas anderes als Gewohnheit	108
Gewohnheitsmäßiger Datenabruf als Erwachsenenproblem	111
Quentin Tarantino und der Exzess	113
Von der Absurdität der Medienabstinenz	115
Die schärfsten Waffen: Anteilnahme und mediale Mischkost	118

5. DIE NEUE ALTE ANGST: BILDSCHIRM UND GEWALT 120

Hätte man Goethe verbieten müssen?	122
Der Beginn der Bildschirmgewalt-Debatte	124
Stimulieren oder abreagieren?	125
Das Verschwinden des Mitleids	127
Die reale und die virtuelle Gewalt	132
Verstörende Trainingseffekte	134
Gehemmter Spieldrang begünstigt Gewalt	140
Kein Bildschirmproblem, sondern ein gesellschaftliches Problem	142

6. NEUE WEGE FÜR KREATIVE KÖPFE: EINE BILANZ   144
Nachbauen und neu erfinden   146
Ein Automat schreibt Gedichte   147
Technik und Ausdruck   149
Warum Computer unsere Kreativität nicht gefährden   152
Ausflug ins Spieleland   154
Gaming und Hochkultur   156
Vielfältig verwendbar, aber kein Schöpfer   158

7. DAS COMPUTERPROBLEM ALS
BEZIEHUNGSPROBLEM   161
Multikommunikation   162
Wir haben alle ein bisschen ADS   164
Kleine Aufmerksamkeitsethik   167
Programmiertes Mitgefühl   168
Sexualisiert das Internet die Kindheit?   169
Sexuelle Funktionsstörungen bei Jugendlichen   173
Digitale Verwahrlosung   176
Virtuelle Scheinbefriedigung   179

8. WIE GEFÄHRLICH SIND FACEBOOK & CO.?   182
Die Skepsis der Tigermutter   183
Schlechte Laune durch Twitter, Facebook und Co.   184
Einsam miteinander?   186
Vernetzung macht nicht glücklicher   187
Facebook und die Kultur des Narzissmus   189
Marlene – Selfie und Sexting   190
Mobbing im Netz   193
Rohe Umgangsformen   195
Selbstverteidigung im Netz   196

Kämpfer im Netz 197
Überanpassung an die Massen im Netz 199
Die Zukunft sozialer Netzwerke 201

9. SELBSTSTEUERUNG LEHREN STATT SPIELE VERBIETEN 203

Damien – der Computer und die Amygdala 204

Warum Computerkinder aus evolutionärer Sicht
besser dran sind 208

Wie soll man dosieren? 210

Versuchen, beide Seiten zu sehen 212

Erst uns und dann unsere Kinder besser verstehen 216

10. WAS KINDER IM DIGITALEN ZEITALTER VON UNS BRAUCHEN 219

Die Zukunft unserer Kinder beginnt heute 221

Eltern des digitalen Zeitalters 222

Ungeteilte Aufmerksamkeit schaffen 223

Das Modellverhalten überprüfen 226

Miteinander nachdenken 227

Feedback erwünscht 228

Sinnlichkeit: das Mehr für die virtuelle Welt 230

Unterstützung statt Sorge 233

Von heutigen Problemfällen zu künftigen Experten? 237

Kinder für das Kommende bereit machen 239

DANKSAGUNG 243

ANMERKUNGEN 244

LITERATUR 251

*Wir übersehen oft, dass geistige Beweglichkeit
der Lohn für dauernde Veränderungen,
Gefahren und Sorgen ist.*

H. G. Wells, *Die Zeitmaschine*

für Konrad
für Jakob
für Antonia

Einleitung

I

Ist es nicht verrückt, was mit unseren Kindern geschieht? Sie kommen von der Schule nach Hause, und das Erste, was sie ersehnen, ist das Lenkrad für die Wii oder der Zugang zum iPod. Anstatt nach draußen zu gehen oder zu lesen, Lego zu bauen, mit Freunden zusammenzusitzen oder Fußball zu spielen, ist es der Zugang zum elektronischen Spiel, den sie suchen. Haben sie dann halbherzig die Erlaubnis erhalten, für eine halbe Stunde am Computer zu spielen, so gibt es alsbald ein Problem. Denn die halbe Stunde genügt nicht, es ist eben eine neue Spielmöglichkeit eingetreten, ein neues Level hat begonnen, oder es fehlen nur noch wenige Punkte, um …

Beharren wir, die Erwachsenen, darauf, dass das Gerät jetzt, nach Ablauf der abgesprochenen 30 Minuten abgeschaltet wird, *jetzt* also, so stehen Katastrophen im Raum. Das geht nicht, nicht sofort, es ist wahnsinnig gemein, dieses Level *muss* noch gespielt werden, bitte noch nicht, gleich! Aus. Der Kasten ist aus, der Bildschirm schweigt, ein wütendes Kind stürmt aus dem Zimmer, halb weinend und halb ohnmächtig vor Zorn, zumindest aber keinesfalls bereit, mit seiner Zeit nun etwas »Sinnvolles« anzufangen.

Kennen Sie das? Oder kennen Sie Eltern, die das kennen? Es kommt in den meisten Familien vor, in jedem zweiten Haushalt schätzungsweise. Doch es gibt auch die andere Variante, in der

Eltern nicht regulierend eingreifen, und da spielt das Kind dann weiter, Stunde um Stunde. Die Stimmungskrise bleibt nun zwar aus, aber der Schaden verlagert sich nur. Kinder, die nach einer mehrstündigen Stimulationsorgie vom Computer kommen, fallen am Morgen durch Unruhe auf. Sie machen den Klassenclown, stoßen seltsame Laute aus (die die Lehrerin nicht kennen kann, weil sie die einschlägigen Spiele nicht kennt), versagen beim Diktat und haben Mühe mit den einfachsten Rechenschritten. Und irgendwie wirken sie stumpf und überhitzt zugleich, sind vom Unsinn magisch angezogen und reagieren doch auf jeden Spaß nur ganz kurz, als müsse alsbald ein weiterer kommen und das Entertainment am Laufen halten.

Was ich hier in kurzen Absätzen entwerfe, das sind Szenarien, von denen ich tagtäglich höre oder die mir tagtäglich begegnen. Manchmal in milderer, oftmals auch in gesteigerter Form. Dazu sehe ich Erwachsene, Eltern zumeist, die entweder von Sorge geprägt oder aber dem Bildschirm selbst schon in auffälliger Weise zugeneigt sind. Entstehen dann, entweder im Umfeld von Vorträgen oder in klinischen Sitzungen, Gespräche, so ist von einem Wunsch nach Orientierung die Rede, von einem Bedürfnis, herauszufinden, was denn nun gut ist an der fortschreitenden Computerisierung und was man den Kindern eigentlich verbieten müsste. Verwirrung ist das hauptsächliche Merkmal dieser Gespräche oder vielmehr der Fragen, die hier im Raum stehen. Verwirrung angesichts von Entwicklungen, die die Erwachsenen mit Sorge erfüllen, während die Kinder und Jugendlichen sie eher begrüßen. Ist dieser Zwiespalt nun etwas, das auf eine Gefahr verweist, die die Nachwachsenden noch nicht zu begreifen vermögen? Etwas, vor dem man sie warnen oder das man zumindest unter Kontrolle behalten muss? Vielleicht. Vielleicht aber auch nicht. Betrachten wir die Angelegenheit doch einmal anders ...

EINLEITUNG

II

Ist es nicht irre, was mit unseren Kindern geschieht? Sie aktivieren ein Smartphone mit lässiger Sicherheit und können nach kurzer Zeit mehr damit anfangen als ihre Väter und Mütter zusammen. Wenn der Computer Probleme macht, dann fingern sie mit der Miene von Fachleuten an Kabeln und Steckern herum und finden mitunter auch heraus, was zu tun ist. Und fährt man mit ihnen virtuelle Autorennen, dann kann es geschehen, dass sie darin die Besten sind. Und wir höchstens die Zweitbesten. Ja, heutige Kinder finden sich leicht in der Welt der digitalen Technik zurecht. Sie sind begeistert von ihren Möglichkeiten und sie möchten alle gern nutzen. Wo ein Bildschirm ist, dahin wandert ihre Aufmerksamkeit. Und es gibt viele Bildschirme in unserer Welt. Ja, unsere Kinder sind begeistert von der neuen Technologie, die sie umgibt. Und sie lösen Kopfschütteln aus, wenn sie ihren Eltern oder Lehrern im Umgang damit etwas vormachen.

Es besteht kein Zweifel daran, dass Kinder in der digitalen Welt tatsächlich etwas lernen. Nur was? Und braucht man das wirklich? Und schadet es nicht mehr, als es nützt? Dies sind die Fragen, die gegenwärtig Eltern, Lehrer, Erzieherinnen, Kinderpsychologen und Kinderärztinnen beschäftigen. Eine vernünftige Antwort darauf wurde noch nicht gefunden, und das hat zur Folge, dass abermals Verwirrung das öffentliche Bild beherrscht.

Mit den Jugendlichen ist es nicht anders. Sie surfen im Internet und bekommen die Informationen, die sie benötigen, mit derselben Leichtigkeit, mit der sie einen Hamburger verzehren. Zu Facebook und zu Google haben sie ihre Meinung, oftmals eine sehr kritische, aber beide werden dennoch von ihnen benutzt, und das völlig selbstverständlich. Sie können Tage und Nächte mit Online-Spielen verbringen und entwickeln dabei ein strategisches Denken, das sich für Kriege oder Katastrophenszenarien bestens eignen würde.

Aber will man so etwas können? Und wollen wir, dass unsere Kinder das erlernen? Müsste bei Kindern nicht doch eher an der Entwicklung vertrauter und bewährter Fähigkeiten gearbeitet werden? Sollten Kinder also nicht vielmehr Sport treiben, ein Instrument spielen lernen und vor allem sicherstellen, dass sie die eigene Sprache beherrschen? Lernen die Heranwachsenden in unserer Lebenswelt also womöglich einfach das Falsche? Und verlieren damit ihr Gefühl für sich selbst?

Ja, es gibt solche Entfremdungsprozesse. Denn Kinder und Jugendliche werden anders in unserer Welt. Sie entwickeln andere Kompetenzen, aber sie bekommen auch neuartige Störungsbilder. Das leuchtet ein, denn sie stellen sich ja auf die Welt ein, die sie umgibt. Und wenn wir auch weiterhin ins Kino gehen und Bücher lesen, so lässt sich doch kaum leugnen, dass der Computer unsere Welt völlig verändert hat. In seiner Vielgestalt – ob als Laptop oder Industrieroboter, als Smartphone oder Autopilot – ist er, anders als das Kino oder das Buch, gleichsam überall, und es ist nicht übertrieben, in der Digitalisierung den wesentlichen Faktor für die Veränderung unserer modernen Welt zu sehen.

III

Doch auch wir Erwachsenen haben uns verändert. Zwar geht der besorgte Blick in der Regel zu den Kindern hin. Doch könnte er mit derselben Berechtigung auch auf uns selbst ruhen. Möglicherweise sogar mit *mehr* Berechtigung. Denn wenn man bei Kindern und Jugendlichen davon ausgehen muss, dass sie in die digitalisierte Welt hineinwachsen und daher gar keine andere

EINLEITUNG

Wahl haben, als sich computerkundig zu machen, so sind viele Erwachsene in einer anderen Lage. Sie sehen zwar die zunehmende Digitalisierung und sind in der Regel mit ihren Anforderungen vertraut, ja, viele von ihnen sind in die digitale Welt bereits hineingewachsen. Doch sie bejahen diese Welt meiner Erfahrung nach oftmals nicht vorbehaltlos. Eltern nutzen die modernen Medien, weil es bequem ist und mehr Möglichkeiten bietet. Aber sie möchten von ihnen nicht selbst verändert werden.

Doch genau dies geschieht. Geschieht nicht in ferner Zukunft, sondern heute und hier. Wer zum Beispiel ein Smartphone benutzt, verändert seine Kommunikation. Eine eingehende Message ist nun womöglich wichtiger als das soeben mit einem Kind gespielte Spiel. Nicht, weil sie tatsächlich wichtiger wäre. Aber es entsteht der Eindruck, dass die Nachricht an Dringlichkeit das reale Kinderspiel übertrifft. Technik erzeugt den Eindruck von Hierarchie. Und in dieser Hierarchie rutscht die reale Welt gegenwärtig Sprosse für Sprosse nach unten.

Schon als Student habe ich an Untersuchungen mitgearbeitet, die die Veränderung von Kommunikation und Bewusstsein durch Computer erforschten. Das Thema beschäftigt mich bis heute. Allerdings hat sich die Art, wie es mich beschäftigt, ziemlich verändert. Als Psychotherapeut bin ich heute zum Beispiel mit Jugendlichen konfrontiert, die von sich selbst sagen, sie seien süchtig nach Computerspielen. Ich höre Männer sagen, sie wüssten nicht, ob sie sexsüchtig seien, pornosüchtig oder doch eher internetsüchtig: Aber auf jeden Fall würden sie abnorm viel Zeit mit dem Konsum pornografischer Websites verbringen.

Dann wieder gibt es Mädchen, die von dem Bild beherrscht sind, das sie auf ihrer Facebook-Seite abgeben. Und die Schreckensvisionen heimsuchen, in denen sie sozial vernichtet werden. Paranoiker, die erklären, der Bildschirm lese ihre Gedanken.

DIGITALE HYSTERIE

Junge Kiffer, die den Abend und die Nacht mit YouTube verbringen und die irgendwann, wenn sie realisieren, dass ihre wachsende Angst vor der echten Welt da draußen überhandgenommen hat, merken, dass tatsächlich etwas mit ihnen nicht mehr stimmt. Dass sie nämlich an sozialer Kompetenz eingebüßt haben und sich nun schon ganz einfachen Herausforderungen nicht gewachsen sehen. Sich einen Kaffee zu bestellen zum Beispiel oder an der Käsetheke im Supermarkt zu sagen, dass sie wirklich nur sechs Scheiben Gouda haben wollten und keine acht.

Es fällt mir auf, dass alle diese Leiden und Störungsbilder vollkommen andere sind als die, die zu Beginn der allgemeinen Computerisierung untersucht und registriert wurden.

Damals, etwa ab Mitte der 1980er-Jahre, stellten wir Kopfschmerzsyndrome fest als Folge der gewaltigen Flimmerfrequenz, die den Bildschirmen zu dieser Zeit eigen war. Sekretärinnen, die Texte abtippen und in den Computer eingeben mussten, klagten über Sehstörungen und schmerzhafte Spannungen der Augenmuskulatur. Die Bildschirme hatten zu dieser Zeit gewöhnlich einen schwarzen Hintergrund, über den eine weiße oder grüne Schrift lief, und der Umstand, dass der Helligkeitskontrast auf dem Papier, von dem die Bürokräfte den Text übernahmen, genau andersherum war (das gewohnte Schwarz auf Weiß) bewirkte, dass die Augen ständig und in großer Frequenz umakkommodieren mussten.

Hätte man zu dieser Zeit voraussehen können, was alles noch kommt? Vermutlich ja, zumindest zum Teil. Allerdings waren es nicht die Psychologen und Ärzte, die hier Voraussicht bewiesen, sondern Science-Fiction-Autoren und Filmemacher. Doch auch sie wurden erst aktiv, nachdem die Computer sich auszubreiten begannen, nahmen dann aber schnell die destruktiven Möglichkeiten der »Cyberkultur« ins Visier.

EINLEITUNG

Ich denke, dass auch die augenblicklichen Diskussionen um die Computerisierung unserer Lebenswelt nicht ganz so geführt werden, wie sie geführt werden müssten. Aus diesem Grund habe ich dieses Buch geschrieben. Meine Grundannahme ist die, dass die Kinder und Jugendlichen, die heute so begeistert Bildschirmspiele spielen, bei Facebook unterwegs sind und ihre medialen Möglichkeiten nutzen, zum Großteil keineswegs degenerieren, sondern sich vielmehr für eine Zukunft rüsten, die weit über den heutigen Stand hinaus von der digitalen Technologie geprägt sein wird. Das muss keine Zukunft sein, die wir Erwachsenen toll finden. Um für diese Zukunft gerüstet zu sein, ist keineswegs mehr der alte und ehrwürdige Bildungskanon nötig. Was von diesem gültig und nützlich ist, wird früher oder später auch in der Computerwelt erscheinen. Aber erst einmal sind die Interessen anders gelagert. Denn ob es uns gefällt oder nicht – und die meisten von uns sind hier wohl ambivalent –, die zu erwartende Zukunft wird in immer stärkerem Maß von den digitalen Medien bestimmt sein. Das bedeutet, wer sich heute mit diesen Medien vertraut macht, rüstet sich nicht nur für das, was ist, sondern vor allem für das, was kommt.

Und Kinder müssen nicht nur jetzt zurechtkommen. Sie müssen vor allem *später* zurechtkommen. Das bedeutet, es lässt sich aus dem, was sie heute können oder nicht können, nur begrenzt ableiten, wie sie später einmal dastehen werden. Was heute noch wie ein Störungsbild wirkt, kann morgen eine Kernkompetenz sein. Und ich bin sicher, dass es sich mit einigen der Probleme, die uns gegenwärtig beschäftigen, genau so verhält. Zum Beispiel hängt die wachsende Unfähigkeit, anspruchsvolle, längere Texte lesen zu können, damit zusammen, dass digitale Medien auf Verkürzung von Information hin trainieren. Diese Verkürzungen zwingen zur Prägnanz. Die in Chatrooms gebräuchliche Formel »tldr« (= too long, didn't read) verleiht diesem Zwang, sich auf das Wesentliche zu konzentrieren, Ausdruck. Wer sich dieser Anforderung nun fügt, der wird in einer technisierten Welt gut zurechtkommen. Denn in technischen Zusammenhängen wird die knappe, gedrängte Information sehr geschätzt – ganz im Gegensatz zu Spekulationen und ausführlichen Ideenbildungen. Wer also gegenwärtig Mühe hat, mit einem längeren Text fertig zu werden, der ist, wie ich annehme, nicht nur eingeschränkt oder gestört. Sondern passt sich den neuen kommunikativen Anforderungen der technisierten Zukunft an. Wenn meine Vermutung stimmt, müssen wir daher sehr viel genauer als bisher untersuchen, wohin sich unsere Lebensform entwickelt. Und sehr viel offener darüber nachdenken, ob dies denn von uns gewollt wird. Absurditäten wie die, dass einerseits Schulen vermehrt das Internet benutzen und Kinder gleichzeitig Medienabstinenz lernen sollen, sind Anzeichen eines gespaltenen kulturellen Bewusstseins.

IV

Ist es nicht Wahnsinn, wie die Kindheit sich entwickelt? Ja, ohne Frage. Aber wenn wir »Wahnsinn« sagen, können wir zweierlei meinen, einmal etwas, was wir toll finden, und dann etwas, was uns krankhaft erscheint. Und tatsächlich ist das, was Kinder im Zeitalter der Digitalität erleben, auch beides, toll und möglicherweise gefährlich.

Wer aber gibt den Ton an? Und wo liegt der Schwerpunkt der gegenwärtigen Entwicklung? Als Psychologe, der parallel zu seiner klinischen Arbeit auf dem Feld der Bewusstseinsforschung engagiert ist, entsteht für mich ein eigentümlich zwiespältiger

EINLEITUNG

Eindruck. Einerseits begrüßen Eltern für gewöhnlich die vielfältigen Möglichkeiten, die die elektronische Welt nun einmal bietet. Dass sich mit digitalen Medien anders lernen lässt als mit Büchern, Bleistift und Zeichenblock, erkennen sie an. Anderseits macht sich in ihnen Sorge breit, und viele von ihnen (vermutlich die meisten) erlegen ihren Kindern Zeitbeschränkungen für den Umgang mit Computern auf. So ganz scheint man dem allgegenwärtigen Medium doch nicht zu trauen. Und in der Tat gibt es, blickt man ein bisschen tiefer, eine Fülle von Sorgen, die sich mit der Computerisierung der Kindheit verbinden. Störungsbilder wie der »Zappelphilipp« werden auf sie zurückgeführt. Und wenn ich einen Vortrag zum Thema Amoklauf halte, dann werde ich hundertprozentig gefragt, ob dafür nicht doch die gewalttätigen Computerspiele verantwortlich seien.

Mit dem vorliegenden Buch will ich Antworten auf brennende Fragen zur Computerisierung der Kindheit und Jugend geben. Ich möchte aber noch mehr. Blicke ich mich nämlich um, so finde ich, dass es schon eine ganze Reihe von Publikationen gibt, die vor den Folgen der Computernutzung in schriller Tonlage warnen und Suchtgefahren, wachsende Gewaltneigung sowie kommende Intelligenzdefizite beschwören.

Ich will mich nicht in die Reihe dieser Autoren stellen; meine Absicht ist eine andere. Zunächst einmal möchte ich der hysterischen Weise, in der hier gewarnt wird, eine ernsthafte und konstruktiv beratende Haltung entgegenstellen. Hysterie steht für Übersteigerung ohne Tiefe, für grellen Effekt bei geringer Substanz. Für genau das also, was wir gegenwärtig wenig brauchen können.

Denn Kinder und Jugendliche lernen gegenwärtig vor allem, sich auf eine neue Lebensform einzustellen. Eine Lebensform, die – ob sie uns nun gefällt oder nicht – nun einmal vor der Tür steht. Eine Lebensform, die in einem so hohen Maß durchtechnisiert sein wird, dass es nur sinnvoll ist, wenn man früh damit zu üben beginnt. Das mag für uns Erwachsene beunruhigend sein. Aber beunruhigen uns wirklich unsere Kinder? Oder beunruhigt uns nicht vielmehr das, was insgesamt an Veränderungen vor der Tür steht?

V

Es sind bei genauerem Hinsehen ziemlich konkrete Fragen, die vor allem Kinder und Jugendliche betreffen. Kann man zum Beispiel computersüchtig oder internetsüchtig werden? Und wenn ja, ab wann spricht man hier von Sucht? Machen Computer uns schleichend immer dümmer? Verlernen wir die einfachsten Dinge, weil wir sie von digitalen Geräten ausführen lassen?

Andere Fragen schließen sich an. Stimmt die Vermutung, dass es zwischen Computerspielen und Gewaltdelikten einen Zusammenhang gibt? Wie verändern sich unsere Beziehungen? Und stimmt es, dass die ständige Computernutzung uns unkreativ macht? Schließlich sind da noch die Fragen, die unsere zukünftige Lebenswelt betreffen. Wie wird die Lebenswelt unserer Kinder aussehen, wenn die Digitalisierung weiter um sich greift? Und wie bereiten wir sie am besten darauf vor? Werden unsere Kinder eine Arbeit finden? Und was benötigen sie für Kompetenzen, um in der kommenden Welt zurechtzukommen?

Wenn Sie sich eine oder mehrere dieser Fragen gelegentlich stellen, dann sind Sie in diesem Buch richtig. Wenn Sie nach Antworten suchen und dabei auch sich selbst unter die Lupe nehmen möchten, dann sind Sie hier sogar *sehr* richtig. Immer mehr Eltern und Erziehende haben die vordergründigen Lösungen (eine

EINLEITUNG

halbe Stunde Bildschirm ist erlaubt, und danach gibt's Familien-
krach) über und möchten ihren Kindern nicht im Weg stehen.
Wie aber kommt man heraus aus dem Labyrinth aus Sorge und
schlechtem Gewissen, aus unnötiger Strenge und schleichender
Angst hinsichtlich dessen, was die neuen Medien mit unseren
Kindern anstellen?

VI

Die Antwort hierauf hat zwei Teile: Information und Beziehung.
Klare und geordnete Information ist die sicherste Methode, um
aus dem Katastrophendenken und den Sorgenschleifen heraus-
zukommen. Daher biete ich Ihnen in diesem Buch aufbereitete
Informationen, die Ihnen Ihre wesentlichen Fragen beantworten
werden. Mithilfe dieser Informationen werden Sie klarer und sicherer einschätzen können, wie Sie mit Ihren Kindern hinsichtlich des Computers hilfreich umgehen können und was für Sie
und Ihre Kinder im digitalen Zeitalter wirklich gut ist.

So gerüstet wird es dann viel leichter sein, auf das zweite
Thema zu kommen: Beziehung. Gegenwärtig stecken viele Eltern
in einer chronischen Alarmbereitschaft, wenn es um das Thema
Computer geht. Sie befürchten, dass irgendetwas mit ihren Kindern schiefläuft, aber sie wissen nicht, was. Dieser alarmierte Zustand teilt sich natürlich den Kindern mit. Sie spüren, wie ein
sorgenvoller Blick auf ihnen ruht, sobald sie einen Bildschirm
aktivieren. Und sie ahnen, dass bald ein ganz bestimmter Satz
kommen wird: »Mach das Ding endlich aus!« Sie alle, ob Kinder
oder Jugendliche, kennen diesen Satz und hassen ihn. Obschon
er gut gemeint ist, kommt er doch nie gut an. Warum eigentlich?
Und warum teilen Kinder die Alarmbereitschaft ihrer Eltern nicht

und sind vielmehr begierig auf das, was ihnen die digitale Welt an Möglichkeiten anbietet? Vielleicht, weil beide zunehmend in unterschiedlichen Welten zu leben beginnen. Tatsächlich ist aus meiner Sicht ein großer Teil des Computerproblems eher ein Beziehungsproblem. In vielen Familien tut sich eine regelrechte Schere auf zwischen Eltern und Kindern. Verbote erzeugen verständnislosen Zorn. Einen Zorn übrigens, der nichts damit zu tun hat, dass Kinder Grenzen nicht respektieren würden. Das Verbot, Alkohol zu trinken, akzeptieren nahezu alle Kinder, die ich kenne. Und die wenigen, die es nicht tun, leiden bereits an schwereren Störungsbildern. Aber was den Computer angeht, gibt es regelmäßig Krach, sobald von zeitlichen Grenzen oder Verboten die Rede ist.

Ich vermute, es liegt daran, dass Heranwachsende die Alarmbereitschaft ihrer Eltern und Erzieher für grundsätzlich überzogen halten. Oft merken sie ja, dass ihre Eltern von dem, wovor sie da warnen, gar nicht wirklich viel verstehen. Deswegen zeigt dieses Buch auch Wege auf, um Eltern und Erzieher aus ihrer Alarmbereitschaft herauszuführen. Diese Alarmbereitschaft ruft nämlich deutlich mehr Probleme hervor, als tatsächlich im Raum stehen. Im Laufe der Kapitel möchte ich zeigen, inwiefern ein Großteil aktueller Sorgen und Befürchtungen entweder unbegründet ist oder einfach an der Sache vorbeigeht. Und warum das einfache Bildschirmverbot nicht nur als willkürlich und sinnlos erlebt wird, sondern sogar negative Folgen haben kann.

Denn Computerkinder sind gesünder – viel gesünder, als der Alarmmodus ihnen zugestehen will. Mein Ziel ist, dass es zwischen Eltern und Erziehern, Kindern und Jugendlichen hinsichtlich der digitalen Welt zu neuen, besseren Auseinandersetzungen und zu tieferer Anteilnahme kommt. Echte Auseinandersetzung und interessierte Anteilnahme nämlich führen dazu, dass der wichtigste

EINLEITUNG

Bestandteil des Aufwachsens – wohlwollende Aufmerksamkeit für das, was ich bin und tue – wieder zunehmen kann. Überall da aber, wo die Meinungen zum Computer zwischen Eltern und Heranwachsenden auseinanderklaffen, bekommt paradoxerweise vor allem einer die Aufmerksamkeit: der Computer.

1

Ein kleiner Krieger
hat Albträume

Beginnen wir einfach mit Franz. Franz ist neun Jahre alt. Gemeinsam mit seinem elf Jahre alten Bruder Milan spielt er gelegentlich »Call of Duty«, einen Ego-Shooter. Ego-Shooter, die eigentlich First-Person-Shooter heißen, sind Spiele, bei denen die Perspektive des Spielers mit der der Spielperson eins ist. Der Spieler bewegt sich in einem dreidimensionalen Spielgelände und führt entweder eine militärische Aufgabe aus, oder er ist Teil eines Kampfgeschehens. So bestehen seine Aktionen zum größten Teil darin, mittels verschiedener Waffen einen Auftrag zu erfüllen bzw. selbst davonzukommen und möglichst viele Gegner zu eliminieren.

Nicht eben jugendfrei, würde man sagen. Das sind diese Spiele tatsächlich nicht. Und wenn man fragt, wo denn Franz und sein Bruder das Spiel herhaben, würde man auf Kopfschütteln stoßen. Sie können es nicht gekauft haben – eigentlich. Zumindest nicht in einem offiziellen Geschäft. Aber sie können es natürlich auf eine Weise erworben haben, die vom Jugendschutz nicht eingeplant war. Auf dem Schulhof zum Beispiel. Oder über einen anderen Umweg.

Wenn Kinder Ego-Shooter spielen, dann ist der Fall meist simpel. Entweder gibt es das Spiel schon in der Familie (der Vater

EIN KLEINER KRIEGER HAT ALBTRÄUME

spielt es gern), und das Kind kommt leicht daran. Oder es geht, wie hier, um drei Ecken. Der Bruder von Franz nämlich, Milan, hat ja Freunde. Und weil er selbst elf und eher frühreif ist, sind die ebenfalls elf und mitunter darüber. Und auch die Freunde haben manchmal Brüder ... Und so kommt Franz an Spielmöglichkeiten, die nicht für ihn bestimmt sind.

Was passiert mit einem Jungen, der so früh »Ballerspiele« kennenlernt? Fällt er auf dem Schulhof auf? Will er sich ständig prügeln? Stört er den Unterricht, indem er eine Pistole imitiert und »Bam-bam-bam« macht? Nichts von alledem. Von außen würde eigentlich niemand etwas merken. Wenn ich einer Lehrerin mitteilen würde, dass ihr Schüler Ego-Shooter spielt, würde sie vermutlich einen Riesenschrecken bekommen. Und sagen, er sei doch gar nicht so.

Wie denn? Eben so, wie man sich einen regelmäßigen »Ballerspieler« denkt: gesteigert aggressiv und ohne Gefühl für die anderen, dick und sprachlich verkümmert. Das alles ist Franz nicht. Er ist ein drahtiger, hübscher Junge, der sich eher zu schnell bewegt als zu langsam. Sogar seine Noten sind völlig in Ordnung. Franz zeichnet gut, und gern überdies. Mancher wundert sich über die realistischen Figuren, die er hinbekommt. Und in Mathe bekommt er gute Noten, ohne sich sonderlich anzustrengen. Alles gut, oder? Ein normaler Junge, der vermutlich seine Empfehlung fürs Gymnasium bekommt oder auf die Gesamtschule gehen wird.

Nur ein Problem gibt es da. Und das sind seine Albträume. Die Träume, die Franz mir schildert, haben alle denselben Verlauf: Eine männliche Gestalt beugt sich über ihn, und Franz liegt wie angenagelt am Boden, ohne sich regen zu können. Schreiend wacht er auf. Was sind das für Träume? Die Träume eines missbrauchten Kindes? Das war der erste Gedanke der Mutter, als sie mitbekam, dass den Jungen etwas quält. Ihr Weg führte sie dann

25

zur Erziehungsberatung und von dort in eine Praxis für Kinder-
und Jugendlichenpsychotherapie. Franz wurde viel befragt und
die Leute waren nett zu ihm. Auf traumatische Kontakte mit Erwachsenen ergab sich aber kein Hinweis. Was keiner wusste: Es
gibt in »Call of Duty« eine charakteristische Szene, und wenn
man die kennt, dann bekommt man eine Idee. Als Franz also in
meiner Praxis erscheint – die dritte therapeutische Anlaufstelle inzwischen, da man glaubt, als Hypnotherapeut könne ich vielleicht
auf die Träume des Kindes einwirken –, kommen wir nach kurzer
Zeit auf das Spiel zu sprechen, das er spielt.

Es ist eine ganz einfache Situation. Ich habe nach Computerspielen gefragt und, einer vagen Vermutung folgend, hinzugefügt,
dass mir die Szene wie aus einem Spiel vorkomme. Franz wollte
wissen, wie ich darauf käme, und ich antwortete, so sähen Szenen
aus Spielen nun einmal aus. Szenen aus Filmen natürlich auch, es
könnte auch die Szene aus einem Film sein.

Nein, nein, nein, erwiderte Franz, das mit dem Spiel stimme
schon. Nur, seine Eltern dürften das nicht wissen. Denn dann
wäre das Spiel weg, und der Bruder und seine Freunde bekämen
Ärger. Ich fragte ihn, ob er das Spiel denn weiterspielen wolle.
Sei das nicht ungefähr so, als würde man das Essen weiteressen,
von dem man schreckliche Magenkrämpfe bekomme? Er wolle
es nicht mehr spielen, sagte Franz. Das nicht. Aber der Ärger ...
Wir einigten uns darauf, die Eltern ein Stück weit einzuweihen.
Dass die Schreckensträume mit einem Bildschirmspiel zu tun
haben, sollten sie wissen. Denn es bedeutete Entwarnung in anderer Richtung. Genaueres über das Spiel müssen sie allerdings
nicht wissen – es genügt, wenn Franz sich davon fernhält. Für
diese Ablösung und auch zur Bearbeitung der Träume würde er
noch für einige Sitzungen – drei oder vier – zu mir kommen. In
diesen Sitzungen würde ich Franz in kleinen Imaginationen und

Trancen mit der Botschaft versehen, dass er weiß, dass es sich bei den Traumbildern um ein Spiel handelt. Und dass er im Traum dasselbe tun kann wie auch im realen Leben: Er kann den Aus-Knopf drücken.

Computerkinder in meiner Praxis

Ein Teil meines Berufes hat mit dem, was während eines Computerspiels geschieht, einige Ähnlichkeit. Denn ich bin Hypnotherapeut und Hypnoanalytiker, womit gemeint ist, dass ich unter anderem mit den Mitteln der Hypnose auf das Unbewusste meiner Patienten therapeutisch Einfluss nehme.[1] Trancen und hypnoide Zustände aber sind Bewusstseinsebenen, die auch im Computerspiel eine Rolle spielen, wie ich unten noch zeigen werde.

Die Art des Einflusses, den ich in meiner therapeutischen Tätigkeit auf meine Patienten nehme, kann ganz unterschiedlich sein: Oftmals geht es darum, mithilfe der Hypnose herauszufinden, was unbewusst mit einer bestimmten Symptomatik erreicht werden soll oder wie der Patient unbewusst schon versucht hat, einen bestehenden Konflikt zu lösen. Öfter noch versuche ich herauszufinden, was der Patient oder die Patientin in sich für verborgene Lösungsmöglichkeiten hat. Und diese dann an die Oberfläche des Bewusstseins zu bringen.

In einem Menschen geht während einer Hypnotherapie mitunter eine ganze Menge vor. In jenem Zustand, den man »Trance« nennt, erlebt er stärker fokussiert und kann sinnlicher wahrnehmen. Die Zonen unseres Gehirns, die für Wahrnehmung und Repräsentation verantwortlich sind – zum Beispiel der visuelle Cortex, der sowohl beim äußeren Sehen als auch beim Tagträumen und bei Halluzinationen arbeitet –, sind in diesem Zustand

DIGITALE HYSTERIE

hochaktiv. Das bedeutet, ein Mensch in hypnoider Trance sieht vermehrt innere Bilder oder hört innere Stimmen, spürt Körpergefühle tiefer oder kann sich über die Brücke eines bestimmten Geruchs an eine Situation erinnern, die mit genau diesem Geruch verknüpft war.

Vor allem aber erlebt mein Patient die Zeit ganz anders, und er reagiert weniger auf äußere Reize. Wenn ich während einer Hypnose einen Stein aufs Parkett fallen lasse, dann wendet er nicht wie sonst den Kopf und erschrickt, sondern er bleibt still und regungslos liegen, obgleich er den Aufschlag gehört hat. Wenn ich ihn aus der Trance zur äußeren Wirklichkeit zurückbegleite, dann weiß er oft nur noch wenig von dem, was ich in der Zwischenzeit gesprochen habe. Die Zeit, die er mit geschlossenen Augen in sich ruhte, erscheint ihm viel kürzer als die, die real vergangen ist. Zwanzig Minuten fühlen sich an wie fünf oder höchstens zehn. Das Zeitgefühl ist gestört, oder besser: Das Gefühl für unsere künstlich gemessene Zeit verschwindet. Stattdessen wird die Zeit in psychischen Einheiten gemessen. Die aber haben etwas mit der Dichte und der Konzentration der Aufmerksamkeit zu tun.

Wenn ich Kinder oder Jugendliche am Bildschirm spielen sehe, dann scheinen sie mir oft in einem vergleichbaren Zustand zu sein. Das Gefühl für die äußere Zeit ist weg, und das ist der Grund, warum ein Kind mit der Maßeinheit »noch zehn Minuten« beim Computerspielen nichts anfangen kann. Die Aufmerksamkeit ist gebannt, und das Kind nimmt weder links noch rechts viel wahr. Was auf dem Bildschirm geschieht und was dazu an Geräuschen erklingt, suggeriert eine eigene Wirklichkeit. Und weil das Gehirn zwischen »real« und »nicht real« nicht immer verlässlich trennt, geht der Jugendliche oder das Kind noch einmal tiefer und dichter in die Spielwirklichkeit hinein.

Schlimm? Eigentlich nicht. Zumindest nicht nur. Auch beim

EIN KLEINER KRIEGER HAT ALBTRÄUME

Lesen kann sich der Bewusstseinszustand so verändern, dass wir erstaunt sind, dass es draußen warm ist und unsere Freundin sich sonnt, während wir gerade einen Thriller lesen, der in der Antarktis spielt. In solchen Augenblicken nimmt das Bewusstsein die tatsächliche Wärme in gewisser Weise nicht an. Und lässt sich ein auf die Erfahrung einer Welt, in der den Agenten der Speichel auf den Lippen gefriert. Was hier passiert, nennt man Suggestion. Suggestion bedeutet, mit den Mitteln der Sprache oder eines Mediums den Eindruck einer anderen Wirklichkeit hervorzurufen. Ein Thriller-Autor muss das können. Auch ein Hypnotherapeut arbeitet mit Suggestion. Und ein Game-Designer? Die Antwort liegt auf der Hand. Da es sein Ziel ist, den Spieler möglichst zu bannen und mit dem Spiel zu faszinieren, wird er so suggestiv wie möglich arbeiten.

Suggestion ist eine bedeutende Macht. Aber wie viele große Kräfte hat sie zwei Seiten. Sie kann einerseits Menschen zu sich selbst führen und ihre Freiheit vergrößern. Doch sie kann Menschen auch in einen Bann schlagen, der schlecht für sie ist und sie davon abhält, ihr wirkliches Leben zu leben.

Ich denke, dass vieles, was Menschen heute von der Bildschirmwelt befürchten, hiermit zusammenhängt. Dass nämlich der Bildschirm einen Menschen dazu bringen kann, an seinem Leben vorbeizuleben. Und das kann er in der Tat. Später in diesem Buch werden Sie jemanden kennenlernen, bei dem genau das passiert ist – oder zu passieren drohte. Das Eigentümliche dabei ist: Es wird niemand sein, der in die gängigen Sorgenschemata gehört. Kein Schulverweigerer und kein trauriger Nerd. Und dennoch einer, der an seinem Leben vorbeizugehen drohte. Es hat jedoch gute Gründe, dass ich Ihnen zuvor noch jemand anderen vorstellen möchte. Eine ganz normale Mutter mit ihren ganz normalen Fragen.

DIGITALE HYSTERIE

Torben – Bildschirm ist nicht gleich Bildschirm

Eine besorgte Frau, Ende 30, nennen wir sie Nora W., macht sich Sorgen um ihren Sohn Torben, der immer ein aufgeweckter Junge war. Aber seit einem halben Jahr hat er »Mario Kart« entdeckt, und seitdem liebt er es, Rennen zu fahren. Wenn möglich, stundenlang. Das hat Nora W. nun unterbunden, denn die Zeit, die der Junge vorm Bildschirm verbringt, wird ihr einfach zu lang. Er darf so schon eine Dreiviertelstunde fernsehen, und wenn nun noch eine weitere halbe Stunde »Mario Kart« dazukommt, dann sind das eine und eine Viertelstunde, also für einen Zehnjährigen ganz klar zu viel. Oder?

Würden Sie einen Jungen von zehn Jahren so lange am Bildschirm spielen lassen? Ich ja, und auch noch länger. Allerdings hätte ich ein paar Voraussetzungen zu benennen. Zunächst einmal, dass die Hausaufgaben gut erledigt sind. Sodann, dass er auch etwas Zeit an der frischen Luft verbringt. Und dann, dass auch Freunde mitmachen können.

Nora W. ist erstaunt. Sie hatte einen besorgteren Therapeuten erwartet. Erst als ich sie frage, wie Torben denn beim Spielen von »Mario Kart« aussieht und ob sich das ihrer Meinung nach von seinem Bild beim Fernsehen unterscheidet, wird sie nachdenklich. Ja, bei »Mario Kart« ist er wilder. Ist das schlimm?, fragt sie.

Ich weiß es noch nicht, antworte ich. Möglicherweise nicht. Aber doch interessant. Denn wie die meisten Mütter und Väter schert Nora W. alles, was mit dem Bildschirm zu tun hat, über einen Kamm. Dies ist ein Trend, dem auch Fachleute folgen.[2] Aber ist das richtig? Wahrscheinlich nicht. Denn Fernsehen ist eine ganz andere Tätigkeit, als zum Beispiel ein Turnier am Computer auszufechten. Ersteres ist rezeptiv, also aufnehmend, während Letzteres zwar nicht produktiv, aber doch erheblich aktiver

30

EIN KLEINER KRIEGER HAT ALBTRÄUME

ist. Wenn man das erste Mal ein bewegungsintensives Bildschirmspiel spielt, dann kann es geschehen, dass man am nächsten Tag Muskelkater hat.

Wie kommt es nun, dass man zwei anscheinend gar nicht so vergleichbare Zeitvertreibe – Fernsehen und Spielen – einfach über einen Leisten schlägt? Vordergründig geht es natürlich um den Bildschirm. Er ist ganz einfach das verbindende Element zwischen dem Fernseher und dem Computer. Allerdings: »Bildschirm« meint natürlich nicht ganz dasselbe wie »Computer«. Aber wo Ängste im Raum sind, da wird meist wenig trennscharf gedacht. Und so kann eine in der Zeitschrift *Science* veröffentlichte Studie klar belegen, dass ein Sechstel des Übergewichts von Erwachsenen und Kindern auf den Konsum von TV und Computer zurückzuführen sei.

Konsum von TV und Computer? Hier hält man, wenn man Sprachgefühl besitzt, schon inne. Eine Frühabendserie kann ich konsumieren, eine am Computer zu erledigende Aufgabe eher nicht. Gemeint ist in der Studie wohl etwas anderes, nämlich die sitzende Lebensweise vorm Bildschirmgerät. Und was diese angeht, so gibt es in der Tat seit Jahrzehnten alarmierende Berichte zuhauf. Der Haken ist nur: Die Berichte sprechen von nichts, was spezifisch den Computer beträfe.

Warum diese falschen Verknüpfungen? Vielleicht liegt es daran, dass wir da, wo wir einer Sache nicht sicher sind, gern zu Verallgemeinerungen greifen. Schokolade ist süß, Bonbons sind süß, Fanta ist auch süß. Was süß ist, ist ungesund und muss also begrenzt werden. Wer schon eine halbe Tafel Schokolade verputzt hat, bekommt nun kein Bonbon mehr. Aber so eine Gleichung geht hinsichtlich des Bildschirms ganz einfach nicht auf. Weil nämlich Zucker sich einfach nur anreichern würde, während es am Bildschirm zu keiner Anreicherung kommen kann, weil es da um eine Vielzahl von Aktivitäten geht (spielen, Probleme lösen, sich körperlich ausagieren) und keineswegs um reinen Konsum. Der findet nur da statt, wo zum Beispiel Filme geschaut werden, also das Kind nicht selbst etwas macht.

Nora W. ist nachdenklich geworden. Ob ich befürworten würde, dass Torben mit seinem Vater auch ein bisschen länger »Mario Kart« fährt? Grundsätzlich ja, natürlich. Wenn beide eine Freude dabei teilen können, ist das ja auch ein wirkliches Miteinander. Vielleicht mit Flippern oder Kicken vergleichbar, ganz sicher aber nicht mit Fernsehen.

Zwei Wochen später höre ich interessante Dinge. Torben spielt mehr und sieht weniger fern. Nach wie vor liebt er seine zwei, drei Sendungen. Aber vor allem liebt er es, Rennen zu fahren, und er wird immer besser darin. Sein Vater übrigens auch, wenngleich der Junge schnellere Fortschritte macht. Nora W. fühlt sich ein bisschen an Carrera-Bahnen erinnert. Sie lacht, als sie das sagt.

Von Ängsten gebannt

Es ist ein Zeichen unserer Zeit, dass der Bildschirm, den man doch überall sieht, zugleich als furchterregend erlebt wird. Darin schwingt vielleicht ein Misstrauen gegenüber unserer Lebenswelt im Ganzen mit. Vielleicht steht aber auch eine Art Autosuggestion dahinter, die sich aufdecken ließe. Denn sowohl die Suggestion als auch die Trance kann man therapeutisch und diagnostisch verwenden. So kann man zum Beispiel die Bewusstseinsverfassung von Menschen untersuchen, die an schweren Störungen leiden. Hierbei ist oft ein Trance-Aspekt beteiligt. Hypnotherapeuten sprechen von einer »Symptomtrance«. Bei so einer Symptomtrance bleibt das Bewusstsein gewissermaßen gebannt von

EIN KLEINER KRIEGER HAT ALBTRÄUME

dem, worunter es eigentlich leidet: Es kann sich von einer Angst nicht lösen, es verharrt in einer depressiven Denkschleife, oder es suggeriert sich selbst, ohne einen bestimmten Menschen nicht mehr leben zu können.

Man merkt: In einer Symptomtrance kehrt sich das konstruktive Potenzial dieses Bewusstseinszustands gewissermaßen um und gibt nun Anteilen übermäßigen Raum, die normalerweise in der Streubreite des Bewusstseins eher untergehen würden. So etwas kann sich auf alles Mögliche hin ausrichten. Zum Beispiel kann sich die Aufmerksamkeit eines Kindes derart verengen, dass es sich nur noch auf ein ganz bestimmtes Spiel hin orientiert. Das wäre an sich nichts Schlimmes. Es gab ja immer genug Jungen, die nur Fußball im Kopf hatten, und Mädchen, für die sich alles um Pferde drehte. Aber wenn es um den Computer geht – und zwar oft unabhängig davon, um welche Spiele oder um welches soziale Netzwerk –, dann ändert sich auch die Bewusstseinsverfassung der Eltern. Und ihre Aufmerksamkeit wird gleichfalls enger. Denn auch, was uns mit Sorge erfüllt, kann Trance-Charakter bekommen. Dann allerdings ist es schon keine positive Sorge mehr, dann ist es Angst. Angst gegenüber Neuem ist verständlich, aber nur begrenzt hilfreich. Denn Angst macht nicht unbedingt klüger. Meist macht sie sogar eher dümmer. Darum ist auch Vorsicht, und nicht etwa Angst, die Mutter der Porzellankiste.

Moderne Eltern leiden unter vielen Ängsten. Dass ihr Kind einmal keinen guten Job bekommen wird, dass es süchtig oder gewalttätig wird, dass es ein Mobbingopfer sein oder womöglich im Internet an einen Kinderschänder geraten könnte, sind weit verbreitete Befürchtungen. Ein großer Teil dieser Befürchtungen steht heute mit dem Computer und ganz besonders mit dem Internet und den Computerspielen in Zusammenhang. Das hat natürlich damit zu tun, dass die medialen Möglichkeiten unsere Welt so rasant verändert haben und dass nicht alles an dieser Entwicklung gut ist. Allerdings kann man auch den Eindruck bekommen, dass das möglicherweise nicht so Gute ein wenig zu stark im Fokus der allgemeinen Aufmerksamkeit steht. Und dass selbst Wissenschaftler ihre Aufmerksamkeit vor allem auf das lenken, was sie für problematisch halten, und dabei den Blick zu sehr von dem abwenden, was durchaus gesund ist und eigentlich ganz gut läuft.

Falscher Alarm

Die Studie *Jugend 3.0 – Abgetaucht nach Digitalien?*[3] der Techniker Krankenkasse alarmiert. Viele Jugendliche, so die Studie, gestalten ihre Freizeit hauptsächlich mit Fernsehen und PC-Aktivitäten. Das Surfen im Internet hat Ausmaße angenommen, die sich Eltern oftmals nicht mehr zu kontrollieren trauen. Und jugendliche »Extremsurfer« weisen in höherem Ausmaß als andere Jugendliche Symptome wie Konzentrationsstörungen, Kopfschmerzen, Müdigkeit sowie andere Anzeichen von Stressbelastung auf. Ob dies alarmierende Befunde sind oder nicht, hängt jedoch vom Betrachtungswinkel ab. Denn gegenwärtig ist es leicht, Erschrecken darüber auszulösen, wie viel Zeit die Heranwachsenden vor dem Bildschirm, im Netz oder auch nur vor dem Fernseher zubringen. Was nur selten sauber unterschieden wird.

Greifen wir einmal ein paar Aussagen aus der Studie heraus. Dass ein extremes Maß an Online-Aktivität notgedrungen andere, kompensatorische Aktivitäten ausschließt – rein zeitlich nämlich –, das leuchtet ein und vermag schon deshalb die genannten Symptombildungen zu erklären. Extreme Aktivitäten in

EIN KLEINER KRIEGER HAT ALBTRÄUME

gleich welcher Hinsicht rufen meist nach einer Weile Probleme hervor. Und so ist es einleuchtend, dass auch die – extrem kleine – Gruppe der Extremsurfer mit ihrem eingeschränkten Lebensmodell ein paar Schwierigkeiten bekommt.

Ein zweites Beispiel: 80 Prozent der deutschen 16-Jährigen sind laut der TK-Studie in Online-Netzwerken aktiv. Das ist nicht wenig, es sind vier Fünftel dieses Jahrgangs, also die deutliche Mehrheit. Nur, ist das ein Problem? Wer in den 1980er-Jahren aufwuchs, wird sich erinnern, dass man damals täglich lange telefonierte. Das Bedürfnis nach Kommunikation mit Gleichgesinnten ist in diesem Lebensalter ausgesprochen hoch, insofern muss man wohl davon ausgehen, dass die Aktivität in den Online-Netzwerken nur eine Spielart darstellt, diesem Bedürfnis nachzukommen.

So weit, so gut. Als statistische Erfassungen oder, wo diese ausgeschmückt werden, als Beschreibungen könnten solche Befunde von Interesse sein. Nur mit der Wertung müsste man sich zurückhalten. Doch genau das passiert nicht. Denn der beherrschende Ton der Studie warnt, dramatisiert und erweckt den Eindruck, dass hier Ungesundes geschieht.

Mit dieser Tendenz sind die Verfasser der Studie natürlich nicht allein. Vielmehr bedienen sie einen Trend, der in Computeraktivitäten beständig Bedrohungen für die Gesundheit erkennt. Und der hierbei natürlich nicht die Erwachsenen in den Blick nimmt, sondern die, auf denen der sorgenvolle Blick ohnehin meist ruht: die Kinder und Jugendlichen.

Gewiss ist manches in der Studie bedenkenswert. Und es wäre ein Fehler, die Zahlen zu ignorieren, auch wenn man über ihre Interpretation streiten kann. Wenn die Studie allerdings eine andere, frühere Studie des Medienpädagogischen Forschungsverbunds Südwest einarbeitet[4], die davon spricht, dass die Gruppe der 12-

bis 19-Jährigen in Deutschland pro Tag im Schnitt 179 Minuten online ist, dann wird es allmählich diffus. Denn zunächst einmal ist die Gruppe der 12- bis 19-Jährigen ziemlich groß – ein bisschen *zu* groß. 19-Jährige haben mit 12-Jährigen ungefähr so viel gemein wie 12-Jährige mit Sechsjährigen. Die Unterschiede sind offenkundig. Sechsjährige haben gerade den Kindergarten hinter sich und gehen in die Grundschule. 12-Jährige sind präpubertierend, wenn nicht sogar schon in der Pubertät angekommen. 19-Jährige aber sind junge Erwachsene, die rauchen und Auto fahren, Sex haben und Bier trinken dürfen. Ob man hinsichtlich des »Online-Konsums«, wie die Studie das nennt, da zwischen den Präpubertierenden und den Erwachsenen nicht doch ein bisschen sauberer trennen sollte?

Mir scheint die Art, wie hier mit möglichen Bedrohungen hantiert wird, typisch für unsere Zeit zu sein. Saloppe Formulierungen (»Der digitale Knochen sitzt mit am Tisch«) werden mit Statistiken kombiniert, und der Eindruck, der dabei entsteht, ist negativ. So etwas hatte der Hirnforscher Manfred Spitzer mit seinem Buch *Digitale Demenz* schon vorgemacht. Aber eine allzu lässige, im Zweifelsfall überdrehte Tonlage ist ganz gewiss nicht das Kennzeichen des seriösen Fachmanns und Helfers. Eher schon ist sie selbst von jenen Medien geprägt, vor denen hier doch gewarnt und für deren Gebrauch sensibilisiert werden soll.

Und was die Zahlen angeht: Sie mögen im ersten Augenblick erschrecken, aber da heißt es dann innehalten und überlegen. Wenn nämlich Durchschnittswerte gebildet werden, dann wissen wir, dass hier extreme Einzelfälle schnell die Statistik prägen. Wenn ein jugendlicher Extrem-Gamer zwölf Stunden am Tag vor der Playstation sitzt und neun andere Jugendliche täglich nur zwei Stunden, dann ergäbe sich für alle zehn trotzdem ein Durchschnittswert von drei Stunden täglich. Und dieser Wert würde weder dem einen Extrem-Gamer, noch den eher im Normalbereich zockenden Jugendlichen gerecht. Und dann ist da noch die Interpretation. Dass »Digitalien« als eher heikel bewertet wird, das wird aus dem Kontext ja schnell klar. Aber wäre wohl für Vielleser auch eine Studie denkbar, die »Abgetaucht nach Literarien« hieße? Oder eine unter dem Titel »Abgetaucht nach Muskulanien« für engagierte Sportler?

Begründete Entwarnung

Angesichts einer Übersensibilität, die mitunter ins Hysterische schlägt, fehlt gegenwärtig vor allem eines: eine Stimme, die gelassen ordnet, was uns da alles angeboten wird, und die dann klärt, inwieweit der Alarmzustand gerechtfertigt ist.

Mein Buch möchte genau das tun – ausgehend von der Idee, dass unsere Computerkinder möglicherweise viel gesünder sind, als die zitierten Veröffentlichungen vermuten lassen.

In den folgenden Kapiteln werden wir miteinander erkunden, was an unseren Ängsten eigentlich dran ist. Vielfach werden wir Entwarnung geben können. Allerdings nicht überall. Aber es wird sich zeigen, dass die verbreitetsten Sorgen eigentlich die sind, für die die geringsten Gründe vorliegen. Computerkinder sind nämlich meiner Einschätzung nach sehr viel gesünder als ihr Ruf. Möglicherweise werde sie auf Dauer sogar in gewisser Weise gesünder sein als die, die von den neuen Medien komplett ferngehalten werden. Denn wie bei einem ein Bakterium können sie Resistenzen nur durch Auseinandersetzung bilden. Die Idee der Medienabstinenz ist ja nicht neu. Es gab sie schon in Bezug aufs Fernsehen und lange davor auch hinsichtlich des Lesens. Wenn ich mir aber anschaue, wer zum Beispiel mit dem Fernsehen gar nicht zurechtkommt und mit regelrechter Gier vor den Programmen hängt, so sind es oftmals jene Erwachsenen, denen in der Kindheit die Auseinandersetzung mit dem Medium gefehlt hat, weil sie zum Beispiel Eltern hatten, die sie gezielt davon ferngehalten haben. Allerdings gibt es auch eine Beobachtung, die für vermehrte Medienkontrolle spräche. Denn wenn wir eine Umfrage machen würden, was die heute 35- bis 45-Jährigen am meisten am Einschlafen gehindert und in ihren Fantasien verfolgt hat, dann würden wir finden, dass die Rolle des Fernsehens hier ungewöhnlich groß ist. Ich selbst gehöre zu denen, die als Kinder von unverarbeiteten Filmszenen gejagt wurden und die die Bilder, die nichts für sie waren, nicht mehr aus dem Kopf bekamen.

Droht so etwas auch beim Internet? Auf jeden Fall. Und daher werden nur die Computerkinder, die in ihrer Medienerkundung Begleitung hatten, gesündere Kinder sein. Eine teilnehmende Begleitung (bloßes Bescheidwissen genügt hier nicht), die aufmerksam und interessiert verfolgt, womit die Heranwachsenden sich beschäftigen. Und die vor allem darauf achtet, wie ein Kind mit dem Gesehenen oder Gespielten umgeht und wie es in ihm nachwirkt. Es ist die Frage nach der Beziehung zwischen Eltern, Erziehern und Heranwachsenden im digitalen Zeitalter. Diese Beziehung nicht zu gefährden, indem wir uns gegen die Digitalisierung stemmen und den Heranwachsenden das begehrte Medium verbieten, sondern sie zu fördern, indem wir die Streifzüge der Kinder begleiten und uns von ihnen zeigen lassen, was sie lockt und was sie begeistert, ist ein Hauptanliegen meines Buches.

EIN KLEINER KRIEGER HAT ALBTRÄUME

Kinder spielen auf der Höhe ihrer Zeit

Jungen wie Torben und Franz gibt es viele. Eigentlich sind sie überall. Und man muss sie einmal sehen, wie sie sich mit einer betörenden Mischung aus Begeisterung und Leichtigkeit daranmachen, die digitalen Welten zu erkunden, die ihnen der Bildschirm da offenbart. Man muss ihr tiefes Bedauern gesehen haben, wenn dann nach einer halben Stunde Schluss ist mit der schönen, bunten Welt. Und man muss einmal zugehört haben, wie sie sich untereinander darüber austauschen, welches Spiel besonders cool, irre erstrebenswert und überhaupt das Größte ist.

Kinder am Computer: Das ist in der Tat etwas anderes als die skeptische, sich ins Unvermeidliche fügende, im besten Fall einigermaßen professionelle Art, in der ihre Eltern sich des Mediums bedienen. Natürlich gibt es auch jede Menge Erwachsene, die entzückt diesen oder jenen Clip auf YouTube schauen oder mit Anteilnahme ihre E-Mails checken. Aber diese primäre Lust, dieses Ganz-und-gar-gebannt-Sein von dem, was da geht: Das findet man, rechnen wir die echten Computerfans unter erwachsenen Menschen einmal ab, so nur bei Kindern.

Wenn man ihnen zuschaut, während sie begeistert Häuser bauen oder durch Dschungel laufen, mit witzigen Figuren Autorennen fahren oder als Affen vor einer Lawine fliehen und dabei noch Bananen pflücken, wenn man ihnen also beim *Spielen* zuschaut, ist dann der Eindruck nicht ein ganz anderer als der, den eine Studie wie *Abgetaucht nach Digitalien?* verbreitet? Bekommt man nicht viel eher das Gefühl, dass Kinder hier eben einfach spielen, wie sie es immer getan haben, nur eben mit neuen Möglichkeiten? Vielleicht. Und doch wird einem Jungen, der auf dem Bildschirm ein Auto in rasender Geschwindigkeit fahren lässt, wohl kaum der besorgte Blick der Eltern erspart bleiben.

Die französische Psychoanalytikern Françoise Dolto hat einmal geschrieben, wer das Kind respektiere, respektiere das menschliche Dasein gleich mit.[5] Das ist ein schöner Satz, der auch umgekehrt gilt. Doch könnte man fragen: Wenn sich die Erscheinungsformen des menschlichen Daseins verändern, muss dann der Respekt vorm Kind nicht auch darin bestehen, es an dieser Entwicklung zu beteiligen? Denn wenn man das menschliche Dasein respektiert, so respektiert man zwangsläufig auch seine Wandlungsfähigkeit, ja, seine Notwendigkeit, sich zu wandeln. Die meisten wohlmeinenden Eltern werden jetzt nicken. Und zugleich einwenden, es bestehe aber deswegen noch lange kein Grund, übermäßigen Computergebrauch zu begünstigen und die Gefahr, die von Computerspielen ausgehe, zu verharmlosen. Aus dieser in sich gespaltenen Haltung heraus, die sehr gut gemeint ist und an der trotzdem etwas fehlt, begann eine eigentümliche Entwicklung. Eine Entwicklung, die immer noch andauert.

Das digitale Dilemma

Gegenwärtig steuert unsere Gesellschaft einen schlingernden Kurs. Einerseits mehren sich die Befunde, dass Kinder, die einen hohen Medienkonsum haben, grundlegende Kulturtechniken (damit sind in erster Linie Lesen, Schreiben und Rechnen gemeint) weniger beherrschen als andere, die hinsichtlich der elektronischen Welt abstinenter sind. Andererseits schreitet die Entwicklung, die unter Bundeskanzler Gerhard Schröder begann – »Schulen ans Netz!« – weiter voran, und nicht wenige Schulen, Grundschulen bereits, lassen sich von Firmen mit Tablets versorgen. Ungeachtet der Tatsache, dass hier keineswegs milde Gaben verteilt, sondern frühe Kundenbindungen lanciert werden.

EIN KLEINER KRIEGER HAT ALBTRÄUME

Warum nehmen wir das in Kauf? Nun, gegenwärtig verbinden wir mit der Computerisierung noch eine Reihe von Hoffnungen. Vielleicht wird uns die weltweite Vernetzung doch dabei helfen, einige der schrecklichen Probleme, mit denen wir uns auch als technisierte Menschheit immer noch herumschlagen, besser in den Griff zu kriegen. Ein paar Anzeichen dafür gibt es schon. So ist die Vorhersage von Erdbeben viel exakter geworden, was frühzeitige Evakuierungen ermöglicht und damit die Zahl von Todesfällen senkt.

Warum dann trotzdem die Sorgen, ja, Ängste? Gewiss, es gibt auch neue Probleme. Probleme, die ohne die Digitalisierung gar nicht da wären. Online-Kriminalität sowie eine Geldwirtschaft, die durch die Virtualisierung der Summen, mit denen sie operiert, jedes Gefühl dafür verliert, wo hier die Werte liegen. Unser *digitales* Dilemma besteht offenbar darin, dass Eltern, Lehrer und Kliniker einerseits in großer Sorge darüber sind, was Computer mit den Heranwachsenden machen, während sich gleichzeitig unsere Lebenswelt immer mehr digitalisiert. Mit anderen Worten: Es wird gegenwärtig energisch daran gearbeitet, dass etwas mehr wird, wovon die meisten Eltern ihre Kinder abzuschirmen versuchen. Paradox, oder? Zumindest aber eigentümlich.

Tatsächlich ist es selten, dass ein Phänomen die Lebenswelt einerseits komplett prägt und andererseits Anlass zu tiefer Sorge gibt. Wenn Eltern zum Beispiel Drogen fürchten, so gibt es diese nicht überall, sondern nur in bestimmten Szenen. Das macht den Zugang schwerer, was wiederum die Sorge lindert. Wenn Eltern fürchten, dass ihr Kind in die Fänge einer Sekte gerät, dann ist diese Sekte gleichfalls nicht überall. Sondern sie sucht sich Schlupflöcher und wird überdies womöglich auch noch von Sektenbeauftragten überwacht.

Aber Computer? Sie stehen überall, in fast jedem Haushalt

DIGITALE HYSTERIE

gibt es mindestens einen. Nach Angaben des Statistischen Bundesamtes kamen im Jahr 2014 auf hundert Haushalte genau 172,8 Personalcomputer, davon waren 66,7 fest installierte Geräte und 106,1 Geräte mobiler Natur, also Notebook, Netbooks, Tablets etc. Auch Computerspiele sind überall, und man muss nicht in dubiose Zusammenhänge eintauchen, um sie spielen zu können. Auch wird hier nichts überwacht, wenn man mal von den Altersfreigaben absieht, die, wie jedermann weiß, leicht zu umgehen sind. Spiegelt sich also in der Sorge der Eltern eine Angst wider, die gar nicht so sehr die Kinder allein betrifft, sondern vielmehr unsere Lebensform überhaupt?

Ich hatte kürzlich ein aufschlussreiches Gespräch mit einer Bankangestellten. Sie erläuterte mir, man arbeite angestrengt daran, dass Geldabheben künftig nur noch am Automaten möglich sei. Auf meinen Einwand, dass sie das dann ja wohl ihren Job kosten würde, reagierte sie mit einem ratlosen Achselzucken. Wusste sie, dass sie an ihrem eigenen Schicksal mitarbeitete? Ahnte sie, dass der Automat nicht ihr Freund ist? Ich war mir nicht sicher.

Sicher aber bin ich mir hinsichtlich der Haltung, die besorgte Eltern gegenüber der ausufernden Computerisierung einnehmen. Diese Eltern nehmen durchaus reale Gefahren wahr. Allerdings reduzieren sie sie nach Elternart auf das, was mit ihren Kindern zu tun hat. Und rechnen nicht mit ein, dass das, was mit den Kindern passiert, auch mit ihnen geschieht oder geschehen wird.

Um das digitale Dilemma also anzugehen und wirklich hilfreiche Modelle zu entwickeln, müssen wir ganz an die Basis gehen. An die Stelle der Frage, wie lang denn ein Zehnjähriger am Computer spielen darf, müsste die Frage treten, wie lange ein Mensch *überhaupt* täglich vorm Bildschirm sitzen sollte. Damit wäre die Frage verbunden, ob wir nicht Bildschirmarbeitsplätze

EIN KLEINER KRIEGER HAT ALBTRÄUME

vermehrt auf ihre Gesundheitstauglichkeit hin überprüfen müssten. Auch müssten wir fragen, inwieweit aktuelle Problemdebatten nicht Horrorszenarien entwerfen, vor denen wir uns dann hinterher fürchten. Im weiteren Verlauf des Buches werden wir sehen, dass die aktuellen Befürchtungen vielfach nicht neu sind, sondern auch bei der Einführung anderer Medien – des Radios, des Fernsehens und, auch wenn es schwerfällt, das zu glauben, der Bücher – schon formuliert wurden. Inwieweit es also wirklich Grund zur Sorge gibt und inwiefern wir es nicht doch eher mit vergleichsweise sinnvollen Veränderungen zu tun haben, wird nur beurteilbar sein, wenn wir ein wenig genauer hinsehen. Wie im Fall von Drogen auch, so haben wir für Menschen, die uns vom Computer gefährdet erscheinen, Stereotype ausgebildet. Im Fall von Drogen sehen wir Kiffer vor uns, die lethargisch auf dem Bett liegen und zu keiner zielgerichteten Handlung zu bewegen sind. Oder wir denken an Leute, die zusammengesunken auf dem Bahnhofsklo gefunden werden, nicht mehr Herr ihrer Sinne. Dass viele Leute mit massiven Drogenproblemen Anzüge tragen und zu zittern beginnen, wenn ihnen das Kokain ausgeht, kommt in diesem Stereotyp nicht vor.

Im Fall der Gefährdung durch Computer ist das ähnlich. Das Stereotyp führt uns einen dicken Jungen vor Augen, sprachlich eingeschränkt und ganz sicher kein Mädchentyp. Oder den stillen Nerd, schüchtern und gehänselt, der mit dem Ego-Shooter seinen Amoklauf an der örtlichen Realschule vorbereitet. Es gibt diese Typen, und sie brauchen therapeutische Hilfe. Aber sie sind, und das muss man betonen, eine Minderheit.

Ich stelle mir manchmal vor, was Kinder wie Torben vielleicht machen werden, wenn sie mal groß sind. Torben ist ein Junge, der das Technische liebt und dazu einen Zugang hat. Noch nicht in dem Sinn, dass er alles aufschrauben und auf seine Funktionen

DIGITALE HYSTERIE

untersuchen würde. Aber im Sinn der praktischen Möglichkeiten, des Zugriffs und der Entwicklung neuer Fähigkeiten. Vielleicht macht ihn das einmal zu jemandem, der als Rettungssanitäter schnell weiß, was zu tun ist. Oder es hilft ihm, ein Interesse daran zu entwickeln, wie technische Zusammenhänge funktionieren. Jungen wie Torben auf der einen und besorgte Erwachsene auf der anderen Seite stecken ein Feld ab, auf dem berechtigte Sorge und ebenso berechtigte Hoffnung scheinbar unentwirrbar miteinander verknäuelt liegen. Ich möchte im Folgenden zeigen, dass die aktuelle Risikoeinschätzung oft sehr danebenliegt, wenn sie nur auf das Gerät, den Computer, blickt. Und dabei die besondere Person mit ihren Wünschen und ihren Möglichkeiten zu wenig ins Visier nimmt.

2

Machen Computer uns dümmer?

Beginnen wir auch dieses Kapitel mit dem Blick in eine Untersuchung. Nach einer Studie des Kriminologischen Forschungsinstituts Niedersachsen, kurz KFN, zeigt sich, dass zwischen der Zeit, die Kinder spielend vor dem Bildschirm verbringen, und ihrem Notendurchschnitt ein Zusammenhang besteht.[6] Das klingt ziemlich problematisch, denn natürlich belegen die Zahlen nicht, dass Computerspielen den Notenschnitt verbessert, sondern dass es ihn nach unten treibt. Tatsächlich weisen inzwischen eine ganze Reihe von Studien darauf hin, dass die Zeit, die Kinder spielend oder konsumierend an Bildschirmen verbringen, sich negativ auf ihren Schulerfolg auswirkt.[7] Vor dem Hintergrund der Tatsache, dass nicht nur immer mehr Kinder mit immer mehr Bildschirmen aufwachsen (auch Tablets und Smartphones sind ja Bildschirmgeräte), sondern auch die Schulen medial aufrüsten, wäre dies ein fataler Befund.

Wer von angeblichen Zusammenhängen wie diesem hört und Vater oder Mutter eines Schulkindes ist, der wird nicht nur Problembewusstsein entwickeln, sondern womöglich alarmiert sein. Viel am Computer sitzen, zocken und dann in der Schule versagen: Das ist eine Albtraumvision, vergleichbar mit der, das Kind könnte drogensüchtig werden oder sich dem IS anschlie-

DIGITALE HYSTERIE

ßen. Alarm! Besorgt wandert der Blick zum Kind. Da sitzt es und spielt. Spielt es mit Lego, malt es ein Bild? Mitnichten, es blickt auf einen Bildschirm und bewegt die Maus hin und her. Sieht so ein glückliches Kind aus? Nein. So sieht ein zukünftiger Schulversager aus.

Wenn aus Zahlen Sorgen werden

Aber langsam. Denn so verstörend solche Nachrichten auch sein mögen, so wenig eindeutig sind sie doch. Da ist zum einen das Problem, dass Studien wie diese oft keinen Unterschied zwischen unterschiedlichen Bildschirmmedien machen. Was bedeutet, dass fernzusehen genauso behandelt wird wie das Spielen an einer Konsole. Forscher nennen so etwas eine geringe »Trennschärfe«, bei der die Gefahr besteht, dass das Durcheinanderbringen unterschiedlicher Inhalte die Ergebnisse verzerrt. Zweitens weist ein Großteil der Studien darauf hin, dass es vor allem die Zugehörigkeit zu bildungsnäheren oder bildungsferneren Schichten ist, die auf den Schulerfolg einwirkt. Was bedeutet, dass die Zusammenhänge weit weniger eindeutig sind, als sie auf den ersten Blick erscheinen mögen.

Aber blicken wir doch einmal etwas genauer in die Studie des Kriminologischen Forschungsinstituts. Die alarmierenden Daten wurden vom KFN bereits vor einer Reihe von Jahren erhoben. Als Ergebnisse einer Schülerbefragung in den neunten Klassen aus den Jahren 2007 und 2008 gingen sie in den Ergebnisteil der Studie *Computerspielabhängigkeit im Kindes- und Jugendalter* ein, die im Jahr 2009 veröffentlicht wurde.

Hier schon ergeben sich Fragen, die Zweifel an dem erlauben, was aus den erhobenen Zahlen folgt. In der neunten Klasse sind

MACHEN COMPUTER UNS DÜMMER?

Kinder um die 14, 15 Jahre alt. Pubertär also und nicht mehr unbedingt daran interessiert, das zu tun, was ihre Eltern gut finden. Wer zu diesem Zeitpunkt noch eingreifen möchte, wird schlechte Karten haben. Denn Jugendliche haben viele Möglichkeiten, sich dem Zugriff ihrer Eltern zu entziehen. Ich habe Jugendliche kennengelernt, denen die Eltern das Internet abklemmten, andere, die den Computer wegschlossen, und wieder andere, die den Computer gleich ganz abschafften. Im ersten Fall zapften die Jugendlichen den WLAN-Zugang der Nachbarn an. Im zweiten Fall besorgten sie sich einen Nachschlüssel. Und im dritten Fall kamen sie einfach nicht mehr nach Hause und zockten, wie sie sagten, bei einem Freund.

Kriminelle Energie? O nein. Eher das typische Verhalten Jugendlicher, das zum einen von Eigensinn und zum anderen – und meist sehr viel mehr – von der Orientierung an der Altersgruppe geprägt wird. Verhaltensweisen wie die beschriebenen sind einfach moderne Äquivalente zum zu späten Nach-Hause-Kommen, unerlaubten Alkoholtrinken oder frühen Rauchen. Alles nicht toll, zugegeben. Aber den Jugendlichen, der nur auf seine Eltern hört und vor allem in seine körperliche und mentale Gesundheit investiert, den müssen wir wohl noch erfinden.

Wer die obigen Angaben des Kriminologischen Forschungsinstituts Niedersachsen beeindruckend fand, der wird nun vielleicht wissen wollen, wie viele Jugendliche in der betreffenden Altersgruppe denn eigentlich besonders viel spielen. Auch hierzu kann das Institut Zahlen liefern. Und auch sie sind beeindruckend: Von den 15-Jährigen spielen 16 Prozent mehr als viereinhalb Stunden am Tag. Oder mehr.

Ist das nun Sucht? Ich werde später noch darlegen, warum mir der Begriff oft schlecht gewählt scheint. Verhaltenssüchte, etwa die Spielsucht, können mit ausgiebiger Computernutzung vielleicht noch notdürftig verglichen werden. Aber die Dynamik ist, wenn man genau hinschaut, eine komplett andere. Die Jugendlichen spielen ja nicht, um irgendwann viel Geld einzustreichen. (Obgleich es Spiele gibt, in denen es auch um reales Geld geht.) Sondern sie spielen mit Leidenschaft, sie spielen miteinander, und sie spielen als Angehörige einer Art Subkultur, zumindest aber einer Szene.

Zurück zu den Zahlen. Wenn 16 Prozent der 15-Jährigen über viereinhalb Stunden am Tag Computerspiele spielen, dann sind darunter sicher auch die, bei denen der Notendurchschnitt den Bach runtergeht. Zumindest läge die Vermutung nahe, auch wenn sie statistisch nicht gesichert ist. Aber würde das auch bedeuten, dass der Schnitt nach oben geht, wenn sie mit dem Spielen aufhören? Das ist die Frage. Doch das wurde nicht untersucht.

Betrachtet man die Angaben mit einem streng wissenschaftlichen Blick, dann sagen sie im Grunde genommen nur wenig aus. In Studien steht dann meist der Satz, hier müsse weiter geforscht werden. Doch in der Öffentlichkeit wird mit angstbesetzten Themen natürlich nicht so gelassen umgegangen. Hier werden im Nu kausale Zusammenhänge vermutet und Maßnahmen geplant. Das aber kann schnell nach hinten losgehen.

Denn was wissen wir durch diese Zahlen denn eigentlich? Wir wissen, dass es eine Korrelation zwischen Spieldauer und Notendurchschnitt gibt. Korrelationen besagen, dass zwei Phänomene überzufällig häufig miteinander auftreten. Aber Korrelationen gibt es unter Umständen viele. Die Yellow Press und das Internet sind voll von solchen Korrelationen, denn die klingen immer ganz gut. »Blondinen haben mehr Dates« steht dann da zum Beispiel, oder »Männer mit Bart lesen mehr« und »Wer im Zeichen des Steinbocks geboren ist, macht häufiger Abitur«. Würden wir daraus wirklich irgendetwas ableiten? Etwas, das über die reine

MACHEN COMPUTER UNS DÜMMER?

Beobachtung hinausgeht? Hoffentlich nicht. Denn dann kämen wir zum Beispiel zu dem albernen Schluss, dass wer sich einen Bart wachsen lässt, dann auch mehr liest. Genau so eine Logik – die einem wissenschaftlich ausgebildeten Betrachter Schauder über den Rücken jagt – regiert aber da, wo es um Computerspiele und Leistungen geht.

Wenn wir ehrlich sind, müssen wir zugeben, dass wir nicht wirklich wissen, ob das eine (Schulerfolg) mit dem anderen (Computerspielabstinenz) irgendetwas zu tun hat. Korrelationen sind nämlich eines nicht: Kausalbeziehungen. Bloß weil etwas miteinander auftritt, hat es noch nicht inhaltlich miteinander zu tun. Wenn also Spieldauer und Notendurchschnitt miteinander korrelieren, dann heißt das für den Wissenschaftler erst einmal nur, dass sie oft miteinander auftreten. Das heißt *nicht*, dass das eine (schlechte Noten) aus dem anderen (Computerspielen) folgt.

Die aufgeheizte Debatte

Nicht nur Eltern und Lehrer, auch verschiedene Experten machen sich inzwischen öffentlich Sorgen um das, was Computer mit uns und unseren Gehirnen machen. Der Begriff »digitale Demenz«, provozierend benutzt von Hirnforscher Manfred Spitzer, illustriert vermutlich am besten, was der Gegenstand dieser Sorgen ist: dass nämlich unsere Kinder und womöglich auch wir selbst als Folge der allgemeinen Computerisierung immer mehr verblöden. Besteht diese Gefahr tatsächlich? Spitzer listet eine Fülle von Untersuchungen auf, um zu belegen, dass wir »uns und unsere Kinder um den Verstand bringen«, wie es im Untertitel seines Buches heißt.[8] Doch was sind das für Untersuchungen? Da ist zum Beispiel eine Studie amerikanischer Forscher aus dem

DIGITALE HYSTERIE

Jahr 2010. Diese Studie belegt, dass Jungen, die über eine Spielkonsole verfügen, bereits nach vier Monaten Spielzeit deutliche Unterschiede zu Jungen aufweisen, die über keine Spielkonsole verfügen. Sie lassen im Lesen und Schreiben nach und machen signifikant weniger Hausaufgaben. Wobei das eine möglicherweise aus dem anderen folgt.

Das klingt in der Tat beunruhigend. Aber prüfen wir erst einmal, ob zur Beunruhigung wirklich Anlass besteht. Vielleicht ist der Forschungsbefund ja gar nicht so sehr der Spielkonsole geschuldet, sondern der Spaßorientiertheit heranwachsender Jungen überhaupt. Vielleicht stellen sich ähnliche Effekte immer da ein, wo Kinder eine Leidenschaft entwickeln. Eine Leidenschaft, die dann andere Aktivitäten alt aussehen lässt. Das mit den weniger gemachten Hausaufgaben und dem vorübergehenden Leistungsabfall zum Beispiel kenne ich auch. Nur lag das nicht an einer Spielkonsole, sondern der Grund für das schulische Desinteresse hieß erst »Fußball« und dann »Bücher«. Und es waren natürlich nicht die Bücher, die im Lehrplan vorgesehen waren.

Gar nicht so dramatisch also, so ein Forschungsbefund. Jedenfalls nicht, wenn man selbst etwas nachdenkt. Jeder Psychologe kennt Studien dieser Art, meist sogar ziemlich viele. Doch jeder Wissenschaftler weiß auch, dass der Aussagewert solcher Studien etwas ist, womit man vorsichtig umgehen sollte. Insbesondere, was das Verallgemeinern angeht. Denn die Wirklichkeit ist natürlich komplexer, als dass man sie auf Eins-zu-eins-Zusammenhänge reduzieren könnte. Wenn zum Beispiel die Spielkonsolen vor allem in Haushalten zu finden wären, die gewöhnlich als »bildungsfern« bezeichnet werden, müsste man die Fragestellung dann nicht erweitern? Und wie sieht es mit dem Zusammenhang von sozialem Kontakt und Computerspiel aus? Gibt es jemanden, der mit dem Kind spielt, oder spielt es allein? Für sein Lernverhalten, insbe-

MACHEN COMPUTER UNS DÜMMER?

sondere aber auch für die Entwicklung seiner Intelligenz, wird es einen Unterschied machen, ob es beim Spielen kommuniziert oder aber ganz auf sich gestellt ist. Hier zu behaupten, die digitale Welt im Allgemeinen ließe uns verblöden, ist zu einfach. Und auch das Lernen werden unsere Kinder nicht verlernen, wie eine andere, gleichfalls grell auftretende Publikation nahelegt.[9]

Hinter solchen ihrer Plattheit wegen indiskutablen Aussagen steckt wohl das Ideal einer Kindheit, die draußen stattfindet, im Matsch, am Bach und im Baumhaus. Dieses Ideal impliziert, dass Kinder niemals mit Dampfmaschinen gespielt oder ferngesteuerte Autos benutzt hätten, Flugzeuge fliegen gelassen oder an Modellraketen gebaut haben. Es vermittelt den Eindruck, als wären die industrielle Welt und die technische Entwicklung eine Sache der Erwachsenen, während sich die Kindheit in einem naturnahen Idyll ereignet. Aufgrund dieser eingeschränkten Auffassung dessen, was Kindheit eigentlich ist, sind Anhänger solcher Idealisierungen als Ratgeber nicht nur untauglich. Sie können regelrecht schaden.

Es war natürlich nur eine Frage der Zeit, bis sich jemand radikal auf der anderen Seite positionieren würde. Der Sorge, der Computer ließe uns verdummen, trat zu Beginn des Jahres 2014 der *Spiegel* entgegen. Das dritte Heft dieses Jahrgangs war mit einem grellen Titelbild geschmückt, unter dem zu lesen stand: »Computerspiele machen klug«. Der Artikel hieß dann »Du sollst spielen!«. Das waren ganz offensichtlich journalistische Aufmacher, die weder schonend belehren noch auf die Tiefe eines Themas hinweisen, sondern auf reißerische Weise einer verbreiteten Sorge entgegentreten wollten. Dass dabei die Titelwahl selbst alles andere als »klug« war, wohl aber nach den Maßgaben einer Werbeagentur clever und gerissen, steht auf einem anderen Blatt. Denn Computerspiele machen natürlich *nicht* klug. Der Begriff ist ganz einfach falsch gewählt. Wohl trainieren Spiele bestimmte Fähigkeiten, darunter auch solche, die dem Intelligenzspektrum zugeordnet werden. Aber klug meint dann doch etwas anderes. Wenn auch die Wortwahl hier nicht ganz angemessen war, so hatten die *Spiegel*-Autoren doch die Erfahrung auf ihrer Seite. Sie hatten nämlich tatsächlich, anders als die skeptischen Psychologen oder Psychiater unserer Tage, selbst zu spielen begonnen. Das ist im Kern ein sinnvoller Ansatz, obwohl auch er nicht zu allen wesentlichen Erkenntnissen vordringt. Als Bewusstseinsforscher arbeite ich gelegentlich ähnlich und habe mir angewöhnt, Phänomene immer von zwei Seiten her zu erkunden: einmal vom wissenschaftlichen Standpunkt her, sodann aber auch aus einer Position, die man nur durch Selbsterfahrung bekommt. Auch für dieses Buch habe ich eine Reihe von Spielen selbst gespielt, um zu erfahren, was es mit ihnen auf sich hat.

Im Kern hatten die Journalisten vom *Spiegel* also sinnvoll gehandelt. Das Dilemma war nur: Den Autoren fehlte die psychologische Kompetenz, um ihre Erfahrungen zu reflektieren. Und so sah es hinterher so aus, als sei im Computerspielbereich alles eitel Sonnenschein, was ganz sicher nicht der Fall ist. Auch die Auswahl der Fachleute, die in diesem Artikel zu Wort kamen, war zweifelhaft. Ein Arzt, der mithilfe von Computerspielen seinen Patienten den Umgang mit ihrer Krebserkrankung erleichtern will, ist gewiss anzuerkennen. Aber das ist alles andere als repräsentativ für die Wirklichkeit unserer neuen Spielwelt. Und die Spiele-Entwicklerin Jane McGonigal, die von einer Verbesserung der Welt durch digitale Spiele träumt und zum Beispiel Games entwirft, die den Haushalt fröhlicher machen sollen, erscheint als rundum glaubwürdige, am Wohl der Menschheit arbeitende Expertin.[10] Dabei übersehen die Autoren (oder wollen übersehen), dass Jane McGonigal als Game-Designerin in erster Linie

MACHEN COMPUTER UNS DÜMMER?

Teil eines Systems ist, nämlich der Medienindustrie. Im Jahr 2005 zeichnete der Berufs- und Interessenverband der Computerspiele-Entwickler sie mit einem Innovationspreis aus. Auch das ist toll. Aber ganz sicher nicht die Voraussetzung für einen möglichst unvoreingenommenen Blick auf die Dinge. Wer aber hat den? Warnende Therapeuten, die von Spielsucht sprechen? Hirnforscher, die die Verödung ganzer Hirnlandschaften in Aussicht stellen? Lehrer, denen das neue Medium von Anfang an unheimlich war? Oder womöglich doch die Vertreter der Branchen, die für die Produktion der Bildschirmgeräte und der Programme zuständig sind? Alle zusammen? Wie das entscheiden?

Sagen wir so: Der Arzt, der einem Pharmavertreter volles Vertrauen schenken würde, wäre ein ziemlicher Naivling. Ich kenne Vertreter beider Branchen, und für gewöhnlich wissen sie, was sie voneinander zu halten haben. Selbstverständlich wird der Pharma-Vertreter, der ja Produkte an den Mann bringen soll, dem Chefarzt einer Klinik nicht alles erzählen. Insbesondere wird er bei den Schäden Zurückhaltung üben, mit denen die zu rechnen hätten, denen das neue Medikament verabreicht wird. Ich meine damit nicht, dass der Vertreter alles verschweigen wird, so dumm ist er nicht. Aber natürlich wird er auf eine Weise gewichten, die die Vorteile gegenüber den zu erwartenden Nebenwirkungen eindrucksvoll aufpeppt. Übertragen auf die Computer- und Spielebranche bedeutet dies: Game-Designer und Programm-Entwickler sind nicht die Leute, die man fragen sollte, wenn man wissen will, was Computer und Computerspiele möglicherweise mit uns tun. Ihre Interessen sind so gelagert, dass sie gar nicht objektiv sein können, selbst wenn sie es möchten. Und überdies fehlt ihnen die wesentlichste Voraussetzung für angemessenes Urteilsvermögen: die Kenntnis der menschlichen Psyche, der mentalen Prozesse und, als Voraussetzung für all dies, des menschlichen Gehirns.

Marco – Eigensinn als Stärke oder Problem?

Vielleicht wäre es klug, anstatt bei Hirnforschern und Game-Designern einmal bei denen nachzufragen, die da angeblich verblöden. Zum Beispiel bei Marco, den ich Ihnen jetzt vorstellen möchte. Marco ist 17 Jahre, ein still wirkender Jugendlicher mit langem Haar. Vordergründig kommt er als Schulversager, der in der Mittelstufe eine Klasse wiederholt hat und nun wieder mit beeindruckend schlechten Noten dasteht, in meine Praxis. Marco spielt schon mehr als sechs Jahre Computerspiele. Nachdem er zunächst »mehr so nebenher« gespielt hat, wie er sagt, erreichte seine Spiellust dann mit 14 Jahren einen Höhepunkt. Zur gleichen Zeit gingen seine Schulleistungen nach unten – was allerdings nichts heißen muss: Das ist bei sehr vielen 14- und 15-Jährigen so.

Warum ist er bei mir? Marco sagt, er komme, weil er das Gefühl habe, sein Leben zu versauen. Als ich wissen will, was er damit meine, gibt er an, er werde die Schule wohl nicht schaffen, denn er sei spielsüchtig. Wie viel Geld er denn schon verspielt habe, will ich wissen. Marco verdreht die Augen: Nein, so doch nicht. Er meine, er verzocke sein Leben am Computer. Mit Spielen. Ich wisse doch, was das sei: computerspielsüchtig.

Nein, sage ich, das wisse ich nicht.

Das müsse ich aber wissen, sagt Marco. Es stehe doch in allen Zeitungen. Und ich als Fachmann, der ihm empfohlen wurde …

Natürlich wisse ich, was er meine, sage ich. Der Punkt sei nur: Ich glaubte nicht recht daran.

Hat Marco zuvor erst betroffen, dann ärgerlich gewirkt, so bekommt er jetzt einen vollkommen neuen Gesichtsausdruck. Er blickt seinen Therapeuten an wie einen Verrückten. Einen verrückten Wissenschaftler. Einen, der zum Beispiel die Existenz der Sonne leugnet. Oder der Schwerkraft. Dann beginnt er zu weinen.

MACHEN COMPUTER UNS DÜMMER?

»Kommen Sie«, sagt der Therapeut, »und erklären Sie mir bitte, worin das besteht, was Sie als Ihre Sucht begreifen. Wenn es sich wirklich um eine Sucht handelt, dann werden Sie mich überzeugen. Wenn es etwas anderes sein sollte – Leidenschaft, Hingabe, Exzess oder die Folge von Gruppendruck –, dann überzeuge ich Sie. Und lassen Sie uns in jedem Fall herausfinden, was ich für Sie tun kann …«

Jenseits der Klischees

Mit jungen Männern wie Marco arbeite ich oft und gern. Meist ist es eine fruchtbare Arbeit, in der es darum geht, sich selbst und dem, was man sich unter einem gelingenden Leben vorstellt, auf die Spur zu kommen. Jugendliche wie Marco sind alles andere als das, was das Klischee besagt. Sie sind weder dick noch dumm, und sie planen auch keine Amokläufe. Allenfalls sind sie ein bisschen zu still, also das, was man »introvertiert« nennt. Das kann dazu führen, dass man sie unterschätzt. Denn wer mit dem, was er denkt, nicht nach außen geht, der lässt die anderen nicht wissen, was er kann. Und wenn dann noch eine spezielle Interessenlage dazu kommt, kann es schulisch schon mal heikel werden.

Marco sagt, er möchte die Schule nicht versemmeln. Das Abi zu machen wäre schon gut. Meine Frage, was er denn damit wolle, berührt einen heiklen Punkt. Er antwortet mit leeren Phrasen, »es sei doch gut, das Abi zu haben«. Gerade ich müsse das doch wissen. Das muss ich nicht. Dass das Abitur in jedem Fall den Schlüssel zum Glück darstellt, glaube ich nicht. Aber natürlich ist es wichtig, wenn man zum Beispiel studieren will. Die Frage ist nur: Will man das?

Fragen wie diese sind Marco fremd. Er hat ein Problembewusstsein, aber das kommt eher von außen, also von denen, die sich um ihn sorgen. Was aber meint Marco selbst? Jugendliche wie er sind es nach meiner Erfahrung oft nicht gewohnt, wirklich zu diskutieren, und sie kennen es nicht, dass man sie nach ihrer Meinung fragt. Tut man das aber, dann stellt man fest: Viele von ihnen denken nach, und sie denken sogar viel nach. Sie denken über sich selbst nach, über ihr Leben und wie es am glücklichsten zu leben wäre. Das sind gute Gedanken, angemessene Gedanken. Doch dazwischen schieben sich andere Überlegungen. Sie betreffen das, was unser Therapiethema ist. Die Rolle und das Ausmaß des Computerspielens sowie die Frage, ob das Spielen wirklich super ist oder ob es nicht irgendetwas ersetzt.

Marco ist ein gelingender Fall, eine schöne Geschichte. Er wird etwas mehr als ein halbes Jahr bei mir sein, und wir werden seine Art des Spielens ebenso miteinander erkunden wie die Fantasien, die er über sein Leben hat. Dabei stellt sich heraus: Marco spielt vor allem in einem Online-Rollenspiel. Das sind Spiele, die man über das Internet miteinander spielt, meist in festen Gruppen. Spiele, in denen das, was einer tut, auch die anderen betrifft. Spiele, in denen man seine Ausrüstung (bei Fantasy-Spielen zum Beispiel Waffen, eine Rüstung oder magische Fähigkeiten; bei Kriegsspielen eine bessere Panzerung oder stärkere Kanonen) durch die Dauer des Spielens steigern kann. Andere Möglichkeiten, sich aufzurüsten, gibt es über Siege oder – problematischer – dadurch, dass man echtes Geld in Spielgold eintauscht und sich hierüber käuflich verbessert.

Man sagt Computerspielen nach, dass sie alternative Wirklichkeiten aufbauen können. Und dass diese Wirklichkeiten für Heranwachsende besonders verführerisch werden, wenn ihr reales Leben gerade nicht so gelingt. An beidem ist etwas dran. Marco würde, mit diesen Einschätzungen konfrontiert, ohne Zweifel zustimmen. Aber er würde auch sagen, dass die meisten, die sich über Computerspiele aufregen, davon einfach keine Ahnung haben. Und pauschal über etwas Urteile fällen, das sie sich noch nicht einmal näher angesehen haben. Besserwisser, bis zum Hals voll mit Vorurteilen. Wie zum Beispiel seine Eltern.

Ich kann dem jungen Mann nicht widersprechen. Es ist tatsächlich so, dass wenige, die sich über Computerspiele erregen und überall Suchtpotenziale wittern, tatsächlich einmal tiefer in die Materie hineingeblickt haben. Ohne diesen Einblick aber kann die Therapie natürlich schwierig werden. So wird Marco von einem Konflikt begleitet. Die, deren Problembewusstsein er mitkriegt und die er durchaus liebt, sind gleichzeitig die, die er in der Therapie nicht ernst nehmen kann.

Ich habe Marco kürzlich noch einmal gesehen. Er bereitete sich auf eine Aufnahmeprüfung vor. Er hat jetzt ein Fachabitur mit gestalterischem Schwerpunkt. Sein Wunsch: selbst digitale Spiele designen. Aber Marco wäre nicht Marco, wenn da nicht ein bestimmter Unterton wäre. Er will, wie er sagt, keine »Spiele für Zombies« machen. Sondern kritische, welche, die wehtun. Was das heißt? Na, zum Beispiel Spiele, in denen man selbst Walfänger jagt. Oder sich mit der Atomlobby anlegt. So etwas gibt es schon, man müsste das ausbauen ... Spiele für Aktivisten: Das kann man nicht wirklich dumm nennen, oder? Und der Einwand, dieser Jugendliche sei doch ein Einzelfall, zieht auch nicht wirklich. Denn inzwischen kenne ich ziemlich viele solcher Jugendlichen. Gewiss, die Idealvorstellung der Eltern (Abitur und dann ein vernünftiges Studium) hat sich hier nicht verwirklicht. Aber dafür ist Marco ein Jugendlicher, der sein Leben in die Hand zu nehmen beginnt, der eine Perspektive besitzt, und vor allem, der etwas will. Dass der Eigensinn eine der stärksten Waffen gegen mediale Verwahrlosung darstellt, wird noch mehrfach deutlich werden.

Eigensinn allerdings ist etwas, das die meisten von uns nur pro forma bei ihren Kindern toll finden. Und wenn es dann ernst wird, kommen wir wieder mit den Vorstellungen daher, die Heranwachsende seit je gehasst haben. Das sind Vorstellungen, in denen unser Sicherheitsbedürfnis das Kommando führt. Wir wünschen uns für unsere Kinder gute Jobs, nach Möglichkeit krisensicher. Voraussetzung dafür ist eine gute Ausbildung mit guten Noten. Daher heißt es lernen, und dabei sind Computerspiele sicher keine Hilfe. Jedenfalls im Moment noch nicht. Aber niemand weiß sicher, ob das so bleibt. Vorstellungen und Sorgen wie die eben genannten haben seit dem PISA-Schock eine gewisse Konjunktur, verständlicherweise. Veränderte Lehrpläne und insbesondere die Frühförderung waren erste Reaktionen. Doch es ist fraglich, ob diese den Heranwachsenden das vermitteln, was sie wirklich einmal brauchen werden.

Man könnte vermuten: Wo die Kluft zwischen dem, was sich ein Kind oder insbesondere ein Jugendlicher für sein Leben erhofft, und dem, was man ihm dafür anbietet, besonders groß wird, da haben es Spiele wie Online-Rollenspiele besonders leicht. Wir wollen ja alle nicht bloß einen guten Job, sondern ein gelingendes Leben, und das sind zwei ganz verschiedene Dinge. Oft wird das Erste zum Zweiten beitragen, aber manchmal steht es vielleicht auch dabei im Weg. Das bedeutet, wer Heranwachsenden das Lernen anstelle von Online-Spielen schmackhaft machen will, der muss schon etwas anzubieten haben. Was aber könnte etwas Besseres sein als das, wovon die Heranwachsenden selbst träumen? Die eben geschilderte Therapie jedenfalls gelang vor allem deshalb, weil eben *Marcos* Vorstellungen von sich und von seinem Leben den wesentlichen Raum einnahmen.

Was nicht benutzt wird, wird schlechter

Ich habe mit Jugendlichen wie Marco viel darüber nachgedacht, was sich durch die Computer eigentlich für uns verändert, und ob wir selbst dabei andere werden. Die Antworten fallen ganz unterschiedlich aus. Manche Jungen sind selbst der Meinung, am Bildschirm irgendwie zu verdummen. Andere sagen, das sei doch super, diese unheimliche Menge von Wissen, und alles vernetzt. Die dritten sprechen davon, dass es demokratisch sei, zum Beispiel selbst seine eigene Website zu machen und darauf zu sagen, woran man glaubt.

Was jedoch alle miteinander leicht nachvollziehen können: Wie wir leben und was wir tun, entscheidet über den Bau unseres Gehirns und damit über den Ausbau unserer Kompetenzen. Ein auch von Manfred Spitzer verwendetes bekanntes Beispiel hierfür ist der Londoner Taxifahrer, dessen im Hippocampus beheimatete sogenannte »Ortszellen« durch seine Arbeit beständig angeregt werden. Etwa ein Drittel der im Hippocampus beheimateten Zellen unterliegt ständiger Erneuerung. Indem der Taxifahrer täglich gefordert wird, sich sowohl in vertrauten Zonen als auch neu zu orientieren und mitunter alternative Wege zu finden, wird sichergestellt, dass er keine Kompetenzen verliert und sich sogar neue Zellverbände der Ortskenntnis formieren können. Dies würde nicht geschehen, wenn der Taxifahrer nach einem Navigationssystem führe. Denn so müsste er seine Ortskenntnis niemals neu beweisen oder stärken, das vorhandene Wissen würde sich nicht durch Erhaltungswiederholungen festigen, und die örtliche Orientierungskompetenz bliebe gering. Was nicht benutzt wird, vermittelt dem Gehirn gewissermaßen die Botschaft, nicht gebraucht zu werden, und wird in der Folge schlechter. Kritiker vermuten, dass Computer in uns Potenziale veröden lassen werden. Am Beispiel des Taschenrechners könne man leicht sehen: Wer den immer benutze, verlerne das Kopfrechnen. Das stimmt, und wer klug ist, rechnet so viel wie möglich selbst im Kopf aus. Das zahlt sich im wahrsten Sinn des Wortes dann aus: Wenn man nämlich an der Kasse oder im Restaurant Rechenfehler bemerkt.

Verderben Computerspiele die Sprache?

Ein Feld, dem gegenwärtig ganz besondere Sorgen gelten, ist die Sprache. Studien belegen tatsächlich eindrucksvoll, dass mit dem erhöhten Konsum insbesondere von Computerspielen eine Verminderung des Sprachvermögens einhergeht. Strittig ist allerdings, woran dies liegt. Denn wenn auch ziemlich eindeutig ist, dass man für die meisten Computerspiele nur wenig elaboriertes Sprachvermögen benötigt (allerdings doch noch minimal mehr als zum Betreiben einer Carrera-Bahn), so ist doch keineswegs klar, dass dies dann auch zu nachhaltigen Schädigungen führt.

Ein Beispiel: Weder für Lego noch für das Aufbauen einer elektrischen Eisenbahn, weder zum Kicken noch zum Bauen von Panzermodellen benötigt man sonderlich viel Sprache. Insbesondere Lego und der Modellbau haben sich weitestgehend auf die visuelle Darstellung der Bauanleitungen beschränkt, was ganz offenbar zu besseren Ergebnissen führt. Bei Modelleisenbahnen ist es ähnlich, jedoch sind die vielen Informationen zu realistisch gestalteten Zügen natürlich sprachlich gehalten. Und beim Kicken, wie spricht man da wohl? Kurz und abgehackt, laut lachend und fluchend, also kaum besonders eindrucksvoll.

Was man hieran erkennt: Die sprachliche Intelligenz hätte, wenn es am Spielzeug läge und daran, womit Kinder sich beschäftigen, eigentlich längst einen traurigen Tod sterben müssen.

MACHEN COMPUTER UNS DÜMMER?

Das aber hat sie nicht, ja, die Sprache erfreut sich sogar bester Gesundheit. Was sich unter anderem daran zeigt, dass immer neue Sprachmuster herausgebildet werden, etwa durch die Adaption von Immigrantensprachen, durch Technizismen, Rapper-Deutsch und vieles andere mehr. Eine Sprache, die sich so entwickelt, lebt ganz offensichtlich, und wer hier Verfall beklagt, der tut gut daran, mal ganz bildungsbürgerlich zum Beispiel bei Friedrich Schiller nachzuschauen. Der nämlich benutzte, wenn er von einer Flasche Wein sprach, gern das Wort *bouteille*, weil damals die französischen Einsprengsel in das deutsche Idiom besonders angesagt waren. Kein Grund, hier Probleme zu kriegen.

Um es auf den Punkt zu bringen: Wenn bei Kindern oder Jugendlichen im Zusammenhang mit Computerspielen die Sprache vergröbert und die Fähigkeit nachlässt, Zusammenhänge erzählerisch darzustellen, dann liegt das nicht primär an den Spielen selbst, sondern daran, dass es an einbindender Kommunikation fehlt. Ein Kind, das sich regelmäßig über sein Spielen mit anderen austauschen kann, das zudem Comics oder Bücher zur Verfügung hat, mit dem diskutiert und nachgedacht wird, dessen Sprache wird durch das Spielen ganz sicher nicht schlechter. Ganz im Gegenteil – die sprachliche Entwicklung, die bei Kindern ja immer an den Wunsch zur Vermittlung von Erfahrung geknüpft ist, wird hier neue Stimuli finden. Solange – und hier liegt der eigentliche wunde Punkt – wohlmeinende Erwachsene und andere Kinder da sind und es zwischen ihnen zum Austausch, zu Diskussionen und zum gemeinsamen Witzemachen kommt.

Intelligent, aber anders

Schon die Fragestellung, ob der Computer uns verdummen lässt, ist in sprachlicher Hinsicht heikel. Denn wenn wir herausfinden wollen, ob und inwieweit wir durch den Computer verdummen, dann brauchen wir eine nähere Bestimmung dessen, was denn da eigentlich verdummen soll. Anders gesagt: Es muss prinzipiell klarer werden, worin die zu erwartenden Einbußen bestehen. Und wenn wir die Frage klug angehen, dann können wir sogar herausfinden, ob nicht auch manche Bereiche der Intelligenz Zuwachsraten verzeichnen.

Moment mal: manche Bereiche der Intelligenz? Das bedeutet doch wohl, dass es nicht nur die eine Intelligenz gibt, oder? Aber wie muss man sich das vorstellen? Vielleicht ein bisschen wie einen Baukasten oder besser noch einen Werkzeugkasten. Dieser Werkzeugkasten ist die persönliche Ausstattung in Sachen Intelligenz. Wenn Sie einmal in einen Intelligenztest hineingeschaut oder auch schon mal einen gemacht haben, dann sind Sie vielleicht darauf gestoßen, dass da ganz unterschiedliche Aufgaben zu lösen sind. Man muss zum Beispiel Wort- oder Zahlenreihen vervollständigen, sich Begriffe merken oder geometrische Muster zuordnen. Je nach Test unterscheiden sich die Aufgaben ein wenig, aber im Großen und Ganzen liegt der Schwerpunkt meist bei logischem Denken und sprachlicher Kompetenz.

Das ist ein bisschen zu wenig, meint der Intelligenzforscher Howard Gardner. Ein aus wenigen Intelligenzbereichen zusammengesetzter IQ ist seiner Meinung nach völlig unzureichend. Vielmehr behauptet Gardner, dass wir über ganz verschiedene Formen der Intelligenz verfügen, die sehr unterschiedlich verteilt sind.[11] Anders gesagt: *Die* Intelligenz gibt es gar nicht, und das heißt im Umkehrschluss, dass es auch *die* Verdummung nicht

MACHEN COMPUTER UNS DÜMMER?

geben kann. Wenn es aber *die* Verdummung nicht geben kann, dann können Computer und Computerspiele auch ganz allgemein keine Verdummung bewirken. Logisch.

Die Antwort auf die Frage, ob Computer uns dümmer machen, lautet also: Nein, keineswegs. Aber sie *verändern* uns. Dümmer kann man das nur nennen, wenn man bestimmte Intelligenzfaktoren für wesentlicher hält als andere. Das aber entspricht absolut nicht dem Stand der Intelligenzforschung. Anscheinend haben wir es also im Gefolge der Digitalisierung mit einer Umverteilung der Intelligenz zu tun. Die Intelligenz unserer Kinder wird anders ausgeformt sein, als uns das vertraut ist. Das muss kein Fehler sein. Denn ihre Welt wird gleichfalls anders sein als unsere. Wenn also Lehrer und Erzieher gegenwärtig fürchten, dass Kinder weniger intelligent werden, dann fürchten sie in erster Linie den Verlust bestimmter Kompetenzen. In Gesprächen mit Lehrern oder Eltern gewinnt man dabei rasch den Eindruck, dass sie in allererster Linie unsere wesentlichen Kulturtechniken bedroht sehen, also das Lesen, das Schreiben und das Rechnen. Ein geläufiges Argument besagt, Kinder wie Erwachsene würden am Computer das Lesen verlernen. Aber stimmt das denn auch? Keineswegs. Die finstere Erwartung, dass der Computer uns vom Lesen entfernen und damit die Kultur sabotieren werde, stammt im Übrigen aus den 1980er-Jahren, also aus jener Zeit, in der die Computerisierung der Gesellschaft begann. Schon nach wenigen Jahren befand der Schriftsteller und Zeichenforscher Umberto Eco, der Computer habe das Lesen keineswegs aus der Welt gebracht. Denn nun sitze zwar alle Welt vor dem Bildschirm. Aber was täten die Leute dort? Sie lesen.

Ganz offenbar ist der Einwand, dass der Computer uns zu Analphabeten macht, so nicht ganz richtig. Was allerdings das Schreiben und auch das Rechnen angeht, so kann es in der Tat

Probleme geben, wenn beides nicht geübt wird. Denn sowohl Schreiben, insbesondere Rechtschreibung, als auch Rechnen, insbesondere Kopfrechnen, sind Disziplinen, die geübt werden müssen. Wer hier nicht übt, der wird zwar nicht umfassend dumm, aber er wird Probleme bekommen. Das war allerdings noch nie anders, und es erscheint mir zweifelhaft, hierfür allein den Computer verantwortlich zu machen. Denn zum Üben anhalten musste man Kinder schon immer. Und die Summe der ablenkenden Reize ging immer schon ins Unendliche ...

Ein anderes, vielleicht gewichtigeres Argument zielt darauf ab, dass im Internet große Mengen vollkommen wertloser Inhalte kursieren. Erweitert wird dieses Argument durch die Ansicht, dass insbesondere Computerspiele mit wenigen Ausnahmen ganz und gar wertlos seien. Wertlos also, ziemlich vieles zumindest. Stimmt das? Da kann man nur sagen: Ganz bestimmt. Doch trifft das denn nur für die Computerwelt zu?

Ich verstehe von Büchern ein wenig, und wenn ich mir eine herkömmliche Bibliothek, vielleicht auch einen Buchladen ansehe, dann würde ich sagen: hauptsächlich wertloses Zeug. Und wie sieht es mit Filmen aus? Natürlich, dasselbe Ergebnis. Theater? Abermals dasselbe. So könnte man fortfahren, aber das Argument lässt sich doch am leichtesten mit einer Wendung erledigen, die unter Kennern als »Sturgeons Gesetz« bekannt ist. Das Gesetz wurde nach dem Science-Fiction-Autor Theodore Sturgeon benannt, und es besagt kurz und knapp: »90 Prozent von allem ist Bullshit.« Von *allem*, wohlgemerkt.

Interessanterweise ist das Internetportal »Antolin«, das zur Leseförderung gern von Schulen benutzt wird, von der Unterscheidung zwischen höherwertigen und minderwertigen Textarten ganz frei. Der Journalist Tilman Spreckelsen hat das knackig auf den Punkt gebracht: »Trash trifft sich mit Hochkultur. Das ist so gewollt: Hauptsache, die Kinder lesen.«[12] Man merkt, auch das Qualitätsargument ist problematisch. Eigentlich zog bisher bei näherer Betrachtung überhaupt kein Argument, das mit der angeblichen drohenden Verdummung durch den Computer zu tun hatte. Wie aber kommt es dann zu solchen Überreaktionen einzelner Forscher, und wieso sind Eltern und Pädagogen so schnell bereit, diese dann für gültige Aussagen zu nehmen? Liegt es an der (verständlichen) Bereitschaft, einer ziemlich komplexen Sache mit möglichst simplen Reaktionen zu begegnen? Dann machen Computer und Computerspiele tatsächlich durchaus dumm. Aber anders, als das bisher gemeint war.

Computerlernen im Labor

Eigentlich findet das, was die Sorge um uns und unsere Kinder hochtreibt, bereits seit einem Vierteljahrhundert statt. Wenn man das in Betracht zieht, dann kommt die Hysterie ziemlich spät. Denn seit wir begonnen haben, unsere Kultur so zu verändern, dass plötzlich überall Bildschirme herumstehen, ist klar, dass wir selbst auch nicht ganz so bleiben würden wie zuvor. Die massenhafte Nutzung von Maschinen prägt ja nicht nur die Kultur. Sie prägt vor allen Dingen jedes einzelne Gehirn. Daher ist es interessant, einmal zu prüfen, wie Fachleute die Zeit der beginnenden Computerisierung kommentiert haben.

Ich habe das Glück, dass ich da aus dem Nähkästchen plaudern kann. Die Ausbildungsordnung für Psychologen an der Westfälischen Wilhelms-Universität in Münster verlangte nämlich, dass von Studenten neben einem klinischen Schwerpunkt ein zweiter Forschungsschwerpunkt belegt werden musste. Bei mir war das die Angewandte Psychologie mit einem Schwerpunkt auf Arbeitspsychologie. Mitte der 80er-Jahre untersuchten wir die Besonderheiten, die eine Mensch-Maschine-Interaktion mit sich bringt – genau das Thema, das heute die Gemüter bewegt. Wenn ich hier »wir« sage, dann meine ich, dass ich selbst zu den Studenten zählte, denen sich hier interessante Fragestellungen eröffneten. Wir waren keineswegs Experten, und die beiden Professoren, die am Institut Fragestellungen wie diesen nachgingen, stellten überdies Sonderfälle dar, untersuchten sie doch Themen, die zumindest in jener Zeit nicht unbedingt mit Psychologen assoziiert waren. Eine Fragestellung, an der wir forschten, war zum Beispiel diese: Wie wirkt es sich aus, wenn eine Person ein bestimmtes technisches Betriebssystem kannte und nun vor der Aufgabe stand, ein neues, anders geartetes zu erlernen? Um dies herauszufinden, wurde ein Raum mit einem PC eingerichtet. Das Gerät stand auf einem schlichten Tisch, neben dem Rechner lag eine Anleitung für das zu benutzende Betriebssystem. Nun gab es eine Reihe von Aufgaben, die mit dem Betriebssystem zu bewältigen waren. Die Versuchspersonen, die mit diesen Aufgaben konfrontiert wurden, waren vorher durch eine Auslese in zwei Gruppen aufgeteilt worden. Solche, die bereits Vorwissen auf dem Gebiet der Computernutzung hatten (sie wurden »Experten« genannt), und solche, die keinerlei Erfahrung damit besaßen (sie hießen »Novizen«, also Neulinge).

Die eigentliche Leitfrage unserer Studie war: Bedeutet das Vorwissen auch einen Lernvorteil, oder steht es eher im Weg? Und da erwies sich, durchaus zur Überraschung der Beteiligten: sowohl als auch. Denn beide, Experten wie Novizen, scheiterten mitunter an den Aufgaben. Allerdings unterschieden sie sich in der Art und Weise des Scheiterns. Und dies ziemlich prägnant. Erfahrene hatten zumindest eines: weniger Angst vor der Technik. Ihr Expertentum ließ sie souverän das Gerät aktivieren. Das war

bei den Novizen anders. Mit einem misstrauischen Blick fing es
an. Vorsichtig drückten sie auf die Tasten und vergewisserten sich
dabei mit einem Seitenblick, ob auch nichts Schlimmes passierte.

Der Hauptvorteil der Experten lässt sich auf einen Punkt bringen: Ihnen war klar, dass der PC nicht bei einem falschen Tasten-
druck in die Luft fliegen würde. Ein Wissen, das die Neulinge
keineswegs besaßen. Ihr Umgang mit dem Gerät war oftmals von
der Angst geprägt, Dinge falsch zu machen, die dann gewaltige
Folgen haben könnten. Dafür benutzten sie eine andere hilfreiche
Strategie. Sie blickten häufiger in die Bedienungsanleitung. Und
fanden dann, wenn sie aufmerksam nachgelesen und erste Experi-
mente vorgenommen hatten, mitunter auch gangbare Wege, um
die ihnen gestellten Aufgaben zu lösen. Ihre kenntnisreicheren
Kollegen dagegen verzweifelten gelegentlich, wenn eine Strategie,
die einfach funktionieren *musste*, nicht aufging und sie dann in
einer Schleife von sinnlos reproduzierten Handlungen landeten,
die allesamt nicht weiterführten.

Ganz offenbar hatte das Wissen ein Janusgesicht. Es nahm
zwar die Angst, aber es führte auch zu falschen Folgerungen. Die
Irrtumsschleifen hatten Ähnlichkeit mit dem, was Ameisen tun,
wenn man ihrem instinktgeleiteten Verhalten Hindernisse in den
Weg setzt. Dann kann passieren, dass sie eine sinnlos gewordene
Tätigkeit endlos fortsetzen, weil ihnen für die zu lösende neue
Aufgabe kein Instinktprogramm mitgegeben worden ist.

Experten in der Irrtumsschleife

Wenn ich heute von dieser experimentellen Arbeit berichte, dann
erscheint manches weit weg: Die Geräte der 80er-Jahre waren
plump und unschön, und es dauerte lange, sie zum Laufen zu

kriegen. Die Skepsis, die ihnen überdies entgegenschlug, erscheint heute, da jedermann so ein Gerät benutzt, ganz und gar von einem anderen Stern. Insofern war es aufregend, an diesem neuen Wissensbereich mitzuforschen. Und überdies gab mir die Studie Gelegenheit, zum ersten und einzigen Mal in meinem Leben die Bedienungsanleitung für ein Computerbetriebssystem zu verfassen.

Auch die Einteilung in »Experten« und »Novizen« mutet heute etwas komisch an. Und das nicht nur, weil man bei dem Begriff »Novize« immer an einen jungen Klosterbruder denken muss. Nein, es wäre heute auch gar nicht mehr ohne Weiteres möglich, Versuchspersonen zu finden, die wirklich noch nie eine Computertastatur berührt haben. Heute gebräuchliche Unterscheidungen trennen eher die »Digital Natives« von den »Digital Immigrants« und diese wieder von den »Digital Visitors«. Das bedeutet, es gibt echte Kenner, die die digitale Welt von klein auf kennen (die »Natives«, gewöhnlich sind hier alle nach 1980 Geborenen gemeint). Sodann gibt es Leute, die sich die Kenntnisse über eine Welt verschafft haben, in die sie zwar nicht hineingeboren wurden, in der sie aber gut zurechtkommen (das sind die »Immigrants«, die noch eine Zeit vor dem Internet kennen, aber mit der computertechnisierten Welt einigermaßen gut klarkommen). Und dann sind da noch die, die das Medium manchmal nutzen, aber ohne größeren Hintergrund (die »Visitors«, Besucher, die weder mit der digitalen Welt aufgewachsen sind, noch sie sich wirklich zu eigen gemacht haben). Aber alle, ausnahmslos alle sind mit dem Medium schon irgendwie in Berührung gekommen.

Was jedoch viel wesentlicher ist als die Unterschiede: Wir haben damals etwas begriffen, was heute weiterhin gültig ist: Experten sind nicht immer in der Lage, die Dinge korrekt zu beurteilen. Sie können in absurde Fehleinschätzungen hineingelangen, die

MACHEN COMPUTER UNS DÜMMER?

gerade aus ihrem Wissen resultieren. In solchen Fällen sind interessierte Laien dann sogar im Vorteil. Denn sie schauen genau hin und arbeiten ihre Angst gewissermaßen lernend ab. So vermeiden sie fehlerhafte Denkschleifen und bauen zwar langsam, aber dafür stetig Kompetenzen auf. Aus den Befunden lässt sich für unsere Zeit dreierlei lernen. Erstens: Wer sich zu sehr für einen Experten hält, wird angesichts neuer Aufgabenstellungen zu falschen Ansätzen gelangen. Zweitens: Wer dem Neuen mit zu viel Angst begegnet, muss sich kundig machen, um der Angst begegnen zu können. Drittens: Man kann von beiden lernen: von den Experten, dass man auch bei gutem Wissensvorsprung mitunter so tun muss, als wisse man kaum etwas, damit man genau hinsieht und sich nicht auf seinem Wissen ausruht. Und von den Novizen, dass Unkenntnis, wenn sie zu konstruktiven Lernschritten animiert, einen rasch sicherer macht.

Simple Aussagen, oder nicht? Aber wie so oft werden gerade diese einfachen, aber konstruktiven Zugangsweisen gern übersehen. Wer Gehirnexperte oder Pädagoge ist, der will vielleicht gar nicht noch einmal so tun, als wisse er wenig. Und wem alles neu und das Neue angsterregend ist, der möchte womöglich nicht lernen, dass es sich so schlimm gar nicht verhält. Wenn ich mich heute umblicke und sehe, was an Diskussionsbeiträgen hinsichtlich der Computerisierung der Kindheit im Raum steht, dann kann ich mich des Eindrucks nicht erwehren, dass hier auch von Expertenseite eine beträchtliche Anzahl fehlerbesetzter Denkschleifen existiert. Diese aber findet man nirgendwo deutlicher als da, wo es um Computerspiele geht.

3

Wie gefährlich sind Computerspiele?

Eine Katze bringt ihren Jungen eine gefangene Maus mit. Was nun kommt, kennt jeder. Die Maus wird losgelassen und wieder eingefangen, in die Luft geworfen und wieder auf einen neuen, ausweglosen Fluchtversuch geschickt. Wir nennen das Spielen. Aber wir wissen auch, dass es mehr ist als ein Spiel. Es ist Training. Ein Training, das bei den Jungen beginnt und bis ins hohe Alter der Katzen fortgesetzt wird. Spiel ist also Training, zumindest in diesem Fall. Doch zu spielen hat auch andere Funktionen. Die Welt kennenzulernen zum Beispiel. Oder Rollenmuster zu erproben, neue Fähigkeiten auszubilden, Problemlösungsstrategien zu entwickeln und kreativen Impulsen zu folgen. Das Spiel hat offensichtlich einen hohen Stellenwert in unserem Leben. Und das gilt, wie das Katzenbeispiel zeigt, nicht nur für die Kindheit. Warum aber wird das Spiel beim Menschen in erster Linie mit der Kindheit verknüpft? Warum sagen Kinderärzte und Lehrerinnen, wenn sie von mangelnder Schulreife sprechen, das Kind sei »noch sehr verspielt«? Wenn ein erwachsener Mann mit dem Hinweis, er wolle noch ein wenig spielen gehen, den Raum verließe, so würde man sicher etwas überrascht dreinschauen. Ein Großer, der spielt? Klar gibt es Spiele, die auch für Große da sind. Tennis oder Poker, Skat und Scrabble. Auch Pferdewetten sind ein Spiel, aber hier kommt noch ein anderer Aspekt, etwas Unfreies, ja, Unverspieltes hinzu. Und so macht es Sinn, dass hier auch nicht allgemein von »Spielen« die Rede ist, sondern von Karten-, Fußball- oder Schachspielen.

Spiel: Versuch einer Definition

Der Dichter Friedrich Schiller schrieb, der Mensch sei nur da ganz Mensch, wo er spiele. Wenn man diesen Satz ernst nimmt, dann müsste ein Kind da, wo es wirklich spielt, ganz als das Kind erscheinen, das es eben ist. Mit anderen Worten: Das Spiel trüge zu seiner Selbstfindung bei. In den letzten Jahren haben eine Reihe von Forschern sich wieder vermehrt mit dem Spiel befasst und dabei verschiedene Faktoren herausgearbeitet, die für das Spielen charakteristisch und am Spiel wesentlich sind oder sein könnten. Hierzu zählt zum Beispiel die Neugier, die überhaupt erst zum Spielen animiert und das Spiel zum Beispiel von Schulaufgaben absetzt. Sodann spielt die Möglichkeit, kreativ zu sein, eine wesentliche Rolle. Das heißt, der Spielverlauf darf nicht zu klar vorgegeben sein. Auch die Möglichkeit, körperlich zu agieren, sollte gegeben sein. Und endlich wird der Freiheitscharakter des Spielens betont, das heißt, Spiel ist vor allem auch einfach das, was ein Kind von sich aus tut.

Man erkennt gleich, dass kaum jemals sämtliche Kriterien auf ein Spiel zutreffen werden. Manche beliebte Spiele haben ziemlich starre Regeln, sind also unkreativ (Quartett zum Beispiel). Andere werden ohne jeden Körpereinsatz gespielt (Ratespiele, die nur kommunikativ und im Kopf stattfinden). Wieder andere werden nicht unbedingt aus Neugier gespielt, doch ermuntert der Spielverlauf zum Weitermachen (Schach). Aus diesem Grund unterscheidet man zum Beispiel eher körperbezogene Spiele, kreativitätsorientierte Spiele, strategische Spiele und Spiele, die innerhalb eines simplen Sets von Regeln viele Spielverläufe möglich machen, wie es oft bei Kartenspielen der Fall ist.

In einem immerhin sind sich alle Experten einig: Die Bedeutung insbesondere des kindlichen Spiels für die Gehirnentwicklung, für die Sozialisation und auch für die Entwicklung von Begabungen kann gar nicht hoch genug eingeschätzt werden. Auch herrscht Übereinstimmung darüber, dass das kindliche Spiel in unserer Lebenswelt immer weniger Raum bekommt und dass die Folgen dieser Entwicklung bedenklich sind. So kommen manche Autoren wie der schottische Journalist und Musiker Pat Kane sogar auf den Gedanken, es müsse eine neue Ethik des Spiels (»play ethic«) geben.[13] Diese Ethik würde an die Stelle der Arbeit, die zu anderen Zeiten den höchsten Stellenwert besaß, nun das Spiel stellen.

Seltsamer Gedanke? Vielleicht. Aber er passt gut hinein in eine Zeit, in der das Spiel zwar nicht, wie Unkenrufe nahelegen, ausstirbt, aber sich eben doch erheblich verändert. Der amerikanische Entwicklungspsychologe Peter Gray glaubt, dass insbesondere das freie, also nicht zweckgerichtete Spielen in den vergangenen Jahrzehnten immer mehr zurückgegangen sei. An seine Stelle sei ein Spielen getreten, dass eben nicht zweckfrei ausgerichtet ist, sondern eine Absicht enthält, die über die reine Freude hinausgeht. Ich selbst nenne solche Spiele »Um-zu-Spiele«, denn für sie ist etwas eigentlich Unspielerisches kennzeichnend, nämlich die pädagogische Absicht. Gray ist der Meinung, dass der Rückgang des freien Spiels zu einer Vielzahl kindlicher Störungsbilder führt.[14] Das ist eine erstaunliche, aber nachvollziehbare Hypothese, denn in der Tat sind ja viele, sogar sehr viele Kinder schon früh wegen psychischer Leiden in Behandlung. Und da

WIE GEFÄHRLICH SIND COMPUTERSPIELE?

das Fehlen freier Spielmöglichkeiten leicht gleichzusetzen ist mit einem Verlust an Lebensqualität und Lebensfreude, erscheint ein Zusammenhang zwischen Entzug der Spielmöglichkeiten und emotional gestörten Kindern vielleicht nicht zwingend richtig, aber doch gut möglich.

Wie wären denn, vor diesem Hintergrund betrachtet, moderne Computerspiele anzusehen? Sind sie wirkliche Spiele, oder sind sie dies – trotz des Namens – doch eher nicht? Zunächst kann man hier festhalten, dass die meisten Experten, die sich zum Spielen äußern, damit *keine* Computerspiele zu meinen scheinen. Dafür gibt es auch ein paar gute Gründe, zum Beispiel den, dass es bei den meisten – nicht bei allen – Computerspielen nur wenig kreative Freiheit gibt. Auch sind die körperlichen Ausdrucksmöglichkeiten des Spiels meist verschwindend gering. Und endlich fehlt dem Computerspiel das, was wir vielleicht als die »natürliche« Seite des Spiels ansehen würden. Also die, zu der man fast nichts braucht als eben Spielfreude, Kreativität und die Freude am lustvollen Entdecken.

Aber was ist das eigentlich, die »natürliche« Seite des Spielens? Wenn wir zum Anfang dieses Unterkapitels zurückkehren, zu unserem Katzen-und-Mäuse-Beispiel nämlich – dann wird klar, dass Spielen vor allen Dingen auch lustvolles Trainieren bedeutet. Und wenn wir die aktuellen Unterscheidungen von Spielen generell mit einbeziehen, dann wird offenbar: Computerspiele lassen sich durchaus hier zuordnen. So gibt es die körperbezogeneren Spiele (die etwa an der Wii stattfinden), die strategischen Spiele (fast alle, die einen militärischen Gehalt haben), kreative Spiele (solche wie »Minecraft«, bei denen aus vorhandenen Ressourcen Landschaften und Städte gebaut werden können) und auch solche, die bei simplem Reglement doch viele Varianten ermöglichen (hierzu zählen die mittlerweile schon alt und ehrwürdig gewordenen

Bildschirmpatiencen ebenso wie viele Smartphone-Spiele, die zum Überbrücken kurzer Zeiträume geeignet sind).

Erst mal kennenlernen

Ich möchte zu den aufgeführten Positionen hier eine alternative Betrachtungsweise vorschlagen. Die genannten kritischen Anmerkungen hinsichtlich des Computerspiels sind sicher bedenkenswert. In der Tat ist die Möglichkeit körperlichen Ausagierens hier eher gering, und der Kreativitätsfaktor, den man für Computerspiele braucht, hält sich meist (nicht immer!) auch in Grenzen. Aber wer so argumentiert, der müsste dann auch Schach und Skat, Mensch-ärgere-dich-nicht und Monopoly ächten, denn alle diese Spiele sind wenig bewegungsfördernd, und man agiert, geleitet von klaren Regeln, in einem wenig fantasievollen Rahmen. Spaß machen sie trotzdem. Und an die Stelle von Bewegung und Fantasie treten andere, nicht unwesentliche Faktoren des Spielens, nämlich zum Beispiel strategisches Denken.

Überdies scheint mir, dass Computerspiele gegenwärtig eine wichtigere Funktion haben, als allgemein anerkannt wird. Denn gerade die Spiele, die von Erwachsenen als wenig förderlich angesehen werden, bereiten den Heranwachsenden ganz offensichtlich Spaß, und Spaß ist doch wohl das, wofür Spiel zumindest auch da ist. Übrigens wird der Begriff »Spielen« von denen, die häufig am Computer sitzen, eher wenig benutzt. Sie sprechen eher vom »Zocken«. Und vielleicht auch zur Abgrenzung von belasteten Begriffen wie »Spieler« (was den Suchtgedanken nahelegt und auch aufs Glücksspiel bezogen wird) und »Player« (was eher den Gesellschaftslöwen und Drahtziehern im Wirtschaftsleben vorbehalten bleibt) nennen sich die, die Computerspiele regelmäßig

WIE GEFÄHRLICH SIND COMPUTERSPIELE?

spielen, »Gamer«. Das ist ein Begriff, der sich von denen absetzt, die sonst für die Begriffsverteilung zuständig sind. Szenen geben sich selbst Namen, das gehört zu ihrem Selbstverständnis.

Von ausgefuchsten Gamern kann man, wenn sie mit Kritik und Sorge hinsichtlich der Computerspielkultur konfrontiert werden, einen Satz hören, den ich auch aus anderen Zusammenhängen kenne. Er lautet: »Probier es doch erst einmal selbst aus, ehe du etwas dazu sagst.« Der Satz ist meiner Ansicht nach richtig und trifft einen Teil des Problems zielgenau: Etwas zu beurteilen, ohne es sich wirklich angesehen zu haben, ist fahrlässig und borniert. Und es ist ein Grundproblem der Debatte um die möglichen vom Computer ausgehenden Schäden, dass jene Autoren, die die Spiele am lautesten verdammen, den Eindruck erwecken, sich nie tiefer mit diesen auseinandergesetzt zu haben. Ich kenne den Satz auch aus der Szene der Drogennutzer, nicht von denen, die wirklich harte Drogen konsumieren, sondern von denen, denen es um eine andere Wahrnehmung geht. Hier wurden die mitunter törichten Zuordnungen von Hanfprodukten und Halluzinogenen zu harten Drogen gern mit genau demselben Satz quittiert, den man heute von Gamern hören kann. Übrigens kam er wirklich immer nur von denen, denen es um ein besseres Lebensgefühl, eine tiefere Wahrnehmung, einen angereicherten Zustand oder tatsächlich eine Erweiterung ihres Bewusstseins ging. Von gehetzten Koksern oder durchgeschüttelten Junkies habe ich so einen Satz nie gehört. Halten wir also fest: Es lohnt sich, in die Szene der Computerspieler und in das, was sie tun, hineinzublicken. Damit ist nicht gesagt, dass alles dort gleich von erkennbarem Wert sein wird. Aber kennenlernen könnte man es, ehe man zur Kritik und womöglich zur Sorge schreitet.

Ein Update für Eltern

Was tut man eigentlich bei oder in einem Computerspiel, und wie fühlt man sich dabei? Man schießt ja nicht nur oder dreht bunte Kugeln um andere bunte Kugeln. Nein, die Spielewelt ist komplexer. Und wenn man sie zu erkunden beginnt, tut sich eine erstaunliche Menge an Möglichkeiten auf.

Zum Beispiel diese: Wir sind in einer Unterwasserlandschaft. Ein Hai schwimmt herum, und wie wir an den Möglichkeiten der Steuerung schnell merken: Dieser Hai, der sind wir. Hungrig folgt er einem Schwarm grüner Fische, die er mit einem Happs verschluckt. Weiter zur rechten Bildschirmseite schwimmend, kommt er nicht weiter, dort sind Felsen, die seinen Weg behindern. Aber fressen muss er. Also zurück. Ein paar rote und gelbe Fische kreuzen seine Bahn, nicht alle bekommt er. Also nach oben. Da sieht es besser aus. Denn über den Felsen, an denen der Hai nicht weiterkam, liegt eine hübsche Strandlandschaft. Und dort wird gebadet. Das bedeutet: Futter. Einige markerschütternde Schreie später bin ich ein gesättigter Hai. Auf Futtersuche bleiben muss ich trotzdem. Denn hier gelten die Gesetze der Evolution. Futtere ich nicht weiter, so verliere ich nach und nach an Kraft – sofern mich nicht eine von den Minen tötet, die hier gelegentlich herumschwimmen. Irgendwann würde ich dann mit geöffnetem Maul und bäuchlings verdreht tot niedersinken – recht realistisch übrigens. So betrachtet, tut der Hai mir leid. Und natürlich entwickle ich auch Ehrgeiz und möchte verhindern, dass »mein« Hai stirbt. Wenn ich mich anfangs daran gestört habe, dass hier auch Menschen zu Opfern werden, so liegt das daran, dass ich sie stärker und identifizierter wahrnahm als die Fische und Quallen (die der Hai übrigens nicht verträgt).

Denken besorgte Eltern an Spiele wie dieses, wenn sie sich

WIE GEFÄHRLICH SIND COMPUTERSPIELE?

darüber Sorgen machen, ob ihre Kinder beim Gamen dümmer, dicker oder aggressiver werden? Wahrscheinlich eher nicht. Für gewöhnlich haben sie wirre, bunte Bilder vor Augen und schrille, laute Töne. Oder aber gleich Massakerfantasien, wobei der Anteil der wirklich gewaltlastigen Spiele an der Gesamtmenge der Games eher gering ist. Schauen wir mal in eine andere Spielszene hinein:

Die kleine Fee kichert, als ich erneut einen Fehler mache. Aber irgendwie muss ich die Tür doch aufbekommen, die wertvolle Schale zurück an ihren Platz bringen. Ganz offensichtlich bin ich zu dumm dazu. Und werde zu Recht ausgelacht. Später muss ich an ein paar Orks vorbei. Keine ganz leichte Aufgabe, aber ich habe dazugelernt. Und wenn ich je im Leben mal einen Haufen blutrünstiger Orks passieren muss, werde ich entschieden besser für diese Herausforderung gerüstet sein, als ich das vor dem Spielen war. Ob ich allerdings ein guter Militärstratege werde, bleibt noch fraglich. Denn – und das darf nicht wahr sein! – über Nacht hat jemand meine Ressourcen-Basis eingenommen. Während ich friedlich schlafe, sind andere gewissenlose Zocker dabei, mir meine eroberten Inseln abzunehmen. Na gut, auch die Inseln haben vorher irgendwem gehört. Und der war wohl auch nicht damit einverstanden, dass ich sie ihm weggenommen habe …

Aber Autorennen, das müsste doch gehen! Schließlich war ich begeisterter Carrera-Pilot, da muss doch etwas hängen geblieben sein. Also brettere ich mit einem aufgestylten Sportwagen über eine Piste, die an etwas vorüberführt, was Miami Beach sein könnte. Oder vielmehr, nicht nur daran vorbei, sondern auch hindurch. Und hier lauern dann die Probleme. Denn ein Jump über eine gebrochene Brücke hinweg, der Steve McQueen oder Bruce Willis gelungen wäre, scheitert in meinem Fall ganz erbärmlich. Auch nehme ich eine beachtliche Zahl von Schaufenstern mit, als ich an einem Einkaufszentrum vorbeischleife, bevor ich wenig später krachend an einer Überdosis Beton scheitere.

Spiele für Jungen? Na klar, dies hier schon. Aber es gibt auch welche für Mädchen. Fantasy-Spiele, in denen Elfen Hauptrollen haben oder die Spielerinnen auch ganz handfest eine Stadt regieren, deren Bürgermeisterin sie sind. Bereits die flüchtige Auseinandersetzung mit der Spielewelt fördert eine wesentliche Erkenntnis zutage: Dass sie nämlich weiter, vielschichtiger und facettenreicher ist, als womöglich zuvor gedacht. Allein sie zu kategorisieren fällt schwer. Es gibt Spiele, die man allein spielt, und solche, die gemeinsam gespielt werden. Spiele, die in Comicwelten spielen und andere, deren Grafik reale Landschaften zeigt. Manche Spiele sind auf Schnelligkeit angelegt, bei anderen muss man lange überlegen und behutsam agieren. Neben Kriegsspielen stehen andere, in denen man die Wildnis besiedelt und eine Zivilisation gründet. Der Entwickler von »Sims«, dem meistverkauften PC-Spiel überhaupt, Will Wright, wies schon vor mehreren Jahren darauf hin, dass es inzwischen zu viele Spiele gebe, was es für neu entwickelte Spiele schwer mache, überhaupt wahrgenommen zu werden. Selbstverständlich gibt es da auch schwache Ideen und mäßige Grafiken. Aber eben auch das Gegenteil davon: eindrucksvolle Szenarien, kinderbuchtaugliche Dialoge und Bilder, die einfach nur schön sind.

Was lernt man beim Gamen? Ein Selbstversuch

Es gehört zu meiner Arbeitsauffassung als Therapeut und Forscher, Phänomene nicht nur klinisch zu bewerten, sondern sie auch kennenzulernen. Das bedeutet, sie nicht aus der sicheren Ferne der Praxis heraus kritisch zu beäugen, sondern sich ihnen zu nähern

WIE GEFÄHRLICH SIND COMPUTERSPIELE?

und sie im Fall von Computerspielen zumindest auszuprobieren. Mittlerweile war ich zur Fütterung künstlicher Tiere bereit und habe feindliche Soldaten beschossen, ich habe Panzer gesteuert, bin mit bizarren Autos Rennen gefahren und wurde von einer Granate erwischt. Das hat mich weder emotional geprägt noch mit merklichen Kompetenzsteigerungen ausgestattet. Oder vielleicht doch, ein bisschen: Ich bin reaktionsschneller geworden, und mein räumliches Orientierungsvermögen, das vorher nicht so super war, hat sich verbessert. Trotzdem: Ein Gamer bin ich nicht und werde wohl auch nie einer werden. Aber neugierig hat mich doch gemacht, was ich in den Spielen vorgefunden habe. Zum einen, weil manches bedeutend besser gemacht und spielerisch anspruchsvoller war, als ich erwartet hatte. Und zum anderen, weil manches noch dümmer und hässlicher war, als ich zu vermuten geneigt war. Insgesamt also ein ausgewogener Eindruck.

Eines aber ist sicher: Wann immer ich ein Spiel für eine Weile betrieben habe, hatte ich einen Lerngewinn. Er betraf nicht immer Bereiche, die mir am Herzen liegen, aber er war gleichwohl unbestreitbar. Dass ich dabei dümmer geworden bin, wird zumindest von meiner Umgebung verneint. Und wenn ich einmal annehme, dass mich meine Umgebung nicht nur schont, dann stellt dieser Befund schon einmal eine Beruhigung dar.

Die Spiele, die ich selbst kennengelernt oder mir zumindest näher angeschaut habe, werden bei dem einen Leser Erstaunen hervorrufen und beim anderen nur ein müdes Achselzucken. Denn ich habe darauf geachtet, Spiele unterschiedlicher Genres zu erkunden, Das ist ein bisschen, als würde man aus einer großen Bücherei komplett verschiedene Bücher entleihen, die nur gemeinsam haben, dass es sich eben um Bücher handelt. Ich liste die Spiele, mit denen ich Erfahrungen gesammelt habe, hier auf, obschon Namen hier nicht viel zu sagen haben, denn die Spiele werden sich ändern, und wesentlich ist eigentlich nur, dass man sich nicht nur ein, zwei angesehen hat.

Weil sie mehr als andere in dem Ruf stehen, Schaden zu verursachen, beginne ich mit ein paar Spielen, in denen kriegerische Szenarien durchgespielt werden und Gewalt zum Einsatz kommt: »Call of Duty«, »Battlefield« und »Hearts of Iron«. Letzteres ist ein Kriegsspiel, die beiden ersten sind Ego-Shooter, bei denen der Spieler selbst eine Waffe in der Hand hält. Etwas drastischer waren »Fear« (gleichfalls ein Ego-Shooter) und »Crysis« (ein Ego-Shooter, der in einer Zukunftswelt spielt). Der wesentliche Eindruck, der mir von den »Ballerspielen« (das ist kein abwertender Elternbegriff, sondern einer, den Jugendliche selbst ganz gern verwenden) blieb, ist der, dass man zu Kriegsspielen schon eine Affinität benötigt, um sie im Computerspielbereich mögen zu können. Mich langweilen sie eher oder nerven mich auch, ich nehme nicht gern Aufträge entgegen und bin auch von der militärischen Ästhetik wenig angesprochen. Allerdings kann ich nachempfinden, dass das Spiel mit der Gefahr lockt, die Notwendigkeit schneller Reaktionen eine Herausforderung darstellt und das strategische Element als anspruchsvoll erlebt wird.

Das ist auch bei Fantasy-Spielen so. Nur dass hier das magische, märchenhafte Element hinzutritt und mitunter schöne Bildwelten ermöglicht. So bei »Satinavs Ketten – Das schwarze Auge«, aus dem, leicht variiert, die obige Sequenz mit der Fee entnommen ist. Dieses Spiel ist viel langsamer als die Shooter-Spiele, es ist ein sogenanntes »Point and Click«-Spiel, bei dem man den Spielverlauf durch das Anklicken markierter Felder auf dem Bildschirm steuert. Man verfolgt so eine Geschichte, in der viele Herausforderungen zu bewältigen sind, die man auch aus Fantasy-Büchern oder -Filmen kennt.

Einen besonderen Rang, um beim Fantasy-Genre zu bleiben,

WIE GEFÄHRLICH SIND COMPUTERSPIELE?

nimmt »World of Warcraft« ein. Dies ist freilich eine ganz andere Kategorie von Spiel, nämlich ein sogenanntes »Massively Multiplayer Online Role-Playing Game«. In diesem Begriff steckt eigentlich schon alles, was man wissen muss, um das Spiel einschätzen zu können. »WoW«, wie es gern genannt wird, wird online gespielt, was viele Möglichkeiten eröffnet, aber auch Risiken birgt. So kann erheblicher sozialer Druck entstehen, wenn man sich mit anderen Spielern verabredet hat, die besonders häufig spielen. Die Figur, die man im Spiel darstellt, kann attraktiv sein und erlaubt überdies auch das Ausleben von Dingen, die in unserer Realität nicht möglich (Magie) oder nicht angemessen sind (jemanden mit der Keule niederschlagen). Auch ist der Umstand, dass investierte Zeit belohnt wird, natürlich eine Motivation zum Mehrspielen, selbst wenn eigentlich keine Neigung mehr vorhanden ist. Zwischen einem »Point and Click«-Spiel wie »Satinavs Ketten« und »World of Warcraft« liegen daher, auch wenn beide die Fantasy-Liebhaber bedienen, Welten.

Blicken wir noch einmal in eine ganz andere Welt hinein, diesmal in eine realitätsnähere. Ziemlich drastisch und zugleich intellektuell befriedigend ist das Spiel »Grand Theft Auto V«. Dies ist eine vollkommen andere Art von Game, angesiedelt in einer fiktiven, Los Angeles nachgestalteten Stadt namens Los Santos. Hier werden Sie mit drei Personen vertraut gemacht, die man im Alltag eher selten trifft: Michael de Santa, ein Verbrecher, der unter einem Zeugenschutzprogramm lebt. Der Jobber und Kleinkriminelle Franklin. Und Trevor, der Gangster, der Methamphetamin in der Wüste kocht und früher als Bankräuber Michaels Partner war. Im Spiel müssen Sie nun verschiedene Missionen erfüllen, die jeweils, auch wenn gerade nur eine Person gespielt wird, alle drei Figuren betreffen. Was dabei geschieht, entspricht etwa den Gangsterfilmen von Martin Scorsese und ist an Brutalität, aber auch an Witz und Einfallsreichtum schwer zu übertreffen. Leider wird das Spiel zunehmend von Kindern gespielt, für die es absolut nicht geeignet ist, der Drastik der Darstellung wegen. In einem anonymen Gastbeitrag für das Spielemagazin *Kotaku* berichtete der Mitarbeiter eines Spiel-Stores, von tausend verkauften Spielen seien zehn Prozent an Eltern gegangen, die das Spiel eindeutig stellvertretend für ihre Kinder erwarben.

Beispiele wie dieses zeigen, dass Spiele ähnlich wie Filme von hohem Niveau sein können – und trotzdem für die kindliche Entwicklung schädlich. Hier wird es nötig sein, dass Eltern selbst über die Spiele Bescheid wissen. Immer öfter werden zum Beispiel in Schulen Kopien von Spielen ausgetauscht. Eines meiner eigenen Kinder bat mit zehn Jahren darum, ein Spiel spielen zu dürfen, das erst ab 18 Jahren freigegeben war. Auf meine Frage, wie er denn darauf komme, erzählte mein Sohn, zwei seiner Klassenkameraden würden dieses Spiel spielen.

Mit den folgenden beiden Spielen hätte es da weniger Probleme gegeben. Denn beide sind, obschon kriegerischen Inhalts, ab 12 Jahren freigegeben. Wiederum handelt es sich um Spiele, die realitätsnah sind, auch wenn sich diese Realität niemand wünschen wird. Bei »World of Tanks« nämlich tragen Sie in Teams im Internet Panzerschlachten aus, bei denen Panzer verschiedener Nationen durchaus im selben Team auftreten können. Bei »World of Warplanes« gilt das Gleiche, nur dass es hier um Flugzeuge geht. In beiden Fällen wird also Krieg gespielt, mit einem gewichtigen Unterschied allerdings: Denn anders als in den Ego-Shootern, die keine Jugendfreigabe haben, wird man bei den hier betrachteten Spielen nicht unmittelbar mit menschlichem Leid konfrontiert. Die Panzer werden beschädigt oder zerstört, die Flugzeuge stürzen getroffen ab. Auch hört man Stimmen in verschiedenen Sprachen, die zur Aktion auffordern, über kaputt geschossene Ketten flu-

WIE GEFÄHRLICH SIND COMPUTERSPIELE?

chen oder »Raus hier!« brüllen. Aber kein Verletzter schreit um Hilfe, kein Sterbender brüllt seine Schmerzen heraus. Insgesamt wirken diese Spiele trotz kriegerischen Inhalts daher zahmer.

Nach diesen etwas ausführlicheren Einblicken möchte ich Ihnen jetzt in kurzen Spots noch ein paar Spiele nennen, die sichtbar machen, wie breit gefächert die Welt der Spiele inzwischen ist. In dem iPod- bzw. Smartphone-Spiel »Asphalt 8« fährt man Autorennen, die mit naturalistisch erfassten Autos ans Surreale grenzen, wenn man nämlich mit großer Geschwindigkeit einen Gegner rammt und ihn »schrottet«, worauf man einfach weiterheizt. Die kindliche Variante hiervon kennt man von »Mario Kart«, einem bekannten Fun-Racer, der ebenso auf der Wii wie auch auf Nintendo DS gespielt werden kann. Und bei dem man neben dem Rennen überdies schildkrötenähnliche oder geflügelte Bomben versenden kann, die den Gegner dann vorübergehend bremsen. Bei »Hungry Shark«, um zum Smartphone zurückzukehren, sind Sie, wie oben geschildert, ein Hai und müssen sich ernähren. »Boom Beach«, von dem gleichfalls oben die Rede war, fordert Ihnen ab, dass Sie in einer Inselwelt Ihre Ressourcen verteidigen und neue hinzugewinnen. Das bedeutet Angriff und Verteidigung, Aufrüstung, Materialgewinnung und sinnreiche Strategien. Und endlich sind da Spiele wie »Doodle Jump«, bei denen man ein Figürchen sicher in unterschiedlichen Szenarien treppauf hüpfen lassen und dabei Gefahren ausschalten muss, um weiterzukommen. Spiele, die man auch im Schulunterricht gern auf dem Smartphone spielt ... Mit den zuletzt genannten Spielen sind wir in der Welt der Kinder angekommen, nachdem wir bei den eher berüchtigten Ego-Shootern begonnen hatten. Dass Erstere für Kinder nicht geeignet sind, ist offensichtlich – und wird durch Indizierung und FSK-Siegel ja auch deutlich gemacht.

Ein kleiner Einblick in eine gewaltige Welt. Doch es wird

schon hier deutlich, dass es ganz unsinnig wäre, alle diese Spiele über einen Leisten zu scheren. Die elektronische Spielindustrie schickt sich an, zur zweitwichtigsten Branche auf dem Gebiet der Unterhaltungselektronik zu werden und damit der Filmwelt mit ihrem Glamour den Rang abzulaufen. Immerhin, es lässt sich bereits von Erfahrungen sprechen. Manche sind ästhetischer Art. So, wenn mir ein Spiel, das gegenwärtig Rekorde bricht, grafisch unendlich öde erscheint, die musikalische Untermalung hingegen von hollywoodreifem Format ist. Andere berühren früher geführte Debatten: Sind manche Spiele nicht einfach die Fortsetzung von Kriegsspielzeug, nur eben auf einen Bildschirm gepackt?

Und dann gibt es das Gefühl, ein ziemlich blutiger Anfänger zu sein. Ich mag das Gefühl nicht so gern, denn wenn man sich erst einmal mit der Expertenrolle angefreundet hat, die man draußen in der Welt einnimmt, dann übernimmt man als Erwachsener ungern die Rolle eines ungelenken Amateurs. Aber auch das birgt einen Lerneffekt, denn es führt zu der Frage, wie viel der Ablehnung von Computerspielen eigentlich darauf zurückzuführen ist, dass Erwachsene von ihnen keinen Schimmer haben.

Wie beim Klavierspielen muss ich am Computer einen Fingersatz lernen. Dabei ist klar: Hier muss geübt werden. Geübt? Jawohl, es gibt tatsächlich so etwas wie Fleiß in der Welt der Computerspiele. Nur entspricht er nicht dem schulischen Lernfleiß. Sondern eher dem, mit dem sich ein junger Gitarrenfreak die Finger blutig spielt, um besser zu werden. Eine andere wichtige Erfahrung für den Therapeuten stellt sich ein. Bei manchen Spielen nämlich erlebe ich dasselbe Phänomen, das im Zusammenhang mit möglicher Computersucht genannt wird: Ich mag nicht aufhören. Vor allem bei Spielen, in denen Geschicklichkeit vonnöten ist, um eine bestimmte Punktzahl zu erreichen. Hier fällt es mir schwer, nach einem Misserfolg (denn so wird es nun

WIE GEFÄHRLICH SIND COMPUTERSPIELE?

einmal empfunden) das Gerät auszuschalten. Ich möchte, dass mein Spielen mit einem Erfolg endet. Manchmal ärgert mich das, und ich höre aus Trotz auf. Manchmal beende ich das Spiel aus Vernunft, weil ich merke, dass ich auch etwas anderes, womöglich Besseres tun könnte. Manchmal aber spiele ich auch noch ein bisschen weiter. Bedenklich?

Eher nicht. Mit den Faktoren, die wirkliche Sucht entstehen lassen, beschäftigen wir uns im nächsten Kapitel. Hier handelt es sich eher um dasselbe Phänomen, das auch beim Flippern entsteht oder wenn Sie versuchen, einen Ball möglichst lange in der Luft zu halten, egal ob es ein Fußball oder ein Softball ist, den Sie immer wieder mit ihrem Schläger hochschlagen. Auch hier hören Sie nicht gern auf, wenn der Ball gerade nach dem vierten Fuß- oder Schlägerkontakt unglücklich heruntergefallen ist. Schöner ist es, wenn Sie mit einem satten Ergebnis Schluss machen können. Nichts Ungewöhnliches also, auch wenn dabei Zeit flöten geht.

Es bleibt ein bemerkenswertes Resümee. Ich kann gewiss nicht behaupten, tief in die Materie des Spielens am Computer eingedrungen zu sein. Immerhin aber doch tief genug, um nachvollziehen zu können, was diese Spiele anziehend macht. Was die Sorgen angeht, die das Computerspiel begleiten, so hat sich vieles relativiert. Die Spielewelt ist nicht nur erheblich anspruchsvoller, sie bietet auch weitreichendere Inhalte, als man gemeinhin denkt. Selbst die Zunft der Psychotherapeuten wird dabei nicht unberührt gelassen, denn mit »Edna bricht aus« gibt es auch ein anrührendes Spiel, in dem es um den Ausbruch aus einer Psychiatrie geht.

Vor allem aber habe ich eines erfahren. Die Games üben nicht an sich eine Faszination aus, sondern entscheidend sind die Themen, die sie transportieren. Wer zur Technik und zum Kriegspielen keinerlei Affinität besitzt, der wird »World of Tanks« uninteressant finden. Wen Autos nicht interessieren, der fährt auch bei »Asphalt 8« keine Rennen. Und wen Fantasy langweilt, für den wird auch »World of Warcraft« keine Verlockungen bieten.

Ins Netz anstatt in den Wald?

Wer sich also auf die Welt der Spiele einlässt, macht unter Umständen ganz andere Erfahrungen, als zuvor angenommen. Mancher Berg von Besorgnis wird sich so vielleicht abtragen lassen, insbesondere wenn anteilnehmende Erwachsene mit dem am Computer spielenden Kind dann auch noch Austauschmöglichkeiten finden und so das kommunikative Miteinander nicht vernachlässigt wird. Eine Sorge allerdings bleibt. Und die betrifft den Körper, die Bewegung und die frische Luft.

Niemand wird nämlich behaupten können, dass man beim Spielen am Computer viel Frischluft tankt. Auch sind die Möglichkeiten, etwas zu entdecken, allein schon von der begrenzten Haptik her (nichts zum wirklich Betasten, Drehen und Wenden) geringer, als man sich das für Heranwachsende wünschen würde. Das ist nichts Computerspiel-Spezifisches, auch Bücher verströmen keine Frischluft und laden nicht wirklich zum Bewegen ein. Aber es ist eben doch ein Argument, auf das eingegangen werden muss. Denn alle Jahre wieder hören wir, dass die moderne Kindheit Kinder in wachsendem Ausmaß schädigt. Und dass hierbei neben den wachsenden Störungsbildern im psychischen Bereich auch handfeste Probleme wie frühe Fettleibigkeit und Defizite der Körperbeherrschung immer häufiger werden.

Nicht wenige Kinderärzte betonen, dass ein guter Teil dieser Problematiken moderner Kinder wohl gar nicht erst entstanden

WIE GEFÄHRLICH SIND COMPUTERSPIELE?

wäre, wenn der Lebensraum von Kindern größer und weiträumiger wäre. Beispielhaft sei etwa der Schweizer Kinderarzt Remo Largo genannt, der immer wieder mit deutlichen Worten auf diesen Zusammenhang hinweist.[15] Früher, so Largo, hatte ein normales Kind ein großes Areal, das es entdecken und bespielen konnte – und auf dem natürlich auch schon mal etwas passierte. Heute ist dies anders – einen großen, womöglich den größten Teil ihrer Zeit verbringen Kinder in geschlossenen Räumen, umgeben von beträchtlich mehr Stimulanzien (gerade technische Spielzeuge sind *auch* Stimulanzien), als das früher jemals der Fall war.

Dieser reduzierte Spielraum schränkt Kinder in ihrer Entwicklung ein. Denn auch wenn es natürlich vor bösen Menschen schützt, wenn man im Kinderzimmer bleibt (oder im Hort, in der Kita, im Ganztags- oder im Frühförderunterricht), so entstehen trotzdem Risiken. Allerdings sind es welche, die sich aus einem *Mangel* ergeben. Was aber sind es denn für Risiken, die ein Kind in der Natur tatsächlich eingeht? Auch hierzu hat Remo Largo Interessantes zu sagen. Zum Naturbezug von Eltern und Kindern befragt, stellt er fest, Eltern nähmen es oft als allzu gefährlich wahr, wenn ihre Kinder auf Bäume klettern wollten. Das sei ja auch tatsächlich richtig, so Largo – wenn nämlich die Kinder nicht von früh an auf Bäume stiegen. Für diejenigen, die früh damit begännen, stelle das Klettern hingegen keine Gefahr dar, die würden einfach nicht herunterfallen.

Die Naturentfremdung von Kindern beginnt, wenn wir Largo folgen, früh. Und damit auch ein empfindlicher Freiheitsverlust. Wer einmal zuschaut, wie ein kleines Kind auf die bewegten Bilder eines Fernsehers oder eines Computers blickt, der findet dabei ein Gebanntsein, das ungute Züge trägt. Insbesondere dem kleinen Kind ist es offenkundig nicht möglich, diese Stimulation einfach abzubrechen, ja, es würde sich jedem Abbruch energisch widersetzen.

Der Verlust der Natur und der Verlust an konkreten Erfahrungsräumen für Kinder gehen in unserer Lebensform Hand in Hand. Richard Louv, amerikanischer Aktivist und Publizist, hat in seinem eindringlich geschriebenen Buch *Das letzte Kind im Wald?*[16] ausführlich erläutert, wie uns das Naturerlebnis, das wir immer für selbstverständlich gehalten haben, abhandengekommen ist. Seine Ausführungen lassen den Schrecken erkennen, der entsteht, wenn etwas ganz Normales plötzlich zu fehlen beginnt – in diesem Fall der einfache Kontakt mit Bäumen und Tieren, mit Wasser, das nicht aus der Leitung kommt, und Sand fernab der Sandkästen. »Containerisierung« nennt Louv den Umstand, dass immer mehr Kinder nur in Innenräumen aufwachsen. Seine Ausführungen legen nahe, dass ein wiederkehrender Kontakt mit unserer natürlichen Umwelt auch das Natürlich-Gesunde im Kind wieder erstarken lassen könnte. Das ist eine Vermutung, der man sich gewiss leicht anschließen kann. Und vielleicht ist manches, was gegenwärtig unter therapeutischen und heilpädagogischen Maßnahmen daherkommt, auch im Kern nichts anderes als eine Rückkehr zum Natürlichen – zum Kontakt mit einem Pferd beispielsweise, das aber vielleicht ebenso gut ein Hund sein könnte oder eine Kuh. Doch es ist schwer, eine eingefleischte Couch-Potato zum Waldgang zu überreden. Wie soll er sich erheben, wie den Weg bewältigen? Noch schlimmer: Was wird er alles *versäumen*? Dies sind die Einwände des technisch geschulten, des mediengewohnten modernen Menschen, dessen Überlegung, was er alles versäumen könnte, gegenwärtig als ein Kriterium für Internetsucht diskutiert wird.

Auf psychiatrischen Stationen kann man einen anrührenden Effekt beobachten, wenn zum Beispiel ein Pfleger einmal seinen

WIE GEFÄHRLICH SIND COMPUTERSPIELE?

Hund mitbringt. Das Tier wird sofort etwas Wichtiges, der Kontakt mit ihm auf selbstverständliche Weise gesucht. Ins Institut für Hypnotherapie in Düsseldorf, an dem ich neben meiner Praxisarbeit tätig bin, bringt ein Kollege aus der Verwaltung gelegentlich einen oder zwei Hunde mit. Die meisten unserer Patienten reagieren mit großer Offenheit auf die Tiere. Einige reagieren in ähnlicher Weise auch auf Pflanzen, auf eine Zimmerlinde etwa.

Der Biologe Andreas Weber verweist mit seinem Buch »Mehr Matsch!«[17] ebenfalls auf die fundamentale Bedeutung der Naturerfahrung und des freien Spiels »draußen«. In den letzten hundert Jahren ist, wie er nachweist, der Raum, den ein Kind bespielen kann, extrem geschrumpft. Schwer vorstellbar, dass spielende Kinder sich einmal mehr als einen Kilometer von daheim entfernen konnten, ohne dass dies sonderlich auffiel. Grundschulen bitten heute um elterliche Begleitung auf dem Schulweg, wenn das Zuhause nicht in der unmittelbaren Nachbarschaft liegt. Was dieser unbezweifelbare Umstand mit uns und unseren Kindern anstellt, darüber kann Weber gegenwärtig allerdings nur mutmaßen.

Webers Thesen zufolge könnte auch das Aufmerksamkeitsdefizitsyndrom AD(H)S auf einen Mangel an diesem Spielraum zurückzuführen sein – eine Möglichkeit, der nicht wenige Kinderärzte beipflichten würden. Andererseits könnten Kritiker auf das Beispiel Japan verweisen, wo Kindern und ihren Familien auch nur sehr wenig Raum zur Verfügung steht. Andere Kritiker würden umgekehrt sagen, dieses Land habe jahrhundertelang Zeit gehabt, mit dem engen Raum zurechtzukommen. Und Japan habe vielleicht auch nicht von ungefähr eine Kultur entwickelt, in der das mentale Innen eine so wichtige Rolle spielt.

Weber meint überdies, dass eine neue Wildheit der Kinder auch die Erwachsenen wieder freier und »erlöster« erscheinen lassen würde. Frei und erlöst wovon? Von der Sorge vielleicht, von der Angst. Diese ist in der Tat ein bestimmender Faktor des modernen Lebens geworden. Vermeidungsverhalten (und das Fernhalten der Kinder von größeren Lebens- und weiterer Erfahrungsräumen) führt keineswegs zu mehr Ruhe und weniger Angst. Jeder Therapeut weiß, dass die Auseinandersetzung mit der Angst ein erheblich wirksamerer Schlüssel ist, um zu mehr innerer Ruhe zu finden.

Es ist eine eigentümliche Vorstellung, dass Kinder das, was für Kindheit doch so prägend ist – Neugier, Spielfreude und Entdeckerlust –, tatsächlich in wachsendem Ausmaß in virtuelle Welten investieren. Aber genau danach sieht es – leider oder auch nicht – aus. Wollen wir hier gegensteuern? Und wenn ja, wie? Und macht das überhaupt Sinn?

In Maßen wohl nur. Denn die angeblichen Paradiese früherer Jahrzehnte bekommen wir nicht wieder zurück. Zudem sind sie wohl auch nie so schön gewesen, wie sie im Nachhinein gedeutet werden. Als ich ein Kind war, durfte man in der Weser, an der ich aufwuchs, nicht baden. Und im Rhein, den ich manchmal besuchte, auch nicht. Heute geht beides, und ich habe auch beides schon getan. Manches wird also auch besser in unserer Welt.

Wenn ich versuche, mich in heutige Heranwachsende hineinzuversetzen, dann ist das Ergebnis ganz klar: Ich will die Spiele *und* in Flüssen schwimmen. Und ich möchte niemanden vor mir haben, der mir Predigten hält, sondern mit Erwachsenen leben, die mit dem, was um sie herum entsteht, mitwachsen. Erwachsenen, die mir helfen, mich zurechtzufinden. Und die sich daran freuen, wie ich weiterkomme und neue Dinge kann und lerne. Erstaunlicherweise sind es gerade gebildetere Elternhäuser, die vom Computerspiel wenig halten. Hier dominieren die klassischen Erziehungsattribute bürgerlicher Häuser, das Klavier und das gute Buch, der Garten und das Bild. Alles dies ist bewährt, ohne Frage. Nur ist erstens nicht jeder im Besitz dieser Dinge, und zweitens will es vielleicht auch nicht jeder sein. Wo wir mit den Bildungsattributen des 19. Jahrhunderts groß werden, da huldigen wir ja implizit den Idealen einer anderen Epoche. Anstatt uns an dem zu orientieren, was *wird*.

Kleinere Welt mit mehr Möglichkeiten?

Der Physiker Michio Kaku hat in seinem Buch *Die Physik der Zukunft* eine Vision der technischen Entwicklung des kommenden Jahrhunderts entworfen. Seinen Ausgangspunkt nimmt er bei Jules Verne, der im 19. Jahrhundert mit unglaublichem Spürsinn voraussah, was sich in Zukunft technisch ereignen würde. Aber war das wirklich bloß Spürsinn oder nicht doch etwas anderes?

Es war etwas anderes, behauptet Kaku. Denn Verne hatte etwas gemacht, was Zukunftsforscher oftmals nicht tun, er hatte mit vielen Wissenschaftlern über ihre Arbeit gesprochen und sie hinsichtlich dessen befragt, was sie denn für die Zukunft vorhersahen. Diesen Weg ist auch Michio Kaku gegangen, der als theoretischer Physiker und Mitentwickler der String-Theorie einerseits selbst Experte ist und der andererseits durch die Moderation von Sendungen zur Naturwissenschaft und durch die Arbeit für wissenschaftliche Zeitschriften Erfahrung darin besitzt, komplexes Wissen zu popularisieren.

Kaku nimmt seinen Ausgangspunkt beim sogenannten Moore'schen Gesetz, das er eine »Faustregel« nennt. Diese Faustregel besagt, dass sich die Rechenleistung von Computern binnen anderthalb Jahren verdoppelt. Dies stellt gewaltige Entwicklungen in Aussicht, und in der Tat hat es diese ja auch schon gegeben und wird sie gewiss auch weiter geben. Selbst wenn man annimmt, dass das Moore'sche Gesetz kaum ewig gelten kann, so ist doch das, was hier an Entwicklung angedeutet ist, vollkommen ausreichend, um einige Fortschritte vorherzusehen.

Ein Gedankenspiel. Sie sind soeben Vater oder Mutter geworden, und nahe bei ihnen schläft Ihr Kind. Im Raum gibt es ein paar technische Geräte, aber die nutzen Sie beiläufig, blicken vielleicht zerstreut auf Ihr Smartphone oder Ihr Tablet, während Sie sich mit dem Kind innig verbunden wissen. In 18 Monaten, von heute an gerechnet, wird Ihr Kind laufen. Es spricht, etwas jedenfalls, und es spielt. Viel ist geschehen, so viel, wie niemals wieder in der Entwicklung dieses Menschen in anderthalb Jahren geschehen wird.

Während dieser anderthalb Jahre nun hat sich noch etwas anderes getan. Denn die Rechenkapazität der Ihnen zur Verfügung stehenden Computer hat sich verdoppelt. Wenn Ihr Kind seinen dritten Geburtstag feiert, dann ist es immer noch klein, und im Jargon der Kinderärzte wäre es jetzt ein »Kindergartenkind«. Und die Technik? Wiederum hat eine Verdopplung der Computer-Rechenleistung stattgefunden, sodass sich der Ausgangspunkt von vor drei Jahren nunmehr vervierfacht hat. Der Anstieg an Wissen und Kompetenzen, der jetzt bei Ihrem Kind als eine allmählich sich aufrichtende Kurve mit gelegentlichen Irritationen abzubilden wäre, verläuft beim Computer exponentiell. Denn die Verdoppelungen sind ja keine Verdoppelungen der Ausgangskapazität mehr, sondern gehen bei jedem neuen Verdopplungsakt von gewaltig höheren Grundmassen aus.

Ein Beispiel hilft, sich dies vorzustellen. Dem Erfinder des Schachspiels soll, so wird erzählt, der Herrscher seines Landes angeboten haben, ihm aus Dankbarkeit für diesen Zeitvertreib säckeweise Gold zu schenken. Der Erfinder aber lehnte dies ab und

WIE GEFÄHRLICH SIND COMPUTERSPIELE?

äußerte einen anderen Wunsch. Er bat, man möge ihm zunächst nur ein Reiskorn schenken, das man auf das erste Spielfeld links unten lege. Dann auf das danebenliegende die doppelte Menge, also zwei Reiskörner. Auf das wieder nächste dann vier, danach acht und so weiter. Das sei sein einziger Wunsch. Der Herrscher, blind für das, was er da bewilligte, sagte zu. Und ließ, so heißt es, dem armen Erfinder den Kopf abschlagen, als er merkte, dass sein Reich zu arm war, um diesen simplen Wunsch zu erfüllen. Als nämlich die erste Reihe gefüllt war, da lagen auf dem letzten von acht Feldern bereits 128 Reiskörner. Und es waren noch 56 Felder übrig. Wäre die zweite Reihe belegt worden, so hätten auf dem 16. Feld bereits 40 768 Reiskörner gelegen. Und es wären noch 48 Felder übrig, also noch das Dreifache der bereits belegten Anzahl bei weiterem exponentiellem, sich selbst fortlaufend verdoppelndem Wachstum.

Ganz in dieser Weise also wächst die Rechenkapazität der Computer, während Ihr Kind seinem ruhig aufsteigenden Zugewinn an Kompetenzen und an Wissen folgt. Dass sich hierdurch das Verhältnis von technischer und menschlicher Intelligenz irgendwann umbilden wird, steht eigentlich außer Frage. Dies sieht auch Michio Kaku so, der überzeugt ist, dass zu allen Zeiten die technische Entwicklung der menschlichen Entwicklung die entscheidenden, nicht wieder rückgängig zu machenden Impulse gesetzt hat.

Wenn dies so ist, was kann man dann tun? Den Computer zu bekämpfen und das Computerspiel zu verteufeln wären unzweifelhaft falsche Wege. Wo wir Misstrauen spüren, wäre Auseinandersetzung am Platz, und Angst bekämpft man am besten durch mehr Wissen. Dieses Wissen sollte auch die Gefahren kennen, die mit dem Computer und mit den Spielen einhergehen. Aber es sollte auch die Fähigkeit anregen, sich selbst ein Urteil zu bilden.

Auch Wissenschaftler benutzen Computerspiele

Als der Psychologe Dietrich Dörner, Fachmann für Denkprozesse und Datenverarbeitung, Ende der 80er-Jahre seine Befunde zum menschlichen Verhalten in komplexen Situationen präsentierte, da sorgten diese Befunde für einige Überraschung. Dörner hatte nämlich festgestellt, dass auch ausgewiesene Fachleute und gestandene Akademiker bei komplexen Aufgabenstellungen gravierende Fehlentscheidungen treffen.

Komplexe Situationen sind Situationen, in denen eine größere Anzahl von Faktoren wirksam wird. Solche Situationen begegnen uns in verschiedener Gestalt, aber wir denken nur selten über die Herausforderungen nach, die sie darstellen. Bürgermeister einer deutschen Kleinstadt zu sein ist zum Beispiel eine Position, bei der man mit komplexen Aufgabenstellungen zu tun hat. Aber Schulleiter genügt auch schon. Wenn komplexe Situationen von einer Vielzahl von Komponenten bestimmt werden, dann ist es sinnvoll, möglichst viele davon zu kennen. Vielleicht sollte man sogar alle kennen. Aber ist das überhaupt möglich? Die Erfahrung zeigt: Für gewöhnlich kennen wir nicht alle dieser Faktoren, sondern nur einige davon. Die aber erzeugen umso mehr Druck. Und hier sitzt die Quelle der problematischsten Fehlentscheidungen. In seinem Buch *Die Logik des Misslingens*[18] zeigt Dörner, dass auch Spezialisten – er erwähnt unter anderem einen promovierten Physiker und einen diplomierten Volkswirt – die Summe beteiligter Faktoren in einer komplexen Situation nicht einmal annähernd überschauen. Und dass die so getroffenen Entscheidungen, insbesondere wenn sie unter Druck entstehen, zu Entwicklungen führten, die in der Folge den Experten völlig entgleiten können.

Der Grund, warum ich dies hier einflechte, hat nicht nur mit

WIE GEFÄHRLICH SIND COMPUTERSPIELE?

den Ergebnissen zu tun. Sondern vor allem mit dem Weg, wie diese Befunde gewonnen wurden. Dörner entwarf hierzu Simulationen, die große Ähnlichkeit mit Computerspielen haben. Die zwei bekanntesten Simulationen waren eine deutsche Kleinstadt mit Namen »Lohhausen«, deren Bürgermeister man spielerisch werden konnte, sowie eine afrikanische Problemzone im Sahelgebiet, »Tanaland« genannt. In beiden Simulationen waren immer wieder Entscheidungen zu treffen, einmal aus der Perspektive des Bürgermeisters und einmal aus der Perspektive eines Entwicklungshelfers.

Die Simulation erlaubte nun, nicht nur die jeweils unmittelbaren Folgen der Entscheidungen zu beleuchten, sondern auch die, die sich erst später einstellten. Und hier kam es zu unerwarteten Katastrophen. Zum Beispiel entschlossen sich engagierte Versuchspersonen oft zu Brunnenbohrungen, um der Dürre Herr zu werden. Das half zunächst einmal, und die Versuchspersonen machten sich an die nächsten Aufgaben. In der Folge aber sank der Grundwasserspiegel, und jetzt half auch kein Brunnenbohren mehr. In einem anderen Fall führte die Bekämpfung der Tsetsefliegen zu einer neuen, gesteigerten Überlebensrate der Weidetiere. Diese fanden aber nicht genug Futter, sodass sie auch die Wurzeln unterm Grasland anfraßen und in der Folge Böden hinterließen, die weder für Ackerbau noch für Viehzucht mehr taugten.

Was hier in einer Spielsituation gezeigt wurde, hätte man anders nur durch Echtmaßnahmen herausfinden können. Maßnahmen mit großen Opfern, wie zu erwarten wäre. Dadurch, dass das computersimulierte System im Zeitraffer arbeiten konnte, wurden nun die Folgen von anscheinend sinnvollen, aber eingleisig angelegten Handlungen offenkundig. Dörner selbst erklärt, dass die Möglichkeit, so das schwierige Handeln in komplexen Situationen zu simulieren, nicht auf die Simulation beschränkt bleibt, sondern dass wir, indem wir uns solchen Simulationen aussetzen, zugleich für die Realität sensibilisiert werden.

Vielleicht ist das, was heute als pures Vergnügen am Computer erscheint, auch etwas, das für die Realität um uns herum hilfreich ist. Vielleicht ist Gamen mehr als bloßer Zeitvertreib, bei dem nichts herauskommt. Das Spiel mit der Technik, könnte man sagen, stellt einen verlängerten Arm der Evolution dar. Was daraus wird, lässt sich heute kaum erahnen. Fest steht aber, dass der Unterschied zwischen elektronischem Spiel und hilfreicher Computersimulation viel geringer ist, als uns das erscheinen mag.

Spielen für die Hirnforschung

»Brainflight« heißt ein Spiel, das von Moritz Helmstaedter, einem Neurobiologen, erdacht wurde und das im Jahr 2014 online ging. Ziel des Spiels ist eine wissenschaftliche Leistung, nämlich die Kartografierung eines winzigen Teils aus dem sensomotorischen Cortex einer – Maus. Es gilt, die Verläufe der Nervenfasern zu bestimmen. Eine anscheinend gar nicht so schwierige Aufgabe, wie man als Laie denken könnte. Aber von wegen! Denn erst einmal ist bereits die Kartografierung von Teilen des Gehirns eine ungeheure Arbeit, die die Labors vermutlich ein Jahrzehnt lang, wenn nicht Jahrzehnte beschäftigen wird. Der Grund hierfür liegt darin, dass es so ungeheuer viele neuronale Verbindungen gibt. Schon die gesamte Hirnrinde einer Maus darzustellen wäre bei Weitem zu viel, vom Menschen ganz zu schweigen. Aber so ein winziges Stück eines kleinen Areals, das könnte gehen. Insbesondere wenn man die Computertechnologie nutzt, oder? Doch genau hier liegt der Haken.

Forschungsversuche zeigten nämlich, dass die Computer in

WIE GEFÄHRLICH SIND COMPUTERSPIELE?

den Laboratorien nicht leisten, was man erhofft hatte. Genauer gesagt, sie vermögen bei den meist unwahrscheinlich dicht gebündelten Nervenfasern oft nicht genau zu bestimmen, welche sich zu verfolgen lohnt und wo eine Verästelung sich hinbewegen könnte. Die algorithmische Struktur, mit der ein Computer arbeitet, stößt hier an ihre Grenzen. Und ausgerechnet Menschen tun das nicht. Tatsächlich hat sich erwiesen, dass Menschen leichter und besser in der Lage sind, zu verfolgen, in welche Richtung Nervenfasern sich fortsetzen. Diese Erkenntnis bedeutet, dass da, wo der Computer potenziell unschlagbar schien, plötzlich wieder menschliche Konkurrenz für ihn erwächst. Man kann sich fragen, woran es wohl liegt, dass menschliche Einschätzungen an dieser Stelle die des Computers ausstechen. Gegenwärtig lässt sich das noch nicht zufriedenstellend beantworten. Wesentlicher ist aber, dass es tatsächlich so *ist*. Denn es bedeutet, dass die Kartografierung des Gehirns, die natürlich ohne die computergestützten sogenannten »bildgebenden Verfahren« gar nicht möglich wäre, nicht der Technik allein überlassen werden kann, sondern doch wieder menschlicher Einschätzungen bedarf.

»Brainflight« wurde nach Art eines Flugsimulators entworfen. Es handelt sich um ein Spiel, das wirklich Spaß macht. Das ist auch nötig, denn die erforderlichen Daten kommen nur zustande, wenn etwa 30 000 Menschen mitspielen.[19] Keine ganz kleine Community. Vor allem wenn man bedenkt, wie viele Konkurrenzspiele im Netz bereits unterwegs sind. Noch setzt man darauf, dass sich genügend willige Online-Spieler finden werden. Und natürlich ist der Umstand, dass man das Spiel online anbietet, nicht zuletzt dem Problem geschuldet, dass keine Universität 30 000 Leute für Ratings und Simulationsspiele bezahlen kann bzw. möchte. Noch lässt sich nicht abschätzen, welche Rolle Menschen bei der Weiterentwicklung von Simulationsszenarien im Dienst der Forschung spielen werden. Doch »Brainflight« verweist darauf, dass diese Rolle größer und gewichtiger sein könnte, als bisher angenommen. Wäre dies so, dann hätten wir es mit einer ganz neuen Bedeutung von Computerspielen zu tun. Und mit neuen Chancen für die, die diese Spiele zu spielen gewöhnt sind.

4

Computersucht oder Leidenschaft?

Wir haben sie alle innerlich vor Augen: Jugendliche, Jungen meist, die acht oder neun Stunden am Tag Ballerspiele spielen. Und sich danach blass und mit stumpfem Gesichtsausdruck hinlegen, ohne noch groß »Gute Nacht« zu sagen. Männer, die viele Stunden am Tag auf Pornoseiten unterwegs sind. Freiberufler, die stündlich ihren Kontostand checken. Mädchen, die die Krise kriegen, wenn sie ihr Tablet nicht finden, ihr Smartphone, ihr Headset. Mütter, die danebenstehen und es nicht begreifen können.

Neue Medien schreien nach Auseinandersetzung, der Umgang mit ihnen will gelernt sein. Und sie bedrohen durch neue Formen der Abhängigkeit. Lange Zeit schien es, als würde das Thema unterschätzt. Jetzt aber sind Kindertherapeuten sowie Kinder- und Jugendpsychiater auf breiter Front mit dem Thema beschäftigt.[20] Neben der Gefahr der kollektiven Verdummung, wie sie mit dem provozierenden Begriff »digitale Demenz« behauptet wurde, steht heute der Begriff »Computersucht«. Und die Verwandten heißen: Internetsucht, Computerspielsucht, Pornografiesucht.

Tatsächlich zeigt die Beobachtung erwachsener »User«, dass die Auswirkungen von zu viel Computerspiel oder Fernsehen denen eines Drogenkonsums anscheinend ähneln.[21] Wenn dies aber schon bei Erwachsenen so wäre, wäre dann die Erlaubnis, die einem Kind Computerspielen freistellt, nicht ungefähr dasselbe, als würden wir ihm einen Joint oder eine Flasche Bier in die Hand drücken? Nein, keineswegs. Der Vergleich hinkt schwer, und ich möchte Ihnen auf den folgenden Seiten dieses Kapitels zeigen, wieso.

Ist Computersucht aktuell tatsächlich ein ernst zu nehmendes Problem? Wenn man die Zahlen betrachtet, wohl schon. Von etwa 250 000 Internetabhängigen in der Gruppe der 14- bis 24-Jährigen ist im Drogen- und Suchtbericht der Bundesregierung die Rede, und dabei gehen die Vermutungen einiger Forscher noch über diese Zahl hinaus. Doch es ist wie mit vielen Suchtphänomenen: Die Definition, wo die Sucht eigentlich anfängt und wann sie wirklich manifest ist, fällt schwer. Und dies insbesondere, da der Computer für die meisten ja ein ganz gewöhnlicher Gegenstand ist und als Arbeitsgerät unentbehrlich erscheint. Bevor wir hier Position beziehen, ist daher ein Seitenblick auf den Begriff »Computersucht« wichtig. Denn vermutlich schadet dieser Begriff mindestens so viel, wie er nützt. Wo er auftaucht, da löst er Alarmstimmung aus. Niemand will Mutter oder Vater eines süchtigen Heranwachsenden sein. Es ist aber ausgesprochen schwer, zwischen intensiver oder womöglich auch exzessiver Nutzung und tatsächlicher Sucht zu unterscheiden. Denn der Suchtbegriff ist uns heute klinisch aus den Händen geglitten und wird in einem Ausmaß benutzt, das die Suchtquote einerseits in die Höhe treibt – und andererseits das Wissen darüber, was Sucht *eigentlich* ist, verschleiert.

COMPUTERSUCHT ODER LEIDENSCHAFT?

Ein Blick in die klinische Forschung

Die im Mai 2013 veröffentlichte fünfte Revision des wohl einflussreichsten psychiatrischen Krankheitskatalogs, des *Diagnostic and Statistical Manual of Mental Disorders* (DSM-V), benennt ein neues Störungsbild: die »Internet Gaming Disorder«. Freilich geschieht dies mit Vorsicht. Denn die »American Psychiatric Association«, die hinter diesem Manual steht, empfiehlt das neue Störungsbild vor allem für weitere Untersuchungen und ist mit der klinischen Festlegung erst einmal zurückhaltend.

»Disorder« bedeutet im Deutschen so viel wie Störung. Sucht hieße »Addiction«, und dieser Begriff wird von den Autoren des *DSM-V* aus guten Gründen nicht benutzt.[22] Allerdings wird die Nähe zu Suchtphänomenen durchaus betont, etwa mit dem Hinweis darauf, dass bei den Betroffenen manche Hirnbahnen in ähnlicher Weise benutzt würden wie bei Süchtigen, wenn sie nach einer Substanz gieren. Nur eben in Bezug auf Computerspiele. Dennoch fällt auf, dass die Autoren des *DSM-V* eindrücklich betonen, dass es hierzu noch weiterer Forschung bedürfe. Die Arbeitsgruppe »Spielsucht« an der Berliner Charité weist auf ihrer Internetseite denn auch darauf hin, dass bislang nicht geklärt sei, ob diejenigen Spieler, deren Spielen exzessive und für die Lebensführung gefährliche Züge angenommen habe, im eigentlichen Sinn Suchtkranke seien. Oder ob ihr Spielverhalten nicht vielmehr Teil eines anderen Störungsbilds sei, einer Angsterkrankung etwa oder einer Depression. Die Arbeitsgruppe der Charité bietet, wie inzwischen auch andere Organisationen, einen Fragebogen an, mit dessen Hilfe man erkennen kann, ob eine Suchterkrankung hinsichtlich des Spielverhaltens droht. Dieser Fragebogen erinnert an verwandte Fragebögen aus der Suchttherapie, die zum Beispiel Alkohol oder andere Substanzen betreffen.

Immerhin konnte die Arbeitsgruppe der Charité zeigen, dass die Hirnaktivität als süchtig diagnostizierter Gamer in vielen Punkten mit der übereinstimmt, die Alkoholiker beim Anblick einer Flasche zeigen. Allerdings ist nicht ganz klar, was dies nun bedeutet. Um hier mehr Klarheit zu gewinnen, müsste man auch andere Vergleiche anstellen, die nicht von der Suchtdefinition geprägt sind. So wäre zum Beispiel interessant, wie die Hirnaktivität gieriger Leser beim Anblick von Büchern aussieht oder auch die von leidenschaftlichen Köchen bei der Betrachtung verlockend bestückter Marktstände.

Auch die Medienambulanz der Klinik für Psychosomatische Medizin und Psychotherapie am Klinikum der Ruhr-Universität Bochum arbeitet intensiv am Thema Spielsucht. Hier wird der Akzent vor allem auf Online-Spiele gesetzt, insbesondere die sogenannten »Massively Multiplayer Online Role-Playing Games«. Das sind Spiele, die unter Nutzung von virtuellen Identitäten bzw. Rollen (Avataren) mit hohem Zeitaufwand im Internet gespielt werden. Besonders bekannt geworden ist »World of Warcraft«, oft nur »WoW« genannt. Der Leiter der Medienambulanz, Bert te Wildt, hatte bereits 2002 in Hannover eine Mediensprechstunde begründet. Diese hatte ursprünglich zum Ziel, sich mit der Frage nach Mediennutzung und Gewalt auseinanderzusetzen. Es zeigte sich jedoch bald, dass das Bedürfnis der Klienten ein ganz anderes war. Es waren Menschen, die den Eindruck hatten, dass ihr Leben ihnen entglitt.[23]

In der Psychotherapie wird eine an Stoffe gebundene Sucht – also Alkoholismus, Medikamentenabhängigkeit, Heroinsucht etc. – von einer sogenannten »substanzunabhängigen Sucht« unterschieden. Diese Letztere wird auch als »Verhaltenssucht« bezeichnet, was die Sache vielleicht etwas besser trifft.

Unter Verhaltenssucht wird ziemlich viel subsumiert, vom

COMPUTERSUCHT ODER LEIDENSCHAFT?

Kaufzwang bis zum süchtigen Sporttreiben, von der Glücks-spielabhängigkeit bis zum zwanghaften Masturbieren. Bei Letz-terem allerdings sind Fachleute uneins, ob es sich hier nicht doch eher um eine Sexualstörung handelt. Auch bei den Essstörungen wurde bisher keine Einigkeit dahingehend erzielt, ob es sich hier-bei wirklich um Süchte handelt.[24] Mitunter differieren die Zuord-nungen also, und hier wird auch die Schwäche des Konzepts der Verhaltenssucht deutlich: Die Unterscheidung einer leidenschaft-lich ausgeübten Tätigkeit von echtem Suchtverhalten fällt über-aus schwer. Zum Beispiel gilt Sport ja als gesund, weswegen es zum scheinbar absurden Begriff der »Positive Dependence« kam, also einer »guten Abhängigkeit«. Mittlerweile gilt Sportsucht al-lerdings als gesundheitsschädigende Erkrankung, bei der vor al-lem die mangelnde Einsichtsfähigkeit auffällt.[25]

Es leuchtet ein, dass die Schwächen des Konzepts »Verhaltens-sucht« auch bei der Diagnose von Internet- oder Computerspiel-sucht durchschlagen. Interessanterweise wurde der Begriff »Inter-netsucht« zunächst als witzige Pseudodiagnose benutzt. Der New Yorker Psychiater Ivan Goldberg benutzte ihn im Jahr 1995, um klarzumachen, wie leicht das Konstrukt einer Sucht einer Verhal-tensform übergestülpt werden kann.

Auch der Psychologe Jörg Petry, Fachmann für pathologisches Glücksspiel wie auch für problematischen Computer- bzw. Inter-netgebrauch, übt am Konzept der Verhaltenssucht Kritik.[26] In ei-ner kritischen Bewertung des Konzepts der »Computer-Internet-Sucht« gibt Petry überdies der Sorge Ausdruck, dass große Teile der »Digital Natives« in ihrem ganz normalen Verhalten patho-logisiert werden könnten. Dies sei schon deswegen unangemes-sen, weil der weitaus größte Teil derjenigen, die im Jugendalter exzessive User seien, dieses Verhalten im jungen Erwachsenenalter wieder ablegten.[27]

Bestimmungsmerkmale einer Sucht

Eine ganze Jugendkultur zu Unrecht zu stigmatisieren wäre nun das wohl Schädlichste, was man hinsichtlich der Frage nach möglichem Suchtverhalten bei der Computernutzung tun könnte. Führen wir uns daher noch einmal so klar wie möglich vor Augen, was eine Sucht eigentlich ist.

Zuallererst würden wir wohl sagen, es ist die Unfähigkeit, mit etwas aufzuhören. Dies könnte auch zwanghaft sein, aber im Fall der Sucht gibt es ein unbezwingbar erscheinendes Verlangen, sich den Gegenstand der Sucht zuzuführen. Sodann gehört zur Sucht eine Konsumgebundenheit: Ständiges Rasenmähen etwa könnte im klinischen Sinn zwanghaft sein, es wäre aber *keine* Sucht. Wirkliche Sucht hat überdies eine klar destruktive Note. Und die ist durchaus erkennbar. Sie ist zum einen durch die sogenannte »Habituation« gekennzeichnet, das ist die Gewöhnung an eine bestimmte Menge einer Droge. Zum anderen folgt aus dieser Gewöhnung das Bedürfnis nach Steigerung der Dosis. Ob das bei denen, die im Verdacht stehen, computersüchtig zu sein, immer zutrifft? Mitunter, das mag sein. Doch erfolgt die Zuordnung »Sucht oder nicht Sucht« heute für gewöhnlich aus der Zeit, die jemand vor dem Bildschirm verbringt. Und mit diesem Unterscheidungsmodul wird es heikel. Denn wo liegt nun der Unterschied zwischen einem leidenschaftlichen Kind, das sich mehr und mehr Kompetenzen aneignet, und einem echten »Addict«, der sich die Wirklichkeit wegzuschießen versucht?

Im Bereich der stofflich gebundenen Süchte gilt die Habituation, das heißt die Gewöhnung an bestimmte Dosen, als wichtiges Suchtmerkmal. Ganz gewiss nun kann es bei der Nutzung von Computern Steigerungen geben, indem man sie häufiger oder länger nutzt. Aber ist das mit einer Dosissteigerung im Sinne von

COMPUTERSUCHT ODER LEIDENSCHAFT?

mehr essen, mehr trinken, mehr rauchen vergleichbar? Blicken wir weiter hinein in das Suchtgeschehen, um vielleicht Klarheit zu gewinnen.

Im Verlauf einer Suchtentwicklung kommt es meist nach und nach zu einer Verlagerung der Werte. Vernachlässigungen ehemals wichtiger Lebensbereiche sind die Folge. Dann ist der morgendliche Joint wichtiger als das Frühstück mit der Freundin, der abendliche Vollrausch bedeutsamer als die Teilnahme am Fußballtraining. Endlich folgt die allmähliche Destruktion, bei der die zuvor wesentlichen Lebensbezüge – Liebe, Arbeit, Freundschaft, Leidenschaften – marginal werden oder überhaupt keinen Raum mehr haben.

So – ungefähr – sähe der idealtypische Verlauf einer Sucht aus. Und nun stellt sich die Frage: Treffen die Kriterien auch auf das exzessive Nutzen des Computers bei Kindern und Jugendlichen zu? Hier muss man wohl klarstellen: nur zum Teil. Das beginnt schon bei der schwierigen Klärung der Begriffe. Der Begriff »Internetabhängigkeit« umfasst ein breiteres Spektrum als der Begriff »Computerspielabhängigkeit«.[28] Dadurch wird der erste Begriff zwar umfassender, aber auch schwammiger. Die Jugendlichen und jungen Erwachsenen, die ich wegen möglicher Computer- oder Internetsucht behandelt habe, waren mit den gängigen Suchtkriterien meist nicht zu fassen. Sie wiesen zum Beispiel exzessives Spielverhalten auf, das ja – aber dem haftete nichts Destruktives an. Allerdings wussten die Betroffenen, dass sie Lebenszeit opferten. Und die meisten wussten auch, dass die Erfinder der Spiele genau das möchten.

Heikel beim Thema Computersucht ist auch die Frage nach dem Moment, in dem diese Sucht eigentlich beginnt. Hierbei stellt sich auch das Problem, dass die gewöhnliche Suchtdiagnostik immer noch primär nach Droge und Dosis vorgeht (was falsch ist): Sucht ist letzten Endes immer ein individueller Krankheitsprozess. Auch stellt sich die Frage nach der sozialen Einbindung: Kann, was alle tun, eine Sucht sein? Schon diese Fragen zeigen, dass es nicht ganz einfach ist, hier eindeutig Position zu beziehen. Dies umso mehr, als in einer digitalisierten Welt der »Addict« ja gar keine Möglichkeit besitzt, seinem Suchtstoff aus dem Weg zu gehen. Überhaupt setzt die Bestimmung einer Sucht die Idee einer Droge voraus. Und es stellt sich die Frage, ob ein Computer so etwas sein kann – eine Droge.

Kann ein Computer eine Droge sein?

In den 90er-Jahren verschwanden aus Amsterdam die »Bruine Cafés«, jene in dunklem Holz gehaltenen Kneipen und Bistros, die ursprünglich für die Innenstadt prägend gewesen waren. An die Stelle dieser Lokale, in denen man früher sein Bier trank, seinen Kaffee oder seinen Genever, traten nun immer mehr Coffee-Shops, für die Amsterdam ebenso berühmt wie berüchtigt ist. Coffee-Shops, an denen irgendwo das Hanfblatt angebracht war, das verhieß: Hier kann man Haschisch oder Marihuana bekommen und auch konsumieren. Die neuen Coffee-Shops wiesen gegenüber den bereits vorhandenen nur einen wesentlichen Unterschied auf: Es standen überall Bildschirme herum. Wer hier einkehrte, der bestellte sich einen Kaffee oder einen Softdrink, baute sich einen Joint und platzierte sich alsbald vor einen dieser Bildschirme, um angeregt und entspannt im Netz zu surfen, Bild- und Clipreihen anzuschauen oder zu lesen.

Bis heute findet man Coffee-Shops dieser Art in Amsterdam in großer Zahl. Ihnen haftet keineswegs etwas Schmuddeliges an, im Gegenteil. Und doch machen sie eine Verbindung sichtbar,

COMPUTERSUCHT ODER LEIDENSCHAFT?

die fraglos heikel ist, die Verbindung von Computer und Droge nämlich. Doch gibt es das tatsächlich, chemische und elektronische Drogen? Eine Droge ist der Definition zufolge etwas, das das Bewusstsein verändert. Insofern ist der Begriff »chemische Droge« unzweifelhaft richtig, auch wenn wir zum Beispiel Kakao meist nicht dazu zählen und eine gute Tasse Kakao einen Bewusstseinszustand unzweifelhaft verändern kann (jedenfalls meinen). Und was die elektronischen Drogen angeht: Gewiss verändert es mich auf der Bewusstseinsebene, wenn ich zum Beispiel ins Kino gehe. Oder auf ein Steampunk-Konzert. Aber sind dies dann wirklich Drogen? Oder nicht doch eher Mittel, die auf mein Bewusstsein einwirken?

Elektronische Drogen könnte es geben. Aber ebenso könnte dann offenbar vieles zur Droge werden. Wenn es um die Veränderung meines Bewusstseins geht, dann kann Musik eine Droge sein, sogar eine ziemlich starke. Ein Buch kann das Bewusstsein des Lesers sehr nachhaltig verändern, aber ist es deswegen eine Droge? Je weiter man auf diese Weise fragt, desto eher erscheint überzeugend, dass ziemlich viel eine Droge sein kann. Damit aber wäre die Trennschärfe des Begriffs »Droge« zum Teufel, und wir stünden vor demselben Dilemma wie mit dem Begriff der Sucht. Ganz offenbar ist die Idee des Computers als Droge nicht überzeugend genug, als dass sie eingehenderer Befragung standhalten würde.

Ich schlage daher vor, wir verwerfen diese Idee, und untersuchen stattdessen einmal genauer, was denn hinsichtlich eines Computers mit süchtigem Verhalten gleichgesetzt werden könnte und was eben nicht. Um hier eine möglichst genaue und zugleich hilfreiche Zugangsweise zu ermöglichen, benutze ich im Folgenden die Unterscheidung von *Sucht*, *Exzess* und *Gewohnheit*: Sie erlaubt eine feinere Abwägung persönlicher Risiken und damit

107

auch die Möglichkeit, bei einem Jugendlichen oder jungen Erwachsenen den Grad möglicher Gefährdung zu bestimmen.

Sucht ist etwas anderes als Gewohnheit

Fangen wir mit der Gewöhnung an. Ein normaler Mitteleuropäer wird den Morgen damit beginnen, entweder Tee oder Kaffee zu sich zu nehmen. Briten trinken einige Tassen starken Tees, Italiener eher einen Caffè, wahlweise mit Milch oder ohne. Deutsche lieben beides, hier die Teetrinker-Fraktion, dort die Kaffee-Fans. Was das Frühstück selbst angeht, so sind die Unterschiede ausgeprägter, ein »Full English Breakfast« kann man mit einem Stück Gebäck in einer italienischen Bar eigentlich nicht vergleichen. Alle Kulturen im europäischen Raum aber mögen es, morgens einen belebenden Trank zu sich zu nehmen, einen koffeinhaltigen.

Wenn man nun flächendeckend den morgigen Tee oder Kaffee durch, sagen wir, Brombeersaft ersetzen würde, was wäre die Folge? Würden sich die Europäer noch so wohlfühlen wie sonst an ihren Vormittagen? Manche vielleicht. Aber den meisten würde wohl doch etwas fehlen. Was das ist? Das heiße Getränk, vielleicht. Aber höchstwahrscheinlich auch ein bestimmtes Aroma. Das Aroma, mit dem der Tag beginnt, eben. Und dann wohl auch noch das Koffein.

Koffein ist im Tee ebenso enthalten wie im Kaffee, nur in anderer Weise. Was wir als Teein kennen, geht langsamer, aber nachhaltiger ins Blut, löst keinen Kaffee-Flash aus, wohl aber kraftvolle Anregung. Die kann durch langes Ziehenlassen des Tees gemildert werden, der dabei austretenden Gerbstoffe wegen. Doch den meisten ist morgens die Anregung auch in chemischer Form sehr willkommen, und sie würde fehlen, wenn sie uns plötz-

COMPUTERSUCHT ODER LEIDENSCHAFT?

lich genommen würde. Gewiss, nach einiger Zeit würden wir uns daran gewöhnen, morgens nichts Anregendes mehr zu bekommen, und wir würden mit Säften oder mit Milchshakes schon irgendwie klarkommen. Aber erst einmal fände so etwas wie eine Entwöhnung statt, und wenn wir zehn Briten nahelegen würden, auf ihren Tee zu verzichten, oder zehn Italienern, doch bitte den Kaffee bleiben zu lassen, dann würden wir wohl mit empörten Reaktionen rechnen müssen.

Warum eigentlich? Mit etwas aufzuhören kann doch nicht so schwer sein. Ist es aber eben *doch*, wenn mit dem, womit man aufhören soll, ein Lustgewinn verbunden ist. Beim Kaffee oder beim Tee sind wir da noch entspannt, wenn es aber um den täglichen Wein geht, dann wird es schon heikler. Gewiss, mäßiger Alkoholkonsum gilt als gesund, aber wo der unmäßige anfängt, ist immer noch strittig. In manchen Kulturen wird täglich Alkohol genossen und zu allen nennenswerten Mahlzeiten Wein getrunken, andere vermeiden dies, um der entstehenden Gewöhnungseffekte willen. Alkohol hat in der Tat ein schlechteres Image als Kaffee oder Tee, weil das Gespenst des Alkoholismus eine gehörige Drohung darstellt.

Doch auch das Image des Alkohols war einmal ein anderes. Wein galt als ein Heilmittel, sodass es nicht ungewöhnlich war, dem Erkrankten eine Flasche Wein ans Bett zu stellen. Überdies war er die selbstverständliche Essensbegleitung des kultivierten Menschen, der wusste, was gut ist. So trank Goethe, der doch nun als der Inbegriff deutscher Bildungshöhe gilt, die meiste Zeit seines Lebens mehr als zwei Flaschen Wein am Tag. Und selbst wenn man einräumen würde, dass der Wein damals weniger Alkohol enthielt als heute, so käme man darauf, dass das nach heutiger Weinstärke immer noch anderthalb Flaschen wären. Nicht wenig, oder? Aber war Goethe süchtig? Bei der Alkoholmenge, die er sich genehmigte, könnte man skeptisch werden. Seine Lebensführung spricht allerdings dagegen. Denn Goethes Tag war ausgefüllt mit Dichtung und Politik, Naturwissenschaft und Bewegung, Affären und Diskussionen. Das ist ziemlich weit entfernt von dem Bild eines Säufers, dessen ganzer Tag sich um die Flasche dreht.

Ein anderes, in dieselbe Richtung weisendes Beispiel geben manche Musiker ab, zum Beispiel die Beatles, deren Drogenkonsum enorm war. Und das hätte, liest man die Drogenwarnungen der Beatles-Ära einmal nach, eigentlich zum Schlimmsten führen müssen. Warum also blieb keiner der vier Musiker mit einer Spritze im Arm auf der Toilette liegen? Weil sie kein oder kaum Heroin spritzten, natürlich. Aber sie kifften gewaltig. Und das galt damals als »Einstiegsdroge«, also als direkter Weg zu härterem Stoff (eine Annahme, die heute mit Skepsis betrachtet wird, weil sie wohl mehr von Befürchtungen geprägt war als von genauem Hinsehen).

Selbst wenn aber nun das Haschisch oder das Marihuana bei den Beatles nicht dazu führte, dass sie an harten und verunreinigten Drogen hängen blieben, so bleibt immer noch die Frage, warum sie nicht Störungsbilder bekamen, wie manche meiner jugendlichen Patienten sie haben. Ausgiebiger Marihuanakonsum kann nämlich durchaus zu spezifischen Störungsbildern führen, zu Panikattacken, zu sozialem Rückzug bzw. sozialer Phobie und schließlich in einer zum Glück geringen Zahl der Fälle auch zum Ausbruch einer Psychose. Nichts davon bei den Beatles. Und warum nicht?

Wer allein mit der Stoffmenge argumentieren würde, wie das in der Drogendebatte häufig vorkommt, der würde vielleicht sagen, dass in damaligen Hanfdrogen der Wirkstoffgehalt noch geringer war. In der Tat enthält heute gehandeltes »Gras« erheblich potentere Mengen an THC (Tetrahydrocannabinol), als das früher der Fall war. Doch da die Beatles nach eigenem Bekunden beträchtliche Mengen Cannabis rauchten, ist dieses Argument hinfällig.

Also, warum fand hier, bei den Beatles wie bei Goethe, keine echte Suchtentwicklung statt? Die Antwort ist leicht und schwierig zugleich: weil eine Suchtentwicklung nicht mit dem Konsum einer Droge allein zu tun hat. Sondern überdies mit der Stabilität einer Persönlichkeit, vor allem aber mit deren Interessenlage. Wer einen so breit und reich dahin fließenden Lebensstrom lebt wie Goethe, bei dem wird die Droge (hier der Wein) schon deshalb kein Oberwasser bekommen, weil das seine Denkfähigkeit einschränken, seine Dichtkunst (die ja mit Augenmaß und Gefühl zu tun hat) verschlechtern und seinem Sexualleben den Garaus machen würde. Wer wirklich, wie die Beatles, der Musik hingegeben ist, spirituelle Erfahrungen sucht und ein reiches Beziehungsleben lebt, der verfällt einer Droge nicht, auch wenn er sie benutzt. Gewöhnung wird es geben, ohne Frage. Aber Sucht ist eben doch etwas anderes.

Gewohnheitsmäßiger Datenabruf als Erwachsenenproblem

Es gibt allerdings durchaus problematische Aspekte der Gewöhnung. Die aber treten, was die Computerwelt angeht, nach meiner Erfahrung interessanterweise bei Erwachsenen häufiger auf als bei Kindern. Und zwar handelt es sich um das gewohnheitsmäßige Kontrollieren von Facebook-Meldungen, E-Mail-Eingängen oder aber den regelmäßigen, eng getakteten Eingang von Nachrichten.

Das Problem hierbei ist, dass das regelmäßige Aktivieren der technischen Geräte und das Abrufen von Daten mitunter nicht mehr allein dem reinen Datencheck dienen. Sondern der Abruf wird multifunktional, wobei er in erster Linie zu dem wird, was man aus der Verhaltensbiologie als »Übersprunghandlung« kennt. Was ist das, eine Übersprunghandlung? Stellen Sie sich ein Tier vor, ein Huhn auf einem Bauernhof zum Beispiel. Das Huhn hat dort hinten einen Fresstrog entdeckt, in dem sich dieser wunderbare, köstliche Mais befindet, den der Bauer nur gelegentlich vorrätig hat. Eben also hat der Bauer den Trog damit gefüllt, und das Huhn will schon darauf loswackeln, als es innehält. Denn dort, zwischen Trog und Huhn, ist soeben die wilde dunkelgraue Katze erschienen; eine Katze, mit der selbst für ein doch ziemlich großes Huhn nicht zu spaßen ist. Denn diese Katze fängt nicht nur Mäuse, nein, sie greift einfach alles an, was sich bewegt.

Was wird nun geschehen? Erst einmal vermutlich ziemlich wenig. Denn das Huhn hat das, was die Psychologen einen Appetenz-Aversions-Konflikt nennen, das heißt, die treibenden oder anziehenden Kräfte (Mais) und die hemmenden oder abstoßenden Kräfte (Katze) sind gleich stark. Fort will das Huhn nicht. Dafür ist der Mais zu verlockend. Aber zum Trog hin kann es auch nicht. Dafür ist die Katze zu bedrohlich. In solchen Situationen kann es geschehen, dass Tiere plötzlich anscheinend ganz sinnlose Dinge tun, zum Beispiel ausgiebig Staubwolken aufwirbeln oder wie aufgezogen am Boden herumhacken, wo ersichtlich kein Korn liegt. Handlungen wie diese – sogenannte Übersprunghandlungen – verfolgen nur einen einzigen Zweck: Spannung abzubauen.

Auch Menschen benutzen Übersprunghandlungen. Das Spannung abführende Kritzeln während eines langweiligen Telefonats ist so eine. Übersprunghandlungen können groteske Züge annehmen. Von Napoleon weiß man, dass er vor Schlachten regelmäßig zu onanieren pflegte. Auch hierbei muss in erster Linie Spannung abgebaut worden sein, denn wenn eigentlich die Gefechtssitua-

COMPUTERSUCHT ODER LEIDENSCHAFT?

tion inspiziert und die Soldaten motiviert werden wollen, bleibt die sexuelle Lust für gewöhnlich ebenso klein wie vor einer Abiturprüfung.

In der digitalen Welt nun gehen Gewöhnungsphänomene und Übersprunghandlungen eine unheilvolle Verbindung ein. Das gewohnte Instrument – meist das Smartphone – wird zum Abbauinstrument für alle möglichen entstehenden Spannungen. Das wiederum senkt die Fähigkeit, Spannung auszuhalten. Und die Folge ist eine weitere Zunahme anscheinend völlig sinnloser Abrufungen von Informationen. Ein heikler Prozess, ohne Frage. Nur betrifft er weitaus mehr Erwachsene als Kinder.

Quentin Tarantino und der Exzess

Kommen wir auf den Exzess zu sprechen. Exzess wird zunächst einmal an einem ungewöhnlich heftigen, intensiven Verhalten erkennbar, das wiederum auf eine tiefere Wurzel verweist. Diese tiefere Wurzel nenne ich erst einmal Leidenschaft.

Betrachten wir einmal ein Beispiel für exzessiven medialen Konsum, der sehr früh begann. Der Mann, um den es geht, ist der Kultfilm-Regisseur Quentin Tarantino. Tarantino sah in jungen Jahren mehrere Filme am Tag, darunter eine Menge nicht jugendfreier. Das ist ein Befund, der jeder Kinderärztin und jedem Berater in einer Erziehungsberatungsstelle wohl Sorgenfalten auf die Stirn triebe. Nicht nur die Menge der Filme, auch ihre heikle Qualität (zum Beispiel Zombie-Filme oder harte Western) müssen den Heranwachsenden doch verderben, oder?

Nun, möglich wäre dies sicher gewesen. Aber im vorliegenden Fall war eben alles ganz anders, und aus dem besessenen Filmegucker wurde ein Star des Independent-Kinos. Hätte man also von

Sucht sprechen sollen? Oder war es nicht doch echte Begeisterung, die hier den Ausschlag gab, der Begeisterung vergleichbar, die eine echte Leseratte oder ein beseelter Musik-Freak entwickelt?

Tarantino ist angeblich noch heute ein wandelndes Filmlexikon bezüglich aller möglichen Filme, die keineswegs alle Kunstcharakter haben. Und er hat so die Möglichkeit, ständig Verbindungslinien zu ziehen und aus einem mächtigen Pool zu zitieren. Kann so etwas die Folge einer Sucht sein? Die Frage bringt die Antwort selbst hervor: Hier von Sucht zu sprechen ist schlicht unsinnig. Angemessener wäre, es Leidenschaft oder Exzess zu nennen.

Bevor hier der Einwand entsteht, das passe doch nicht, Filme seien etwas ganz anderes als Computer-Games, halten wir inne. Denn ich hätte auch vom exzessiven Gebrauch eines früher für minderwertig geltenden Instruments wie der E-Gitarre schreiben können. Der Grund, auf Filme zu kommen, lag darin, dass diese passiv konsumiert werden können, was bei einer Gitarre, elektrisch oder nicht, niemals funktioniert, denn die muss man spielen. Man diskutierte schließlich vor anderthalb Jahrhunderten auch einmal, ob man vom Lesen abhängig und mental geschwächt werden könne. Also von jener Kompetenz, die heute wie keine andere erforderlich ist, wenn man gesellschaftlich vorwärtskommen will.

Man erkennt: Tarantino einen Filmsüchtigen zu nennen wäre im klinischen Sinn einfach albern. Gewiss hat das Kino dem heranwachsenden Regisseur auch zur Weltflucht verholfen. Aber eben auch zum Finden anderer, offenbar höchst interessanter Welten. Wo so viel Leidenschaft im Spiel ist, da gibt der Suchtbegriff mit seiner maroden, auf den Abstieg zielenden Dynamik nichts her. Ganz im Gegenteil ist ja leidenschaftliches Engagement das, was überhaupt zu hohen Leistungen befähigt. Und weil

Leidenschaft ohne Gefühl für eine Sache kaum denkbar ist (eine Sache, von der man nie etwas kapiert, wird ja einfach unbefriedigend), so lernt der Leidenschaftliche etwas dazu und bildet sich selbst auch heran: nur eben auf seine ganz eigene Weise.

Möglicherweise wäre es hilfreich, den Suchtbegriff hinsichtlich der digitalen Welt zumindest für eine Weile aus dem Spiel zu lassen. Würden wir weiter an ihm festhalten, so hätten wir uns auch mit Fragen der Therapie und vor allem der Abstinenz zu beschäftigen – und es ist abzusehen, dass eine Computerabstinenz für die meisten Berufstätigen auf Dauer eine schiere Unmöglichkeit darstellen wird. Der Suchtbegriff würde hier, ernst genommen, zu ganz anderen berufspolitischen Konsequenzen führen, und jene Schüler, die der »Sucht« wegen in Behandlung sind, müssten die Möglichkeit haben, dem Suchtmittel danach aus dem Weg gehen zu können. Was aber, da auch schulische Bildung auf der Nutzung von elektronischen Datensystemen fußt, einfach unmöglich ist.

Von der Absurdität der Medienabstinenz

Wenn wir mit dem Begriff »Sucht« nun also vorsichtiger umgehen, so ist doch das Thema einer möglichen Gefährdung keineswegs vom Tisch. Und das ist gut so, nur dass wir jetzt konstruktiver hinsehen können und schauen, worum es bei diesem Thema *eigentlich* geht. Fest steht nämlich, dass die exzessive Nutzung von Computern sich auf Lebensplanung, soziale Aufmerksamkeit und damit auch das Beziehungsleben auswirken *kann*. Diejenigen jungen Erwachsenen, die ich diagnostiziert bzw. behandelt habe und bei denen die Diagnose »Computersucht« hätte gestellt werden können, zeigten alle dieselben charakteristischen Eigenschaften: eine Verödung des Soziallebens, einen emotionalen Rückfall in das Lebensgefühl von 12- bis 15-Jährigen, die Neigung, nebenher andere Drogen (Gras, alkoholische Drinks) oder Süßigkeiten zu konsumieren, sowie einen auffälligen Verlust jeden Gefühls für die Zukunft. Interessant darüber hinaus: Es war ihnen bewusst, dass sie ihre Lebenszeit opferten und dass dies von den Spieleerfindern genau so beabsichtigt ist.

Wie kommt eine solche Entwicklung zustande? Und warum nützt es nichts, zu wissen, dass man soeben benutzt wird? Die Antwort lautet, dass das, was im Computer erlebt wird, allmählich zu einem neuen Weltkonzept wird. Zu Anfang ist es noch umgekehrt: Da wird die äußere Welt zum Modell für das, was in der digitalen Welt passiert. Dann aber verlagert sich die Wahrnehmung: Die veränderte Wahrnehmung von Zeit etwa, wie sie beim Computerspiel entsteht, wirkt auf die Erlebnisweise der realen Welt zurück. Planen bekommt nun eine andere Bedeutung. Zeit wird dort investiert, wo sie Punkte bringt, also Gewinne: Und dies ist wiederum beim Spiel der Fall. Der einfache Umstand, dass wir durch Erfolg lernen können, führt durch vermehrt investierte Zeit zumindest bei einer Reihe der gebräuchlichsten Spiele zu einem ständig wiederkehrenden Erfolgserlebnis. Einem Erfolgserlebnis, das zwar einerseits nichts hinterlässt, was man vorzeigen könnte (keinen Rocksong, kein akrobatisches Kunststück, keine getöpferte Schale, keinen bestellten Garten, kein Video von einer sportlichen Bestleistung und kein Zeugnis mit ordentlichen Noten), das sich aber andererseits unbezweifelbar großartig anfühlt und so immer wieder gesucht wird. Und je mehr die Chancen auf reale Erfolge schwinden (was der exzessive Spieler unterschwellig durchaus weiß), desto attraktiver werden natürlich die Spielerfolge.

Man kann sich leicht ausmalen, dass es tückisch ist, wenn Kinder eine solche Umkehrung von Erfolg und Erfolgserlebnis

COMPUTERSUCHT ODER LEIDENSCHAFT?

frühzeitig kennenlernen. Doch damit nicht genug. Je früher ein Kind damit beginnt, diese Art von Erfolgen zu suchen, desto wahrscheinlicher ist, dass es ihnen weiter treu bleibt. Denn im frühen Gehirn bildet sich eine überdauernde Struktur neuronaler Verbindungen heraus. Die Herausbildung dieser Struktur basiert auf dem, was das Kind tut und erfährt. Der Hirnforscher Gerald Hüther schreibt, dass für die gesunde Entwicklung eines Kindes daher entscheidend ist, welche Stimulationen und welche Möglichkeiten, Erfolge zu erzielen, es bekommt.[29]

So ist also angesichts eines kleinen Kindes, das über Stunden Computerspiele spielt, tatsächlich eine gewisse Alarmiertheit angebracht. Denn das Kind bildet sich soeben dafür heran, sich in virtuellen Welten zurechtzufinden, deren Gesetze denen der realen Welt nur entfernt verwandt sind. Das ist als Spielerei mit einem Erwachsenen an der Seite noch begreiflich. Doch ein Kind allein wird hier gerade so in das mediale Geschehen hineingezogen, wie es Film- und Videoanimationen gelegentlich vorführten. Der Begriff »Sucht« trifft dabei, wie gesagt, nicht das Gemeinte: Doch es entsteht ein charakteristisches Profil von Expertentum, das zu einer Verödung anderer Fähigkeiten führt.

Wo liegt hier der Schlüssel zur Prävention? Bei einem Aushandeln von Zeitfenstern fürs Spiel am Computer, so, wie es gegenwärtig manche Experten vorschlagen? Oder vielleicht doch eher bei einem Zurückhalten des Computers in der frühen Kindheit? Die Antwort liegt nicht zuletzt auch darin begründet, in welche Richtung unsere Kinder in ihren frühen Jahren geprägt werden sollen.

Die schärfsten Waffen: Anteilnahme und mediale Mischkost

Damit kommen wir zur Frage der Anwesenheit und der persönlichen Zuwendung. Denn natürlich veröden Sprache und Sozialverhalten nicht durch den Computer oder das Computerspiel allein. Sondern vor allem durch das Alleinsein mit diesem Spiel. Gamer, die sich mit Familienangehörigen oder mit Freunden über ihre Spiele austauschen, nutzen und üben nämlich ihr Sprachvermögen. Dies geschieht insbesondere da, wo Besonderheiten des Spiels erklärt und Regeln vermittelt werden müssen. Wo Erläuterungen dieser Art erbeten werden, da wird Sprachkompetenz entweder schon vorausgesetzt, oder es wird dabei geholfen, diese herauszubilden.

Auch entsteht soziale Unsicherheit nicht primär durch digitale Medien, sondern durch den Mangel an Sozialkontakt und menschlicher Anteilnahme. Wer also wirklich dem Problem möglicher allzu großer Computerdominanz etwas entgegensetzen will, der muss in allererster Linie sich selbst als anteilnehmende Person in die Bresche werfen. Bloßes Ausschalten und Reglementieren bleiben schwache Waffen, wenn die Anteilnahme fehlt. Präsenz und Interesse an dem, was das Kind da tut, bilden hingegen scharfe Waffen gegen übermäßige Gewöhnung aus. Kinder und Jugendliche, an deren Spiel Erwachsene Anteil nehmen, werden eher soziale Kompetenz entwickeln und damit auch den Wunsch, am sozialen Leben teilzunehmen, was wiederum die Basis der Sprachentwicklung ist.

Was nun die Zeit angeht, die ein Kind vor dem Computer verbringt: Meine Betrachtungen laufen auf ein paar ganz klare Dinge hinaus. Etwas, was mit Leidenschaft gespielt wird, sollte gespielt werden dürfen. Allerdings muss man aufmerksam bleiben, wie

COMPUTERSUCHT ODER LEIDENSCHAFT?

das Kind nach dem Spielen erscheint. Spiel ist nicht gleich Spiel, auch wenn es auf dem Bildschirm ausgetragen wird. Vor einer Wii mit einem Steuerrad zu sitzen ist etwas völlig anderes, als an einem winzigen Bildschirm kleine Knöpfchen zu bewegen. Ob es dem Kind wirklich guttut oder schadet, das zeigt wie bei der Ernährung das Danach. Ein Kind, das nicht schlafen kann, das mit seinem Spielzeug nicht mehr zurechtkommt oder keine Freunde mehr sieht, braucht alles Mögliche, aber sicher nicht noch mehr Bildschirm. Umgekehrt wäre es bei einem leidenschaftlichen »Zocker«, der sozial und intellektuell gut zurechtkommt, unsinnig, ihm die Spielflächen seiner Leidenschaft zu nehmen.

Zudem haben meine Überlegungen zur Unterscheidung von Gewohnheit, Leidenschaft und möglicher Suchtentwicklung zweierlei gezeigt: Wahre Leidenschaft verhindert eine Suchtentwicklung eher, als dass sie sie fördert. Gewöhnung ist unproblematisch, solange das Leben selbst reichhaltig bleibt. Beginnt das Leben an Reichhaltigkeit zu verlieren, kann der Bildschirm verlockender werden als das Leben selbst. Spätestens dann sollten Eltern sich einmischen: indem sie zum Beispiel mitspielen, sich etwas erklären lassen oder einfach dabei sind. Und vielleicht zeichnen Eltern und Kind hinterher gemeinsam, was sie gespielt haben. Oder sie informieren sich im Netz über die Flugzeuge, die da um die Wette geflogen sind. Oder sie bauen aus Lego die Arena nach, durch die sie eben noch gefahren sind. Auf diese Weise entsteht so etwas wie eine mediale Mischkost. Und die ist, ganz wie im Fall der körperlichen Ernährung, in der Regel die gesündeste.

5

Die neue alte Angst: Bildschirm und Gewalt

Eine öffentliche Diskussion im Anschluss an einen Vortrag über die Hintergründe des modernen Amoklaufs. Die Beiträge der Zuhörer entsprechen der Brisanz des Themas. »Warum kommen in manchen Ländern viele Amokläufe vor und in anderen wenige?«, wird gefragt. Und dann wird eine Bitte vorgetragen, die zu viel Nicken im Saal führt. Ob der Referent einmal etwas dazu sagen könne, welchen Anteil denn Computerspiele an diesen schrecklichen Ereignissen hätten. Anstatt zu antworten, könnte der Referent die Frage an die Zuhörer zurückspielen: Wie viele Anwesende glauben denn, dass die Spiele einen Anteil am modernen Amoklauf haben? Ich habe diese Frage einmal in einem Saal gestellt, und ich bin bei dem Wald von Fingern, der sich da erhob, sicher, dass alle davon ausgingen, dass Computerspiele mitverantwortlich für moderne Amokläufe sind.

Ich selbst bin anderer Meinung. Allerdings kann ich die Sichtweise meiner Zuhörer ganz gut nachvollziehen. Wir bekommen ja alle mit, dass Gewaltdelikte sich (anscheinend) steigern. Und wir nehmen wahr, dass auf dem Sektor der Computerspiele Ego-Shooter und überhaupt Spiele, in denen Gewalt eine nennenswerte Rolle spielt, weit verbreitet sind. Da liegt es nahe, einen Zusammenhang zu konstruieren. Nur – stimmt dieser Zusam-

DIE NEUE ALTE ANGST: BILDSCHIRM UND GEWALT

menhang denn auch? Befürchtungen verleiten ja mitunter auch zu Fehlschlüssen.

Manche warnenden Stimmen behaupten pauschal, dass Bildschirmgewalt – gemeint sind Gewaltdarstellungen in Fernsehen *und* Computer – ganz eindeutig zu mehr Gewalt führe.[30] Mit solchen Pauschalisierungen stößt man natürlich in eine Wolke von Sorgen hinein. Und das erklärt ihre Wirkung. Doch wer so pauschal argumentiert, führt die Neigung zur Gewalt in der Regel *sowohl* auf den Konsum von Filmen zurück, die Gewaltexzesse zeigen, *als auch* auf Spiele, die der hemmungslos ausgelebten Gewalt Raum geben. Das sind aber zwei Paar Schuhe. Im ersten Fall haben wir es mit dem Zusehen bei Gewaltakten zu tun, im zweiten Fall mit wirklicher medialer Gewaltausübung.

Pamphlete, die vor kommenden medialen Entwicklungen gewarnt haben, hat es schon viele gegeben. Und viele haben vor einem Anwachsen der Gewalt gewarnt. Manche haben sogar ganze Arsenale von wissenschaftlichen Untersuchungen bemüht. Und trotzdem herrscht keineswegs Klarheit darüber, ob der Konsum von gewalttätigen Inhalten sich nun gewaltfördernd auswirkt oder im Gegenteil sogar gewaltsenkend. Woran liegt das? Es liegt zum Beispiel daran, dass wir nicht genau wissen, ob die Gewalt in unserer Lebenswelt tatsächlich angewachsen ist. Manche Soziologen sind hiervon überzeugt. Andere verweisen darauf, dass unsere Toleranzschwelle hinsichtlich der Gewalt sich verändert hat. Das bedeutet, wir sehen heute auch etwas als Gewaltakt an, was wir vor 30 Jahren anders bewertet hätten. Überdies stellen sich Definitionsfragen: Wo genau liegt der Unterschied zwischen pathologischem Verhalten und normaler Aggressivität?

Man erkennt: Das Problem ist viel komplexer, als dass es mit ein, zwei Erklärungen, aus denen ein, zwei Maßnahmen abgeleitet würden, zu fassen wäre. Es verwundert natürlich niemanden, wenn Psychiater darauf verweisen, dass Gewalttäter oftmals Ego-Shooter spielen. Nahezu alle Amokläufer der letzten Jahre haben diese gespielt. Nur, was folgt daraus? Dass es ohne Ego-Shooter keine Amokläufer mehr gäbe? Dieser Gedanke ist leider recht naiv, und wenn es auch schön wäre, dass das bloße Verbieten eines Mediums gleich eine ganze Sparte extremer Gewaltverbrechen einfach verhindern würde, dann dürften wir uns glücklich schätzen. Aber so ist es vermutlich nicht. Denn wenn zwischen dem Gewaltpotenzial von Computerspielen und modernen Amokläufen ein linearer Zusammenhang bestünde, dann müsste es in der Türkei oder in Italien sehr viel mehr Amokläufe geben. Denn in beiden Ländern ist mehr mediale Gewalt erlaubt als hierzulande. Das Eigentümliche aber ist: Beide Länder haben mit Amokläufen keine nennenswerten Probleme. Während Deutschland, wo die Regeln für zulässige Mediengewalt strenger sind, hinsichtlich der Häufigkeit von Amokläufen weltweit auf dem zweiten Platz liegt.

Hätte man Goethe verbieten müssen?

Herbst 1774. Goethes *Die Leiden des jungen Werthers* sind erschienen. Das Buch ist ein ungeheurer Erfolg, auf dessen Strahlen freilich ein hässlicher Schatten fällt. Denn kaum war das Buch zur Herbstmesse herausgekommen, da stellte sich kurze Zeit später ein erschreckendes Phänomen ein, das klar mit dem Roman in Zusammenhang stand. Eine Selbstmordserie, bei der junge Männer sich wie der Romanheld mit einer Pistolenkugel töteten. Nicht nur die Art der Selbsttötung war auffällig. Auch die charakteristische Art, sich zu kleiden, die gleichfalls von der Romangestalt übernommen worden war, stach ins Auge.

Die Psychologie der Goethezeit hat noch kein Wort für das,

DIE NEUE ALTE ANGST: BILDSCHIRM UND GEWALT

was man später »Lernen am Modell« nennen wird. Und dass der Begriff »Werther-Effekt« für die Imitation genau 200 Jahre später von dem amerikanischen Soziologen Dave Philipps geprägt werden würde, war auch noch nicht vorauszuahnen. Aber das Phänomen der Nachahmung kannte man natürlich. Und hier lag ganz klar bis in die Details hinein eine Modellbildung vor. Der Einfluss eines unheilvollen Mediums also, das hinfort kontrolliert gehörte? Das hätte bedeutet, einen Roman zu verbieten, der bis heute zur Schullektüre zählt.

Und doch: Der Roman des jungen Schriftstellers (Goethe war beim Erscheinen des Buchs 24 Jahre alt, also im besten Ego-Shooter-Alter) stand unzweifelhaft in Zusammenhang mit den Suiziden. Alle jungen Männer, die sich in der beschriebenen Weise umbrachten, hatten das Buch gelesen. Daraus ergab sich aber nicht, dass der Roman seinen Lesern die Selbsttötung nahelegte. Goethe selbst begriff sein Werk als eine Krankengeschichte und nannte den Suizid den Endpunkt einer »Krankheit zum Tode«. Das sah der Theologe Johann August Ernesti allerdings nicht ganz so differenziert. Seiner Ansicht nach stellte Goethes Werk eine Anleitung zum Suizid dar, die man verbieten müsse. Auf Ernestis Initiative hin wurde der *Werther* zumindest in Leipzig zeitweise tatsächlich verboten.

Auch der moderne Amoklauf steht mit dem Ego-Shooter nur in einer vordergründigen Beziehung. Ja, Amokläufer haben in der Regel Ego-Shooter gespielt. Und nein, die weitaus meisten jungen Männer, die Ego-Shooter mögen, zeigen keine Neigung, zu Massenmördern zu werden. Um Goethes eigenen Begriff zu variieren: Der Amokläufer leidet an einer »Krankheit zum Töten«, er ist bereits ein gestörter Mensch, noch ehe er die Games für sich nutzt.

Man könnte einwenden, dies sei doch ein Unterschied. Denn

im Fall des *Werther* ging es ja um Suizid, hier aber geht es um Mord: Und das sind zwei sehr verschiedene Dinge. Wäre es nicht denkbar, dass die eine Tat durch modellbildenden Medienkonsum stärker stimuliert wird als die andere? Nein, dies trifft nicht zu. Denn in beiden Fällen muss eine Hemmung überwunden werden. Diese ist beim Suizid vielleicht sogar größer, zumindest wenn man eine evolutionspsychologische Perspektive einnimmt. Denn Suizid ist eigentlich kein Verhaltensmuster jener höher entwickelten Lebewesen, zu denen wir nun einmal gehören. Mord hingegen schon. Manche Forscher erachten das grundsätzliche Gewalt- und Tötungspotenzial im Menschen sogar für so groß, dass in dieses stets präsente Pulverfass einfach kein Funke fallen darf, der es zur Explosion bringen könnte.[31]

Der Beginn der Bildschirmgewalt-Debatte

Vor einhundert Jahren, im Jahr 1913, brachte ein Jugendlicher von 16 Jahren in Borbeck einen Jungen um. Als man die Motivlage untersuchte, stellte sich heraus, dass der Jugendliche zuvor zwei Filme angeschaut hatte. Der eine war ein Western. Und der andere die Verfilmung eines Märchens, nämlich des *Kleinen Däumlings*. Man könnte sagen, dass unsere heutigen Mediendebatten sich bis zu diesem Fall zurückführen lassen. Nun war das Jahr 1913 an bizarren Gewaltdelikten nicht eben arm; es ist auch das Jahr, in dem der erste deutsche Amoklauf begangen wurde – von einem Hauptlehrer namens Ernst Wagner.

Das Beispiel zeigt, wie schon damals versucht wurde, aus den medialen Konsumgewohnheiten eines Menschen Motive für sein Verhalten abzuleiten. Wer sich die Mühe macht, einmal Filmmaterial aus dieser Zeit anzuschauen, wird vermutlich zu dem Schluss kommen, dass diese Filme nicht sehr suggestiv wirken. Aber hier könnte ein Irrtum hinsichtlich der Sehgewohnheiten mitspielen. Denn es ist verbürgt, dass bei frühen Filmaufnahmen, in denen der Zuschauer eine Lokomotive auf sich zukommen sah, die Besucher schreiend aus dem Kinoraum zu flüchten versuchten in der Annahme, die Lokomotive fahre mitten in den Raum hinein. Weder die hohe Flimmerfrequenz noch der Umstand, dass es sich um schwarz-weißes Filmmaterial handelte, das zudem noch ohne Ton abgespielt wurde, verhinderten, dass die Zuschauer in die Suggestion der Echtheit der Lokomotive hineingezogen wurden.

Doch das Beispiel der Mordtat von Borbeck zeigt auf andere Weise, wie heikel es werden kann, die medialen Konsumgewohnheiten eines Menschen eins zu eins mit seinem Verhalten und insbesondere seiner Neigung zur Gewalt zu verrechnen. Denn wir würden normalerweise sagen, dass ein Western eher Gewaltszenen enthält als ein Märchenfilm, oder? Doch in Western werden meist keine kleinen Jungen umgebracht, in Märchen – manchmal – schon. Wer hier also versuchen würde, eine Kette der Herleitungen vom Medienkonsum bis hin zur Tötungsbereitschaft zu ziehen, müsste der nicht vollkommen verzweifeln?

Stimulieren oder abreagieren?

Schon seit die Frage nach einer möglichen Förderung von Gewaltbereitschaft durch Medien überhaupt diskutiert wird – und das ist ziemlich lange, es gab sie auch schon im Zusammenhang mit Büchern –, stehen sich zwei Sichtweisen gegenüber. Die eine besagt, dass es durch ritualisierte, in unserem Fall virtuelle Gewaltakte zu einer Abreaktion kommen kann und so im Spiel aggressive Impulse abgeleitet werden. Von diesem Standpunkt aus wären gewalttätige Computerspiele sogar hilfreich, denn der ohnmächtige Angestellte könnte seine Wut auf den Chef abends abreagieren, indem er virtuell Krieg führt. (Es gäbe sogar ein passendes iPod-Spiel dafür, das »Beat the Boss« heißt.) Dies würde die reale Gewaltbereitschaft sogar reduzieren.

Die andere Sichtweise besagt im Grunde das genaue Gegenteil und postuliert, wer viel mit Gewaltakten spiele, der heize im schlimmsten Fall seine Lust daran künstlich an. In jedem Fall aber stumpfe er Gewalt gegenüber ab, was ihn möglicherweise selbst gewaltgeneigter, sicher aber toleranter gegenüber Gewalt mache. Wer hat recht?

In der Psychologie hat man die Erfahrung gemacht, dass radikale Sichtweisen dem Menschlichen meist nicht gerecht werden, weil oft beide Positionen wahre Kerne enthalten. Und wenn man selbst öfter mit gewaltbereiten Menschen gearbeitet hat, dann weiß man, dass die Antworten auf die Fragestellung nicht so einfach sind, wie wir sie gerne hätten.

Tatsächlich sind beide Erklärungsmuster in Maßen richtig: Mediale Gewalt kann sowohl anregen als auch abregen. Wer sich gerade viel geärgert hat, wer im Büro Stress hatte und auf dem Heimweg in einen Stau geriet, wem dann die Einkaufstüte platzte und zu allem Überfluss dabei auch noch eine Milchtüte aufriss, der ist, wenn er heimkommt, nicht unbedingt souverän und entspannt. Und die Chance wäre gut, sich Ärger einzuhandeln oder womöglich einen Wutausbruch, wenn man diesem unter Hochspannung stehenden Menschen jetzt noch mit einem Problem käme.

Aber angenommen, der so gestresste Mensch würde sich vor den Bildschirm setzen und nun erst einmal ein paar Duelle mit halbautomatischen Waffen ausfechten, ohne dass ein realer Mensch dazwischenredet: Die Chance besteht, dass es zu einem

Abbau von Aggressionen kommt, weil nun ein Ventil da ist, durch das Dampf abgelassen werden kann, ohne dass ein wirkliches Lebewesen davon Schaden hat.

Wie sieht es aber nun mit der Anregung aus? Können gewalttätige Spiele tatsächlich zu Gewaltakten animieren? Die oben genannten Beispiele für das Lernen am Modell belegen, dass es solche Fälle gibt. Doch bleiben es Einzelfälle, weswegen es unsinnig wäre, pauschal davon auszugehen, dass die Darstellung oder das Spiel von Gewalt tatsächlich animierenden Charakter hätte. Auch muss man die Schlussfolgerungen wohl andersherum ziehen, als das gewöhnlich der Fall ist. Gewaltorientierte Spiele üben nämlich durchaus eine Anziehungskraft auf aggressive Menschen aus. Aber sie *machen* diese Leute eben nicht aggressiv, sondern sie werden als attraktiv empfunden, weil die betreffenden Personen bereits gewaltgeneigt sind. Der amerikanische Psychiater Peter Langman, Experte für schwere seelische Störungsbilder bei Jugendlichen, kommt in einer Studie daher zu dem Schluss: »Es gibt keine einfache Verbindung von Mediengewalt und Mord. Wenn dies so wäre, würden Millionen von Menschen, die Gewaltvideos spielen oder Gewaltfilme schauen, zu Mördern.«[32]

Das Verschwinden des Mitleids

Allerdings wäre natürlich denkbar, dass für einen bestimmten Personenkreis Computerspiele den Übergang zu Gewaltakten leichter machen können. Der Schlüssel zum Verständnis liegt hier aber nicht bei der Modellbildung allein, sondern vor allem im Senken einer Hemmschwelle. Experten vermuten schon länger, dass Ego-Shooter die Hemmschwelle zum realen Tötungsakt senken könnten. Dies gilt allerdings wiederum nicht allgemein, sondern nur für einen speziellen gefährdeten Personenkreis.[33] Dieser Personenkreis zeichnet sich dadurch aus, dass er ohnehin von Gewalt fasziniert ist, diese in der Fantasie auch auslebt und eine grundsätzliche Bereitschaft in sich trägt, die Gewalt auch real auszuüben.

Doch wie verhält es sich hinsichtlich des Senkens von Hemmschwellen bei ganz normalen Heranwachsenden? Treten auch bei ihnen Veränderungen ein? In der Tat kann man finden, dass Kinder, die im Spiel das Töten von virtuellen Personen erleben oder womöglich vollziehen, nach dem Spielen abgebrühter sind und weniger Mitgefühl aufweisen, wenn sie etwa die reale Schilderung eines Unglücks mitbekommen. In Studien ließ sich auch zeigen, dass Spieler, wenn sie einige Zeit mit gewalttätigen Inhalten verbracht hatten, unmittelbar danach weniger Empathie gegenüber den Opfern realer Gewalt zeigten. Das bedeutet, partiell kann es zu einer Art Abstumpfung gegenüber Gewaltakten, die sich tatsächlich ereignen, kommen. Allerdings ist vollkommen unklar, ob es bei dieser Senkung der Einfühlsamkeit dauerhaft bleibt.

Was also zeigen diese Befunde? Muss man sich den gesenkten Empathie-Level vorstellen wie die vorübergehende Schädigung des Geschmackssinns, wenn wir eine Chili gegessen haben? Handelt es sich um eine nur zeitweise Schädigung oder wird das Gehirn nachhaltig beeinträchtigt und lässt Areale veröden, die ohne Computerspiel heil und intakt geblieben wären? Die Antwort auf diese Fragen muss wiederum abwägend gegeben werden. Denn was geschieht, hängt entscheidend von den Vorprägungen ab, die ein junger Mensch schon erfahren hat. Wer bereits sozial aufgewachsen und mit Rücksicht auf andere ausgestattet ist, bei dem wird sich die Schwelle des Mitgefühls vielleicht vorübergehend senken. Wer dagegen in sozialer Hinsicht Defizite aufweist, wer bereits emotionale Verrohungstendenzen zeigt, dem wird die Darstellung von Gewaltakten natürlich weniger ausmachen.

DIE NEUE ALTE ANGST: BILDSCHIRM UND GEWALT

Vielmehr wird sie ein vorhandenes Dilemma eher bestärken oder aber dazu beitragen, dass das Einfühlungsvermögen als Kompetenz einfach nicht herausgebildet wird. Hierbei würde überdies ein gesellschaftlicher Trend, der die Darstellung extremer Gewalt zunehmend begünstigt, zusätzlich wirksam werden.

Wenn man den Blick etwas von den Computerspielen löst und stattdessen die mediale Landschaft im Ganzen betrachtet, dann kann man kaum ignorieren, dass es eine *allgemeine* Tendenz zur Darstellung von immer drastischeren Formen der Gewalt gibt. Diese Tendenz zur vermehrten Darstellung von insbesondere sadistischer Gewalt durchzieht in der Tat sämtliche Medien. Wirft man zum Beispiel einmal einen Blick in die Filmproduktion der letzten zehn Jahre, so findet man, dass Filme, die ursprünglich nur für ein eher gestörtes Minderheitenpublikum gedacht waren, nun Blockbuster-Status bekommen. Folterfilme wie »Hostel« oder die »Saw«-Reihe sind in ihrer Drastik kaum zu überbieten. Und dass der Begriff »Folterfilm« bereits als Genre-Bezeichnung auftaucht, spricht für sich.

Was geschieht, wenn man solche Filme anschaut? Beginnen wir mit den zu erwartenden, gesunden Reaktionen. Normalerweise identifizieren wir uns mit Filmfiguren, das heißt, wir fühlen mit ihnen. Das unterscheidet sich natürlich, je nachdem, ob eine Person attraktiv ist oder weniger attraktiv, sympathisch oder unsympathisch. Extreme Gewalt würden wir da, wo eine Person selbst als grausam eingestuft würde, zwar als drastisch empfinden, aber unter Umständen auch als gerechtfertigt. Ein archaischer »Tit-for-tat«-Modus würde anspringen, der sinngemäß sagt, dass der grausame Mörder ein Feind alles Guten ist. Und dass er nichts anderes verdient hat als das, was er austeilt. Diese Art von archaischer Gerechtigkeit finden wir am deutlichsten in Märchen, wenn etwa die böse Hexe sich in glühenden Pantoffeln zu Tode tanzen muss oder die grausame Stiefmutter in einem innen mit Nägeln beschlagenen Fass durch die Stadt geschleift wird.

Aber nicht alle Heranwachsenden reagieren gleich. Wenn man die genannten Stellen Kindern vorläse, so würde man leicht diejenigen, die hier alles richtig finden (verdiente Strafe für bösartiges Handeln), von denen unterscheiden können, die jetzt, da alles zu Ende ist, dennoch ein entsetztes Gesicht machen, weil sie noch mit der Hexe Mitgefühl empfinden.

Man muss wohl davon ausgehen, dass persönliche Sensibilitäten immer schon unterschiedlich ausgeprägt waren. Zeugnisse verweisen darauf, dass es auch in früheren Jahrhunderten Menschen gab, die nicht zu öffentlichen Hinrichtungen gehen mochten und die auch ihre Kinder davon fernhielten. Ihr Mitgefühl sprang schneller an, und womöglich hatten sie ein anderes Gefühl für die Würde von Lebewesen überhaupt.

Für die Fähigkeit zum Mitfühlen wird gegenwärtig die Aktivität einer ganz bestimmten Art von Nervenzellen verantwortlich gemacht. Man nennt sie »Spiegelneuronen«, denn sie spiegeln dem Zuschauer gewissermaßen wider, was ein anderes Wesen empfindet. Die Spiegelneuronen wurden 1992 von dem Neurophysiologen Giacomo Rizzolatti bei Versuchen an Makaken entdeckt. Rizzolattis Kollege William Hutchison fand an der Universität von Toronto heraus, wie diese Spiegelneuronen arbeiten. Hierzu implantierte er einer Versuchsperson Mikroelektroden, die das Verhalten ausgewählter Zellverbände zurückmeldeten. Als nun die Probandin einen kleinen Nadelstich bekam, feuerten die Neuronen in den Hirnarealen, die für Schmerzwahrnehmung bzw. für Schmerzleiden zuständig sind. Als Hutchison dann sich selbst stach – so, dass die Versuchsperson dies sehen konnte –, wurden bei ihr dieselben Neuronen aktiv. Und das, obgleich die Versuchsperson nicht neuerlich gestochen worden war.

DIE NEUE ALTE ANGST: BILDSCHIRM UND GEWALT

Die Aktivität von Spiegelneuronen sorgt also dafür, dass wir mitfühlen können, was andere fühlen. Das ist ein entscheidender, wenn auch nicht der einzige Baustein für gelingendes Sozialverhalten. Denn wer mitfühlt, was ein gequältes Wesen fühlt, der quält natürlich selbst nicht mehr so leicht. Was aber geschieht, wenn Menschen – und insbesondere Heranwachsende – immer wieder grausame Gewaltszenen anschauen? Müssten sie nicht permanentem Stress ausgesetzt sein?

Eigentlich ja. Und zwar insbesondere dann, wenn auch der Modus der archaischen Gerechtigkeit nicht greift. Denn sie würden nun ja leiden, und das hieße, sie würden alles dafür tun, sich diesen grausamen Bildern zu entziehen. Es gibt genug Menschen, die das auch tun. Was aber ist mit den anderen? Um aushalten zu können, was sie in ihren Spielen oder Filmen sehen, müssen sie gewissermaßen die Aktivität ihrer Spiegelneuronen kontrollieren. Das ist über zwei Wege denkbar. Einmal, indem die Neuronen selbst weniger zu feuern beginnen. Oder aber, indem eine künstliche Scheibe zwischen das Gezeigte und die eigene Gefühlswelt geschoben wird. Im ersten Fall hätte man es mit einer Abstumpfung zu tun. Im zweiten Fall mit einer Abspaltung.

Ein Abspaltungsprozess schiebt die Gefühle, die man hat, gewissermaßen in ein inneres Nebenzimmer. Das bedeutet, sie verschwinden nicht, aber sie werden weniger wahrgenommen. Was allerdings nicht heißt, dass so kein Schaden entsteht. Vielmehr kommen die abgespaltenen Gefühle oft verwandelt zurück, zum Beispiel in Gestalt diffuser Ängste. Was die mögliche Gewöhnung oder Abstumpfung angeht, so muss man sich einen Abstumpfungsprozess vorstellen wie die Bildung einer seelischen Hornhaut. Die empfindsame Psyche gibt es durchaus noch, aber die »Hornhaut« schützt sie vor den schmerzhaften Folgen angeschauter Grausamkeiten. Geht die Stimulation weiter, so wird irgendwann die »Hornhaut« von der Psyche selbst nicht mehr unterscheidbar. Man kennt so etwas von Soldaten in Kriegsgebieten, die sich künstlich abhärten müssen, um mit dem, was sie erleben, im Einsatz fertig zu werden. Kehren diese Menschen von den Einsätzen zurück, so ist die verhornte Psyche freilich kaum mehr imstande, in die alte Normalität zurückzukehren. Denn dort gelten andere Gesetze, und die Möglichkeit zum Mitgefühl ist im zivilisierten Miteinander unverzichtbar.

Die reale und die virtuelle Gewalt

Aber ist es nicht absurd, konsumierte Mediengewalt mit den Einflüssen realer Kriegseinsätze zu vergleichen? Nur zum Teil. Strittig ist nach wie vor, inwieweit unsere Gehirne zwischen realen und virtuellen Erlebnissen verlässlich zu unterscheiden vermögen. Einerseits tun sie dies offenbar nicht. Denn wenn beispielsweise in einem 3-D-Film ein Tiger scheinbar ins Publikum springt, zucken wir zurück. Andererseits tun sie es aber doch: Denn wir rennen nicht schreiend raus, weil wir Angst haben, gefressen zu werden.

Die Fähigkeit der Designer, virtuelle und reale Welt immer mehr einander anzunähern, zielt natürlich darauf ab, dem Gehirn Echtes zu suggerieren, wo in Wirklichkeit nichts Echtes ist. Und das Ideal bestünde dann darin, dass wir tatsächlich nicht mehr zwischen der Ermordung einer virtuellen Spielfigur und der Tötung eines Menschen unterscheiden könnten. Davon sind wir allerdings noch meilenweit entfernt. Noch sind selbst die besten Animationen nicht so, dass wir fühlen: Dies ist ein echter Mensch, sondern bestenfalls: Wow, das sieht fast genauso aus wie ein echter Mensch.

Ganz anders sieht dies übrigens im Bildjournalismus aus.

DIE NEUE ALTE ANGST: BILDSCHIRM UND GEWALT

Wenn ich zum Beispiel im Netz eine Steinigung sehen kann, dann stirbt da wirklich ein Mensch. Und man kann sich fragen, wer dort dabei war und filmte. Und was er wohl fühlte, als er das sah. Insofern führt auch das fortwährende Anschauen grausamer Bilder in den Abendnachrichten zu Abstumpfungsprozessen. Ich selbst achte sehr darauf, in möglichst geringem Maß Bilder anzuschauen, bei denen jemand einfach »draufgehalten« hat. Hieraus ergibt sich eine Mediendiät, die in erster Linie das Fernsehen und einige Printmedien betrifft.

Insgesamt erscheint es mir geradezu sträflich vereinfachend, allein die Computerspiele für nachlassende Empathie verantwortlich zu machen. Klüger wäre es, zu fragen, inwieweit unsere Kultur nicht im Ganzen darauf abzielt, grausame Effekte möglichst drastisch darzustellen. Medienfachleute sprechen hier von »veränderten Sehgewohnheiten«. Aber das ist ein Begriff, der der Sache nicht gerecht wird, weil wir ja nicht nur sehen, sondern vermittels unserer Spiegelneuronen auch fühlen. Doch ist das unser kulturelles Ziel: drastischere Reize und in der Folge noch mehr Gewöhnung an Grausamkeiten oder aber innere Spaltprozesse, die alles andere als gesund sind? Mir scheint in dieser Hinsicht sowohl im Entertainment als auch in den Informationsmedien ein gemeinsamer Trend zu wirken. Ein Trend, möglichst krasse Reize zu bieten, die dann zweifellos auch die angestrebte Aufmerksamkeit ernten werden.

Besonders deutlich wird dieser Trend beim modernen Amoklauf. Denn Amokläufe kommen ohne das Medienecho, das sie begleitet, gar nicht aus. Man weiß, dass werdende Amokläufer sich an den Taten ihrer Vorgänger orientieren. Jedoch nicht allein so, wie man es aus dem »Trittbrettfahrer«-Phänomen kennt, das darin besteht, dass nach einer öffentlich gewordenen Straftat eine Reihe von Nachahmern versuchen, dasselbe zu tun. Nein, es gibt hier vielmehr so etwas wie einen düsteren Starkult, eine Orientierung wie an Helden oder besser an Stars. Und diese Möglichkeit, aus Massenmördern Stars zu machen, ist durch die moderne Medienwelt natürlich mächtig angereichert worden.

Es gibt einen Film, der dies illustriert: Oliver Stones *Natural Born Killers*. In seinen Kommentaren zu dem Film hatte der Regisseur selbst dazu gesagt, unsere Medienkultur lehre, dass der großartige Wissenschaftler unbekannt bleibe, während Billy the Kid berühmt geworden sei. Dies erzeuge das Bedürfnis, eher Billy the Kid nachzueifern, als eine Wissenschaftslaufbahn anzustreben.[34]

Verstörende Trainingseffekte

Eines allerdings ist in der Tat neu. Und dies betrifft die Möglichkeit, im Spiel selbst das Töten erfolgreich zu üben. Man mag einwenden, das hätten doch Jungen mit ihren Pistolen schon immer gespielt, Diskussionen um Kriegsspielzeug hin oder her. Doch die Gewalt im Computerspiel ist noch einmal etwas anderes. Insbesondere die Koppelung von Erfolgserlebnis und Gewalt kann verstören. Denn Spiele, in denen der Protagonist in möglichst umfassender Weise seine Gegner erledigt, bieten natürlich genau dies: positive Verstärkung im Sinne einer Erfolgserfahrung, die mit einer vermehrten Ausschüttung von Dopamin einhergeht.

Dopamin ist ein sogenannter Neurotransmitter, auch »Botenstoff« genannt, der die Kommunikation innerhalb unserer nervlichen Verbindungen in entscheidender Weise bestimmt. Dopamin wird gern auch als der Neurotransmitter des »Belohnungssystems« bezeichnet, weil es nach erfolgreichem Handeln, insbesondere auch nach Anstrengungen, vermehrt ausgeschüttet wird. Wenn

DIE NEUE ALTE ANGST: BILDSCHIRM UND GEWALT

wir als Kinder etwa eine sportliche Leistung vollbracht haben, die uns entschieden forderte, wenn wir eine Ritterburg aus wackligen Steinen gebaut haben und es uns gelang, sie stabil zu halten, wenn wir eine schwierige Aufgabe in einem Detektiv-Quiz lösen konnten oder mit dem Gocart einen heiklen Parcours sicher hinter uns gebracht haben, immer dann kommt es zur vermehrten Dopaminausschüttung, die wiederum mit Gefühlen wie Stolz und Erleichterung, Begeisterung für das Geschaffte und Motivation zu neuen Taten einhergeht.

Man kann sich leicht vorstellen, was es bedeuten muss, wenn ein solches System auf virtuelle Massaker trifft. Oder vielmehr: was es zumindest bedeuten *müsste*. Denn ganz so eins zu eins geht die Rechnung nicht auf. Auch die scharfen Kritiker der Gewaltspiele müssen weitgehend spekulieren, weil sich die tatsächlich statistisch manifeste Steigerung von Gewalttaten unter Kindern und Jugendlichen nicht sicher auf den medialen Konsum zurückführen lässt. Dieses Dilemma ist nicht neu, man kann sogar sagen, es begleitet die Mediendiskussion, seitdem es diese überhaupt gibt.

Eine Beobachtung aus eigener Erfahrung: Unter den Jugendlichen und jungen Erwachsenen, die ich wegen ihrer ungezügelten Aggression und ihrer Gewaltneigung behandelt habe – Milan zum Beispiel, ein athletischer 15-Jähriger, der nicht im Traum daran dachte, seine Zeit am Computer zu verbringen und lieber auf der Suche nach Opfern durch die Altstadt streunte, oder Pete, Hip-Hopper, Clubgänger und Kickboxer, der sich von seiner in Schüben aufkommenden Wut durch kurze Spielphasen am iPhone ablenkt, bis er sich emotional wieder stabilisiert hat –, waren deutlich mehr, die einen Kampfsport betrieben, als solche, die in der stillen Kammer virtuelle Figuren ermordeten. Das ist gewiss auch wieder nur die Beobachtung eines Klinikers. Und doch: Die Gleichung, nach der Computerspiel zu vermehrter Gewalt führt, geht von der Seite der erfahrenen Betrachtung her doch nur in einem sehr vagen Maß auf – wenn überhaupt.

Dies ist nur an einem Punkt wirklich anders. Und der betrifft den Gebrauch von Schusswaffen.

Der amerikanische Psychologe Dave Grossman hat der Diskussion um mögliche Zusammenhänge zwischen Computerspielen und Jugendgewalt einen ungewöhnlichen Beitrag hinzugefügt. Grossmans These besagt nämlich, dass moderne Massaker, der Amoklauf und die *School-Shootings* Folgen eines Waffentrainings sind, das Kinder und Jugendliche heute als Computerspieler ohne jede militärische Einbindung erhalten.[35]

Das ist eine harte These. Und es lohnt, sie näher zu untersuchen. Auch deshalb, weil Dave Grossman zwar weder Hirnforscher noch Psychotherapeut ist, aber gleichwohl ein Mann, der weiß, wovon er spricht. Denn Grossman war ursprünglich Militärpsychologe. In dieser Eigenschaft hat er unerfreuliche Dinge getan, die seinem Aufgabengebiet entsprachen. Es war zum Beispiel seine Aufgabe, die Tötungshemmung der jungen Soldaten zu verringern, sie treffsicherer und reaktionsschneller zu machen. Wie die Leute aus dem Marketing und der Werbung spricht auch Dave Grossman von »Kids«. Sein Unterton freilich ist ein ganz anderer. Grossman benutzt den Begriff vielmehr, um seinem Erschrecken darüber Ausdruck zu verleihen, dass gegenwärtig Halbwüchsige jene Spiele spielen, die ursprünglich darauf angelegt waren, Soldaten ihr Handwerk beizubringen.

Grossman meint, dass Kinder und Jugendliche beim Spielen dieser Spiele heute einem Training unterzogen werden, das zur soldatischen Ausbildung nur *einen* gravierenden Unterschied ausweist: Ist nämlich der Soldat durch seine hierarchische Einbindung mit einer zusätzlichen Hemmung ausgestattet, die ihn davon abhält, seinem Können einfach so nachzugehen, so fehlt diese

DIE NEUE ALTE ANGST: BILDSCHIRM UND GEWALT

Hemmung bei Heranwachsenden. Im schlimmsten Fall entstehen gewaltbereite junge Leute, die da, wo sie zu Schusswaffen greifen, zugleich enthemmt und treffsicher geworden sind. Grossman betont, dass es auch früher schon junge Männer gegeben habe, die voller Hass wild herumballerten. Aber sie trafen kaum. Und das, so der ehemalige Militärpsychologe, sei jetzt anders. Grossman nennt Beispiele und macht deutlich, dass die mentale Verfassung, in welcher ein 14-jähriger Junge aus Kentucky mit acht Schüssen exakt acht Menschen lebensgefährlich verletzte, die eines Videospielers ist. Der Täter sieht Figuren auf eine Szene treten, reagiert auf diese, wie er es geübt hat, zielt, schießt – und genießt seine Treffer.[36]

Dem vertrauten Argument, dass zwischen virtueller und »echter« Gewalt doch ein Unterschied bestehe, kann Grossman mit Verweisen wie diesem leicht begegnen. Auch lässt er uns wissen, dass militärische Trainings an einer Trennung von Fiktion und Wirklichkeit gar nicht wirklich interessiert sind. Vielmehr ist sogar erwünscht, dass das Töten echter Personen einen leicht irrealen Effekt bekommt. Denn nur so bleibt die Tötungshemmung gering. Beide durch das Training erreichte Faktoren – die Erhöhung der Zielgenauigkeit durch eine Verbesserung der Auge-Hand-Koordination einerseits und der allmähliche Abbau von Hemmungen andererseits – wirken also zusammen. Und erst dieses Zusammenwirken macht die Spiele für Grossman so bedrohlich.

Wer Grossmans Ausführungen liest, den schaudert womöglich. Denn der Eindruck drängt sich auf, dass das, was wir normalerweise weit weg von uns glauben – Kindersoldaten und kleine Mordmaschinen mit jenem unheimlichen Gelächter beim Töten, das hierzulande erstmals im Zusammenhang mit dem Massaker von Winnenden von Zeugen benannt wurde und jeden, der weiß, was hier gemeint war, aufhorchen ließ –, dass also jene Pervertierung kindlicher Gehirne, die ihnen alles Kindliche nimmt, auf einmal seltsam nahe rückt. Sicher, die Unterschiede sind offensichtlich, und ein Versuch der Gleichsetzung wäre töricht. Und doch wäre es nach Grossmans Ausführungen möglich, davon auszugehen, dass mit Kindern hier und jetzt Wandlungen vor sich gehen können, die so von ihren Erziehenden niemals für möglich gehalten wurden.

Was also tun? Ballerspiele verbieten? Das hieße, das Kind mit dem Bade auszuschütten. Denn nicht nur haben unsere vorhergehenden Überlegungen gezeigt, dass es nur ein kleiner Prozentsatz von Heranwachsenden ist, in denen die Ego-Shooter tatsächlich schlimm zu wirken beginnen. Sie haben überdies deutlich gemacht, dass diese Spiele auch zur Aggressionsabfuhr taugen. Und so würde mit einem Verbot der Ego-Shooter und verwandter Spiele auch eine Chance vertan, Gewalt zu verhindern.

Denn Spiele gewalttätigen Inhalts vermögen nicht nur, eine kleine Zahl gefährdeter Jugendlicher in heikler Weise zu stimulieren. Sie können auch in der entgegengesetzten Richtung wirken, bei der es zu sogenannten »Abreaktionen« kommt. Abreaktionen sind ein psychotherapeutischer Begriff. Er meint die Entladung aufgestauter Emotionen in einem unproblematischen Umfeld. Meist geht es hierbei um aufgestaute Aggression, die dort, wo sie entstanden ist, nicht entladen werden konnte. So etwa, wenn Menschen ohnmächtig der Schikane Stärkerer ausgesetzt sind, so wie vielleicht der oben erwähnte Angestellte seinem Boss ausgeliefert ist. Viele Kinder erleben dies bei Lehrern so. Aber auch Erwachsene machen Erfahrungen, in denen es zum Aggressionsstau kommt, zum Beispiel bei Ämterwillkür.

Wohin mit so einer gestauten Wut? Üblicherweise finden Abreaktionen im therapeutischen Feld körperbetont statt. Die be-

DIE NEUE ALTE ANGST: BILDSCHIRM UND GEWALT

troffenen Patienten schlagen auf einen Boxsack ein oder prügeln sich mit Schaumstoffkeulen, die keinen Schaden verursachen, aber beträchtliche Aggressionsabfuhr erlauben. Ich stelle bei einem wesentlichen Prozentsatz meiner jugendlichen Patienten fest dass sie »Ballerspiele« auch ohne therapeutischen Hinweis zu einem ganz ähnlichen Zweck gebrauchen. Sie erzählen mir etwa, dass sie früher, wenn sie schlecht beurteilt oder vor Klassenkameraden oder Kursteilnehmern gemaßregelt wurden, nicht wussten, wohin mit ihrer Wut. Dadurch kam es zu hässlichen häuslichen Szenen, nicht selten auch zu körperlicher Gewalt. Heute nun, sagen mir einige dieser Patienten, käme das seltener vor. Und zwar, weil sie, wenn sie gefrustet heimkämen, sich erst einmal vor den PC setzen und einen ihrer Shooter spielen würden. Manchmal einen Ego-Shooter, mitunter aber reicht auch ein sogenannter »Third Person Shooter«, bei dem man ein kriegerisches Geschehen steuert, ohne selbst am Abzug zu sitzen.

Ich bin sicher, dass diese Form der Aggressionsabfuhr künftig eine noch größere Rolle spielen wird, auch in therapeutischen Zusammenhängen. Bei einigen meiner aggressiveren Patienten bin ich gegenwärtig damit beschäftigt, sie erspüren zu lassen, wann sie Aggression zu stauen beginnen und wie sie diese – auch medial – wieder loswerden können. Dabei zeigt sich, dass sich die Spiele vor allem dann sinnreich einsetzen lassen, wenn die Entstehung der Aggression noch nicht weit zurückliegt. Sie ermöglichen dann offenbar eine emotionale Homöostase, die Entspannung nach sich zieht.

Gehemmter Spieldrang begünstigt Gewalt

Stuart Brown ist ein amerikanischer Psychiater. Er leitet das »National Institute for Play« in Carmel Valley, Kalifornien, und untersucht dort die Auswirkungen fehlenden oder falschen Spiels auf Heranwachsende. Bei diesen Studien ist er auf einen eindrucksvollen Zusammenhang aufmerksam geworden. Brown fand nämlich heraus, dass Gewaltverbrecher in ungewöhnlichem Maß von früh an in ihrem Spieldrang behindert wurden.

Wie kann man diesen Zusammenhang erklären? Vielleicht auf zweierlei Weise. Zunächst einmal fördert Spiel das kreative Denken und damit die Möglichkeit, in ungewöhnlichen und auch bedrängenden Situationen zu schöpferischen Lösungen zu gelangen. Und dann ist eine bestimmte Art des Spielens, bei der körperlich agiert und gerauft wird (Amerikaner nennen diese Spiele »rough and rumble play«), auch geeignet, um sowohl Kräfte dosieren zu lernen als auch soziale Ausdrucksformen zu erproben, die nicht Teil unseres kultivierten Alltags sind (wie Drücken, Drängeln, Schreien, Festhalten, Niederringen). Dies aber sind Kanäle, über die gestaute Aggression abgeleitet werden kann.

Wer nun beides nicht erlebt – weder die Chance, Dampf abzulassen und dies auch von anderen zu erfahren, noch die Möglichkeit, seine eigenen Kräfte spielerisch zu erproben –, der wird in einer sozial bedrängenden Lage vermutlich radikal und destruktiv reagieren. Dies vermutet zumindest Stuart Brown, der hierfür beeindruckende Fälle aufführt.[37]

Wer also sein Kind vor einer Entwicklung zur Gewaltbereitschaft bewahren möchte, der tut vor allem eines: Er lässt es spielen und gibt dabei auch raueren Spielen Raum. Die Frage ist nur: Müssen dies immer konkrete körperliche Aktionen sein oder

DIE NEUE ALTE ANGST: BILDSCHIRM UND GEWALT

kommen auch Computerspiele infrage? Die Antwort lautet: begrenzt. Und zwar in Abhängigkeit davon, wie viel Körperlichkeit und wie viel soziale Interaktion und Begegnung dabei möglich sind. Gemeinsames Spielen mit einer Wii zum Beispiel kann körperbetont sein und auch Kanäle zum Dampfablassen bieten (z. B. der virtuelle Schwertkampf, bei dem man mit dem Controller ordentlich zuhaut). Isoliertes Spielen ohne Körpereinsatz hingegen genügt als Spielerfahrung insbesondere in frühen Lebensjahren ganz sicher nicht.

Von einem grundsätzlichen Computerspiel-Verbot wäre also auch im Hinblick auf Gewaltprävention abzuraten. Denn wer seinem Kind verbietet, Computerspiele zu spielen, der tut ja genau das, was Stuart Brown sagt: Er hemmt einen Spieldrang. Dass dieser vielleicht nicht dem entspricht, was sich der Erwachsene unter »richtigem« Spielen vorstellt, mag sein. Aber ich denke, über richtiges und falsches Spielen zu reden ist ungefähr so sinnvoll, wie über richtiges und falsches Küssen zu debattieren. Das Spielbedürfnis wählt sich seine Gegenstände. Und wen wundert, dass in einer Welt, die mit Monitoren und Displays zugestellt ist, diese als Spielflächen von großem Reiz sind?

Aber man sollte natürlich ein paar Zusatzangebote machen. Insbesondere jüngere Kinder haben ein natürliches Interesse am wilderen Spiel, und sie geben sich ihrem Wesen nach nicht mit bloßer Bildschirmwildheit zufrieden. Freud hat gezeigt, dass das kindliche Selbstgefühl insbesondere an seiner Körperlichkeit hängt, und hieraus ergibt sich, dass es ein Grundbedürfnis gibt, den eigenen Körper auch zu spüren. Da dieses Bedürfnis bei reiner Bildschirmaktivität nicht hinreichend gestillt wird, wird es nach dem Bildschirmspiel für gewöhnlich ein umso größeres Bedürfnis geben, sich körperlich zu erleben, zu toben, zu rennen usw. In diesem Bedürfnis gehemmt zu werden kann, folgt man dem Spielexperten Stuart Brown, in Kindern weit eher ein Gewaltpotenzial entstehen lassen als das Computerspielen selbst.

Kein Bildschirmproblem, sondern ein gesellschaftliches Problem

Die Rolle der Mediengewalt in Bezug auf tatsächlich ausgeübte Gewalt bietet Diskussionsstoff ohne Ende. Richtig groß geworden ist das Thema, seitdem das Fernsehen zum kulturellen Leitmedium wurde. Und gewann noch einmal Raum durch den Umstand, dass sich die Inszenierung moderner Amokläufe oftmals an filmisch vermittelten Bildern orientiert hat – so zum Beispiel an *Matrix*, mehr noch aber an *Jim Carroll – In den Straßen von New York* mit Leonardo DiCaprio.

Doch durch solche Verweise sind ja noch keine linearen Zusammenhänge hergestellt. Es wurde durch sie im Grunde auch nur eine Diskussion fortgesetzt, die früher einmal den problematischen Einfluss von Gewalt in Büchern für Kinder und Jugendliche betraf. Eine Diskussion, die heute so gar nicht mehr geführt wird, und dies vermutlich aus zwei Gründen. Einmal, weil die Menge der Bücher, die man dazu unter die Lupe nehmen müsste, zu groß wäre und auch zu viele populäre Publikationen beträfe. Die *Tribute von Panem* von Suzanne Collins zum Beispiel, die reichlich sadistische Gewalt enthalten, stünden bei so einer Diskussion ganz anders in der Kritik. Sodann aber auch, weil Bücher heute ein kulturelles Idealmedium verkörpern, das sie keineswegs immer gewesen sind. Vielmehr waren sie einmal mit ganz ähnlichen Vorwürfen konfrontiert, wie sie heute auf die Bildschirmmedien hageln.

DIE NEUE ALTE ANGST: BILDSCHIRM UND GEWALT

Man erkennt: Die Argumente sind einerseits vertraut und andererseits nicht eindeutig anwendbar. Was ist also zu tun? Das
wirklich Neue an Computerspielen ist der Umstand, dass man
selbst tätig werden kann und als Täter kämpft, tötet, foltert. Dabei können sowohl heikle Trainingseffekte als auch nicht minder
problematische Belohnungssituationen entstehen. Man kann
aber auch verlässlich sagen: Wer nicht zuvor schon gravierende
Störungsmuster aufwies, wird durch Computerspiele allein kein
Gewalttäter.

Der amerikanische Psychologe Stephen Pinker, ein durch
seine Studien zur Evolutionspsychologie und zum Spracherwerb
berühmter Forscher, hat in einer eindrucksvollen Studie heraus-
gefunden, dass das 20. Jahrhundert ein im Verhältnis bedeutend
friedlicheres und gewaltfreieres Jahrhundert war, als wir immer
angenommen haben. Pinker führt dies vor allem auf die Ausbrei-
tung westlicher Werte zurück. Die Rolle der Medien beurteilt er
im Verhältnis dazu als eher minder wichtig – mit einer Ausnahme.
Medien hätten nämlich möglich gemacht, das schreckliche Leid
zum Beispiel von Kriegen nachvollziehbar zu machen. Und damit
eine Basis für mehr Einfühlungsvermögen geschaffen.[38]

Um es einmal prägnant zu formulieren: Die einzige Form der
Gewalt, die durch Computerspiele wirklich verstärkt wird, ist die
*Bildschirm*gewalt. Das allerdings weist auf eine kulturelle Veränderung hin, die an drastischen Reizen ihren Gefallen findet. Und
hier sind wir alle gefragt, denn diese Reize werden ja gesetzt, um
Konsumenten zu ködern. Wenn es – vielleicht auch durch Kam-
pagnen und vermehrte öffentliche Diskussion – gelänge, die Tendenz zur immer drastischeren Bebilderung insgesamt zu themati-
sieren, kämen wir viel weiter als durch die Konzentration auf den
Nebenschauplatz »Computerspiele«.

6

Neue Wege für kreative Köpfe: eine Bilanz

Computerspiele stehen nicht nur im Ruf, süchtig und fettleibig zu machen sowie Gewalt zu fördern. Es wird ihnen auch nachgesagt, fantasietötend zu sein, und zwar der tatsächlich oft geringen Möglichkeiten wegen, gestalterisch auf Grafik oder Sprache Einfluss zu nehmen. Ist der Vorwurf berechtigt? Und wie sieht es eigentlich mit dem Verhältnis von Digitalisierung und Fantasie aus? Hemmt das eine das andere, oder gibt es womöglich ganz neue Chancen, Fantasien bildlich umzusetzen?

Letzteres ganz sicher. Von der Möglichkeit, ein Geheimagent oder ein Pirat zu sein, gegen Aliens zu kämpfen oder Städte zu gründen, wäre vermutlich noch jede Generation von Heranwachsenden begeistert gewesen. Jetzt gibt es diese Möglichkeiten alle. Und nun sollen sie schädlich sein? Das wäre dann allerdings auch ein Argument gegenüber Filmen oder Comics, denn im Gegensatz zum geschriebenen Buch muss ich die Bilder akzeptieren, die mir das Filmteam oder der Comiczeichner liefert.

Tatsächlich wurde allen genannten Medien schon vorgeworfen, die Fantasie zu hemmen. Ich habe selbst noch alte und sehr konservative Lehrer gehabt, die das Fantasie-Argument benutzten, um uns unsere Comics abzunehmen. Da ich immer eher zu viel Fantasie besaß als zu wenig, klang mir das Argument bereits

NEUE WEGE FÜR KREATIVE KÖPFE: EINE BILANZ

damals zwar gut gemeint, aber komplett an der Sache vorbei. Denn es war ungefähr so, als hätte man gesagt, dass Fußball im Fernsehen zu gucken die Neigung hemme, selbst zu spielen. Das Gegenteil war ja der Fall: Kaum war das Spiel im Fernsehen zu Ende, da spielten wir es weiter, indem wir die Identitäten unserer Lieblingsspieler annahmen.

Zunächst einmal lässt sich also Entwarnung geben. Ernst zu nehmende Anzeichen dafür, dass Computer tatsächlich einen eindeutig hemmenden Einfluss auf unsere Kreativität ausüben, gibt es nicht. Und doch gibt es Einflüsse der modernen Medien auf unsere Fantasie und unseren schöpferischen Ausdruck. Welche Einflüsse aber sind das? Und wie wirken sie sich aus? In diesem Kapitel möchte ich herausarbeiten, wie der Computer mit unserer Kreativität in Beziehung steht und wie sich diese durch die Nutzung der digitalen Medien verändert. Beginnen wir mit dem Gerät und seinen Möglichkeiten selbst, und also mit der Frage: Können Computer Fantasie entwickeln? Die Antwort lautet: In geringem Maße, ja. Allerdings nur aufgrund der ihnen beigegebenen Programme und Strukturen. Das bedeutet, ein Computer kann natürlich Bilder generieren, ein Roboter zu malen anfangen. Das entspricht möglicherweise sogar ungefähr dem, was auch ein Kind produzieren könnte. Nur die Motivation ist natürlich nicht gegeben.

Michio Kaku, der in seinen Visionen der digitalisierten Welt sehr weit geht, glaubt, dass Kreativität und Fantasie als menschliche Potenziale vom Computer keinesfalls ersetzt werden können. Deswegen hätten kreative Menschen auch in einigen Jahrzehnten die besten Jobchancen, denn ihre Kompetenz könne vom digitalen Gerät keinesfalls übernommen werden. Ob das stimmt? Schauen wir mal mit den Augen eines schöpferischen Menschen auf das Problem.

145

Nachbauen und neu erfinden

Ich bin nicht sicher, ob Boy Lornsens Kinderbuch *Robbi, Tobbi und das Fliewatüüt*[39] das erste Werk ist, in dem ein Roboter und ein Kind Freunde werden und gemeinsam Abenteuer bestehen. Aber es gehört ganz sicher zu den besten Büchern, die sich dieses Themas angenommen haben, und dabei zähle ich die Bücher für Erwachsene mit. Die Grundsituation ist folgende: Tobbi ist ein findiger Junge aus der dritten Klasse, der sich für Technik begeistert. Er hat ein Gefährt entworfen, das sowohl fliegen (»Flie«), als auch schwimmen (»wa«) und Straßen befahren kann (»tüüt«).

Tobbis Idee ist toll. Der Haken ist nur, er kann dies prächtige Ding nicht bauen, ihm fehlen dazu die Möglichkeiten. Die hat Robbi, der Roboter. Auch er geht in die dritte Klasse, einer Roboterschule allerdings. Und dort bekommt man Jahresaufgaben, bei deren Lösung Tobbi dem Roboter helfen kann. Dieser kleine Roboter ist dem Menschen in einigem ähnlich. Er kann glücklich sein und sich freuen, lachen und Zorn empfinden. Und natürlich hat er ein gewaltiges technisches Können und beträchtliche Möglichkeiten.

So baut er zum Beispiel das Fliewatüüt, das Tobbi so wunderbar entworfen hat. Vollständig montiert, fahr-, schwimm- und flugfähig steht es draußen im Garten von Tante Paula, bei der Tobbi seine Ferien verbringt. Warum aber hat Robbi das Gefährt gebaut? Und wieso wusste Tobbi davon nichts? Eine von Robbis Prüfungsaufgaben bestand darin, eine bedeutende Erfindung nachzubauen. Und Robbi fand Tobbis Erfindung bedeutend und hat sich den Bauplan, nun ja, einmal ausgeliehen. Weil Roboter Erfindungen nur nachbauen dürfen. Selbst erfinden können sie nämlich nicht. So steht es in Boy Lornsens prächtigem Kinderbuch, das erstmals 1967 erschien. Aber stimmt das auch? Das könnte eine Definitionsfrage sein. Bislang nämlich ist eher unklar, inwieweit ein Computer auch Fähigkeiten, die als besonders menschlich gelten, wie zum Beispiel schöpferisches Denken, adäquat übernehmen könnte. Doch gibt es interessante Versuche, die hier mehr Klarheit vermitteln.

Ein Automat schreibt Gedichte

Im Jahr 1974 beschäftigte sich der Schriftsteller Hans Magnus Enzensberger mit der Möglichkeit, einen Poesie-Automaten zu konstruieren. Darunter verstand er eine Maschine, die in der Lage war, Lyrik zu produzieren. Dieser Entwurf (bei dem nie an eine Realisierung gedacht war, wie Enzensberger im Vorwort zu seinem dem Automaten gewidmeten Büchlein selbst sagt)[40], wurde dann ein Vierteljahrhundert später, im Jahr 2000 in Landsberg am Inn aus Anlass eines Lyrik-Festivals tatsächlich vorgestellt und ist heute im Literaturmuseum in Marbach am Neckar zu besichtigen.

Schauen wir uns diese Maschine, die ja kreativ zu arbeiten scheint, einmal etwas genauer an. Oder besser, schauen wir uns einmal an, was hier geschieht und wie die Ergebnisse beschaffen sind. Denn Ergebnisse gibt es, in der Tat. Der Automat dichtet, er schafft bildreiche Assoziationsreihen, die rhythmisch auch noch in Ordnung sind. Der Erfinder des Automaten selbst war von den Ergebnissen immerhin angetan genug, um verlauten zu lassen, Dichter, die es nicht besser könnten als diese Apparatur, sollten von der Lyrik hinfort besser die Finger lassen. Enzensberger ist selbst Lyriker, und hat neben seinem essayistischen und medienkritischen Werk auch Bücher für Kinder geschrieben, unter anderem über Mathematik und über Poesie. Er ist also genau der Richtige, um eine Maschine schöpferisch tätig werden zu lassen, denn er hat einerseits das nötige mathematisch-technische Verständnis und andererseits den dichterischen Hintergrund.

Beginnen wir mit der Technik. Enzensberger nennt das, was er entwarf, einen »Poesie-Automaten« Das klingt einerseits nach den mechanischen Automaten, die als Vorläufer der Roboter schon im 17. Jahrhundert Versuche darstellten, die menschliche Lebensform technisch nachzubilden (übrigens stammt auch der erste Vorläufer des Poesie-Automaten, eine Maschine zur Produktion von Huldigungsgedichten, aus dem 17. Jahrhundert). Andererseits klingt der Begriff auch nach so etwas wie einer Jukebox, einer Anlage also, die auf den Druck von Tastenkombinationen hin jeweils bestimmte Songs abspielen kann. Nur, dass dieser Apparat eben nichts abspielt. Sondern nach einem Set von Regeln Wortkombinationen herstellt, die einen gewissen ästhetischen Reiz besitzen. So etwas könnte ein Computer selbstverständlich auch. Die Frage ist nur: Ist das dann Kunst? Oder doch mehr eine Serie von Wort- und Textkombinationen, denen aber kein kreativer Funke innewohnt?

Und schon sind wir bei der Frage, was Kreativität eigentlich bedeutet. Wenn es um die Erzeugung reizvoller Wort-, Bild- oder Klangkompositionen geht, dann wird ein Computer so programmierbar sein, dass er das hinkriegt. Ob er es allerdings zuwege bringt, uns damit zu faszinieren, ist eine andere Frage. Und dann ist da noch ein zweites Problem. Denn was der Automat hier tut, macht gewiss erst einmal einen schöpferischen Eindruck. Allerdings ist diese Schöpferkraft eine Frage von Programmen, und Programme können sich in aller Regel nicht selbst übertreffen. Die Frage wäre also: Könnte dieser Automat auch etwas erdichten, was mit seiner Programmierung nicht übereinstimmt? Oder bleibt er doch bei der eher kleinen Kreativität der engen programmierten Grenzräume stehen? Endlich ein drittes Problem. Gesetzt,

Computer würden wirklich Gedichte produzieren, die an Rilke erinnern, und Fugen hervorbringen wie von Bach. Dies alles wäre beeindruckend gelungen, und durch irgendeine zusätzliche Programmierung wären sogar kalkulierte Überschreitungen bestehender Regeln möglich, die zugleich ästhetisch befriedigen. An diesem Punkt würde sich wieder die Frage stellen: Ist dies genug? Oder fehlt da nicht doch etwas, irgendwas?

Jawohl, es fehlt etwas. Und das ist die Person des Dichters oder des Komponisten, die man spürt. Je kälter und abstrakter Text oder Musik und je regelartiger die Produktionsform, desto eher kämen hier Computer wohl mit. Aber bei dem, was aus einer fühlenden Seele spricht, dürfte es Probleme geben, und zwar einfach deshalb, weil Computer keine haben.

Technik und Ausdruck

Der Maler David Hockney, selbst ein Technikfan und mit bedeutenden elektronischen Mitteln zur Datensammlung und -verarbeitung ausgestattet, schrieb einmal ein Buch, das den neugierig machenden Titel *Secret Knowledge*[41] trägt. In diesem Buch führt Hockney haarklein auf, welche technischen Möglichkeiten die Maler früherer Jahrhunderte bereits für sich entdeckt hatten und nutzten. Was hier zu erfahren war, ließ nur einen Schluss zu: Leichter gemacht haben Künstler es sich immer schon gern. Das ist auch sehr nachvollziehbar, zumal die Kunst früherer Jahrhunderte ja noch tiefer dem Handwerk verbunden war, aus dem sie einmal hervorgegangen ist. Und Handwerk orientiert sich ganz selbstverständlich an den neuen Möglichkeiten, besseres und handlicheres Werkzeug zu nutzen. Wer Hockneys Buch liest, der kommt um den Schluss kaum herum, dass die alten Meister heute

DIGITALE HYSTERIE

kaum künstlerische Puristen wären. Nein, sie würden vermutlich entzückt zu den neuen Möglichkeiten des Mediums Computer greifen. Allerdings nicht aus Selbstzweck. Sondern um dabei herauszufinden, was die neuen Möglichkeiten wirklich bieten – und ob die Kunst damit besser oder das Kunstwerk zumindest leichter herstellbar wird. Oder ob da eben doch eher ein negativer Zusammenhang besteht und das Werk unter dem neuen Medium leidet.

Hockney selbst ist ein gutes Beispiel dafür, wie man mit technischen Neuerungen umgehen kann, ohne ihnen zu verfallen. Er ist zunächst einmal ein großartiger Handwerker. Das bedeutet, er kann gut zeichnen, mit dem Bleistift ebenso wie mit der Feder. So etwas selbst gut zu können macht relativ immun gegen die Fähigkeiten von »Paint« oder vergleichbaren Programmen. Denn das, was sie können, können wir auch. Sodann ist Hockney grundsätzlich experimentell orientiert. Das bedeutet, er hat Fotokopiergeräte ebenso ausprobiert wie Kameras, Filmmontagen ebenso wie Computeranimationen. Und dazwischen zeichnete er ständig weiter. Was bedeutet, er betrieb den Ausdruck über den eigenen Körper – die Hand – immer im Gleichgewicht mit den Medienexperimenten.

Wer so vorgeht, bei dem wird die Technik niemals dominieren. Und er wird leicht erkennen, wo bei einem Bild oder einer Filmsequenz die Technik die Oberhand bekommt. Wer für das Zeichnerische einen Blick hat, merkt zum Beispiel gleich, ob ein Kinderbuch von Hand auf Papier gezeichnet oder am CAD entworfen wurde. Man sieht sogar die kalkulierten Unregelmäßigkeiten, die die Maschine eingebaut hat, um das Bild menschlicher zu machen.

Am deutlichsten wird dies beim Film. Vergleichen Sie einmal einen Film wie *Ben Hur* mit einem zeitgenössischen Produkt aus den Medienwerkstätten. Und achten Sie dabei auf die Massen-

NEUE WEGE FÜR KREATIVE KÖPFE: EINE BILANZ

szenen. Die wirken bei dem alten Film viel farbiger und reicher, ein bisschen wie auf alten Gemälden. Der Schlüssel liegt darin, dass hier jede zu sehende Person wirklich da war, die Massenszene setzte sich aus Individuen zusammen, von denen jedes einzigartig war. Die am Computer erzeugte Szene dagegen ist iteriert worden, das heißt, derselbe Bildausschnitt ist zigfach vervielfältigt worden und daraus wurde dann die Massenszene hergestellt.

Muss man nun daraus folgern, dass Computer für die Filmwelt überflüssig sind? So ein Fehlschluss wurde tatsächlich schon einmal gezogen. Der Produktionsdesigner Ken Adam, den man insbesondere von den Dekors bekannter James-Bond-Filme kennt, erzählte einmal in einer Reihe öffentlicher Gespräche über Film und Filmproduktion, Paramount habe nach der Produktion des Films *Addams Family* die kurz zuvor gegründete Computerabteilung wieder aufgelöst. Gewiss hätten Computer manche Vorteile. Doch die menschliche Erfindergabe und Produktivität könnten sie eben nicht ersetzen.[42]

Man muss sogar sagen: Wo man sich nur auf die Möglichkeiten der Technik verlässt – aber *nur* da –, besteht die Möglichkeit, dass kreative Potenziale in vermindertem Maß genutzt werden. So weist die Blockbuster-Kultur aktuell einen immer deutlicheren Hang zur Selbstkopie auf. Und noch etwas kann durch übermäßige Techniknutzung Schaden nehmen: der persönliche Ausdruck. Die Kommunikationswissenschaftlerin Miriam Meckel ist der Meinung, dass wir, da unsere Besonderheiten in der vernetzten Welt kaum eine Rolle spielen, im Netz immer weniger sichtbar werden. Paradoxerweise verschwinden nämlich, obgleich immerfort Bilder gepostet und Mikroinformationen dargeboten werden (»Kaufe gerade Bananen«), jene Ausdrucksformen, in denen unsere Persönlichkeit sich unverstellt zeigt. Miriam Meckel nennt als Beispiel hierfür die Handschrift.[43]

Nun mögen manche von uns ganz froh darüber sein, dass der Ausdruck ihrer Persönlichkeit durch die Handschrift nicht mehr überall zu finden ist. Aber die persönliche Ausdruckskraft steht mit unserem kreativen Potenzial in enger Verbindung. Eine Handschrift, so nennt man in der Malerei zum Beispiel auch die besondere Weise, mit der ein Maler seinen Pinsel über die Leinwand bewegt. Und es ist der persönliche Ausdruck, der einen Pianisten so unverwechselbar macht oder eine Stimme so faszinierend. Wo dieser Ausdruck fehlt – da kann es sein, dass die ganz spezielle Faszination, die uns bei »Handgemachtem« so beeindruckt, nicht mehr zustande kommt.

Warum Computer unsere Kreativität nicht gefährden

Doch es gehen der menschlichen Kreativität nie nur Möglichkeiten verloren, es wachsen auch stets neue nach. Mitunter ist es die Entwicklung einer einzigen Technologie, die plötzlich einer Anzahl kreativ begabter Leute die Möglichkeit gibt, sichtbar zu werden. Wer historische Beispiele sucht, könnte an die Erfindung des Buchdrucks denken, und wem das zu weit zurückliegt, der mag die Fotografie nehmen, die als neues Medium kreative Potenziale von Menschen zu verwirklichen half, die für die klassischen Künste keine Begabung hatten (weil sie nicht ausreichend zeichnen konnten oder keine musikalischen oder poetischen Fähigkeiten besaßen).

So ein Medium sind gegenwärtig die Computerspiele. Sie schicken sich an, unsere kulturelle Landschaft zu verändern. Dabei erfahren sie gelegentlich Unterstützung von unerwarteter Seite. So meinte der amerikanische Schriftsteller Nicholson Baker, heute

NEUE WEGE FÜR KREATIVE KÖPFE: EINE BILANZ

ein Computerspiel zu spielen sei mit dem Hören der Rolling Stones in den 60er-Jahren vergleichbar. Oder mit dem Anschauen der amerikanischen Fernsehserie *Bonanza*. Als er Sätze wie diesen im August 2010 unter dem Titel »Painkiller Deathstreak« im *New Yorker* veröffentlichte, waren manche seiner Bewunderer verstört. Denn Nicholson Baker war kein junger Freak, sondern ein gestandener Intellektueller von gut 60 Jahren.[44]

Er hatte im *New Yorker* zwei Dinge betont. Erstens: Es ist ziemlich schwierig, Computerspiele gut zu spielen. Zweitens: Man braucht viel Zeit dafür. Letzteres ist natürlich einer der Gründe dafür, dass Computerspiele Eltern und Erziehern Sorgen bereiten. Ersteres dagegen wird von denen, die sich Sorgen machen, meist falsch eingeschätzt. Die Spiele gelten als eher dümmliche Beschäftigung. Indem man das Spielen auch »Daddeln« nennt, bringt man diese Einschätzung auch sprachlich zum Ausdruck.

Dass die Spiele tatsächlich anspruchsvoller sind als gedacht, haben wir in Kapitel 3 schon gesehen. Dass sie aber auch der Kreativität neue Möglichkeiten eröffnen, wird noch viel zu selten anerkannt. Das liegt vermutlich daran, dass erwachsene Beobachter den Eindruck haben, in den Spielen werde den Kindern alles fertig vorgesetzt und die eigentliche Spielleistung sei dementsprechend gering.

Aber kann sich jemand erinnern, dass es solche Vorwürfe auch schon einmal gegenüber einem Klassiker wie Lego gab? Reformpädagogen mutmaßten damals, Lego zu spielen schade den Kindern, da sie ja nur Fertigbauteile bekämen und weder etwas schnitzen oder falten, nichts mehr aussägen oder zeichnen müssten. Diese Warnungen sind natürlich schon lange her, aber man erkennt doch die Verwandtschaft mit dem, was heute die Skepsis gegenüber Computerspielen erzeugt.

Wenn wir also der Einschätzung von Nicholson Baker folgen,

dann sind Computerspiele alles andere als eine unkreative Beschäftigung. Und was die Herstellung der Spiele angeht, so hat sich hier bereits eine kreative Szene etabliert, in der Menschen arbeiten, die vielleicht in anderen Branchen ihrer eigenwilligen Lebensgestaltung wegen durch die Roste gefallen wären. Hier aber, in der Game-Design-Branche, haben sie einen Platz gefunden, an dem sie ihr Potenzial verwirklichen können.

Ausflug ins Spieleland

Die E 3 in Los Angeles ist die wohl wichtigste Spielemesse – oder: *Game*-Messe – der Welt. Hier präsentierte Nintendo die »Wii U«, und hier wurden Spiele wie »World of Tanks« vorgestellt, die heute ein gigantisches Publikum begeistern. Wer in den Katalogen blättert oder in einschlägigen Zeitschriften nachschaut, was hier so ausgestellt wird, der mag den Eindruck bekommen, hier würden alle dunklen Vorurteile, die man gegenüber der Computerwelt haben kann, auf einen Schlag bestätigt. Denn in der Tat kann die Dominanz düsterer Genres – Spiele mit mitunter exzessiver Gewalt, Horror, Splatter, u. Ä. – schwer übersehen werden. Dass es auch noch andere Spiele gibt, schwindet leicht aus dem Blickfeld.

Das ändert sich, sobald man den Ort wechselt und eine ganz andere Messe besucht. So war ich vor wenigen Jahren einmal als Diskutant zum Thema Amoklauf auf der Saarbrücker Kinder- und Jugendbuchmesse eingeladen und hatte Gelegenheit, mich auch im Bereich neuer Medien umzuschauen. Der Eindruck fiel so positiv aus, dass ich mich weiter umtun wollte. Auf der Kinder- und Jugendbuchmesse in Oldenburg 2013 erprobten meine Frau und ich zwei Computerspiele für Jugendliche und stellten fest: Das war schön durchdachtes Spielen, eine gute Geschichte, wert-

NEUE WEGE FÜR KREATIVE KÖPFE: EINE BILANZ

volle Grafik, kurz: nichts, worüber sich die Nase rümpfen ließe. Wie auch auf dem Buchmarkt erweist sich, dass die Fantasie der Game-Designer in verschiedene Richtungen weist. Hier wie dort gibt es Zonen, in denen Fantasie vor allem ins Abstoßende investiert wird (möglichst scheußliche Gestalten, ausgeklügelte Foltermethoden und abstoßende Weisen, zu Tode zu kommen). Aber ebenso gibt es hier wie dort jene Sphären, in denen betörende Bilder sich mit klug gebauten Geschichten verbinden und so Spiele entstehen, die von den Spielanforderungen wie von der Gestaltung her wertvoll sind. Ganz offensichtlich hat auch diese Branche für beides Platz, für Kunst ebenso wie für Trash.

Wer also wirklich begreifen will, was an Fantasie und Qualität auf dem Spielemarkt für Heranwachsende existiert, der muss genau hinsehen und sich öffnen für das, was hier angeboten wird. Sinnvoll ist, sich nicht nur an den bekanntesten Spielen zu orientieren, sondern auch Erkundigungen einzuziehen, welche Spiele zum Beispiel grafisch von besonderem Wert sind. So sind zum Beispiel das von dem tschechischen Designer Jakub Dvorský entworfene »Machinarium« oder die von Daedalic Entertainment herausgebrachte »Deponia«-Trilogie trotz ihres hohen ästhetischen und erzählerischen Niveaus deutlich weniger in der Öffentlichkeit bekannt als die meist wenig fantasievollen »Ballerspiele«. Da die Spiele-Entwicklung in Deutschland ein boomender Markt ist – gegenwärtig steht die Branche auf dem Sektor der Unterhaltungselektronik auf Platz zwei gleich hinter der Musikindustrie –, steht zu erwarten, dass in jeder Hinsicht noch mehr entstehen und zugänglich werden wird. Das bedeutet, dass nicht nur die minderwertigen Produkte mehr werden, sondern eben auch die hochwertigen. Nach ihnen Ausschau zu halten ist klüger, als sich einer medialen Welt zu verschließen, die womöglich in absehbarer Zeit auch nachhaltige Kunst hervorbringen wird.

Gaming und Hochkultur

Der weltweit berühmteste Autor der Hochliteratur dürfte wohl William Shakespeare sein. Auffällig ist, dass er dabei zugleich auch beliebt ist. Goethe und Dante sind auch berühmt, aber mit ihrer Beliebtheit hält es sich doch in Grenzen. Dagegen sorgen Shakespeare-Stücke im Theater für volle Häuser. Und sie eignen sich sogar fürs Kino, wo nicht nur gebildete Erwachsene, sondern auch Jugendliche allein der Schauspieler wegen die Stücke ansehen. Winona Ryder und Kate Winslet haben Ophelia gespielt, Mel Gibson und Kenneth Branagh waren als Hamlet zu sehen. Leonardo DiCaprio lief als Romeo in der Inszenierung von Baz Luhrman durch eine Welt der Bandenkriege, in der anstatt Degen Pistolen benutzt werden. Ganz offensichtlich funktionieren Shakespeare-Stücke auch in Hollywood.

So erscheint es nicht verwunderlich, dass immer wieder Leute meinen, Shakespeare würde, wenn er heute lebte, kein Theater mehr machen. Und zwar weil das Theater heute nicht mehr das ist, was es zu Shakespeares Zeit war. Heute ist es eine Angelegenheit von Leuten, die auf ihre Bildung Wert legen. Überdies handelt es sich um subventionierte Veranstaltungen, die keinen Deut mit dem Theater der Shakespeare-Zeit zu tun haben.

Damals nämlich war das Theater ein Vergnügen für die Massen. Und um Leute in die Vorstellung zu ziehen, musste man sich etwas einfallen lassen. Grobe Scherze gehörten daher ebenso in die Stücke hinein wie brutale Gewalt. Liebesgeschichten sowieso. Aber auch Folter und grausame Tötungen wurden zu einer Zeit, in der Hinrichtungen und Bärenhatzen beliebte Vergnügungen waren, gern in Theaterstücke eingebaut. In Shakespeare-Stücken werden Gliedmaßen abgeschnitten (*Titus Andronicus*), Augen ausgedrückt (*König Lear*) und Frauen erwürgt (*Othello*). Nur in-

NEUE WEGE FÜR KREATIVE KÖPFE: EINE BILANZ

dem er solche drastischen Mittel benutzte, konnten die Poesie und Tiefe des Denkens von Shakespeare auf die Bühne gebracht werden.

Wenn aber das Theater für einen Typen wie Shakespeare nicht mehr das geeignete Feld wäre: Wo würde Shakespeare heute zu finden sein? In Hollywood vielleicht. Zumindest vor einigen Jahren hätte dies wohl gepasst. Jemand wie Quentin Tarantino hat einiges mit Shakespeares Qualitäten gemein. Spannung und Wortwitz, gut zitierbare Sprüche und romantische Liebesgeschichten, heftige Gewalt und coole Dialoge. Aber inzwischen ist Hollywood kein Ort mehr für Innovationen, und manches Neue findet sich inzwischen eher in anspruchsvollen Fernsehproduktionen. Amerikanischen Fernsehproduktionen, wie es sie in Deutschland nicht gibt. Vielleicht würde man einen modernen Shakespeare hier finden?

Ich könnte mir vorstellen, dass ein moderner Shakespeare auch mit Game-Design zu tun hätte. Und zwar, weil das ein boomendes Feld ist, das zugleich viele kreative Möglichkeiten eröffnet. Als Fachmann für Szenengestaltung und Charakterzeichnung hätte er hier einiges zu bieten, denn das ist eben etwas, was Computer nicht können. Und Programmierer in der Regel auch nicht.

Was nun die Sprache angeht: Ihre Rettung kommt ganz sicher nicht von den Sprachwächtern vonseiten der Literaturkritik, nicht von besorgten Pädagogen und auch nicht von den Kulturkritikern. Einem Shakespeare der Neuzeit wäre das klar. Er würde erproben, inwieweit die Sprache in den neuen Medien ein Biotop finden könnte. Indem Game-Designer immer wirklichkeitsnähere Spiele zu entwickeln versuchen, dringen sie auch zu neuen sprachlichen Höhen vor. Ein Spiel wie das schon erwähnte »Grand Theft Auto V« (genannt »GTA V«) ist von außerordentlichem sprachlichem Niveau. Eine Menge Autoren haben an diesem Spiel mitgewirkt, und so finden sich hier die Sprache der Vorstädte von Los Angeles ebenso wie die Sprache in Beverley Hills, Dealersprache ebenso wie Polizistensprache. Das Ergebnis ist, dass hier Getto-Jungen genauso gut getroffen sind wie der auftretende Therapeut, Cops so treffend erfasst wurden wie ein paar Asoziale, die Crystal Meth kochen. Wie Shakespeare haben die Macher von »GTA V« dem Volk aufs Maul geschaut. Und jeder spricht hier so, wie es zu ihm als Figur passt.

Die Game-Industrie also als neues Mekka für kreative Innovation? Ganz gewiss. Aber da Kreativität eine überaus individuelle Angelegenheit ist, wird jeder schöpferische Mensch prüfen müssen, ob das, wozu es ihn treibt, in diesen Markt hineinpasst oder nicht. Unter denen, die die neuen Spiele prägen, werden sich leidenschaftliche Gamer vermutlich eher finden als Spieleverweigerer. Einfach deshalb, weil auch Autoren in der Regel Leser sind und Musiker auch Musikkonsumenten. Man muss sich auskennen in dem, was man macht. Ehe Sie also beim nächsten Mal ein Spiel verbieten, kommen Sie vielleicht mit Ihrem Kind ins Gespräch: zum Beispiel darüber, ob es wohl Spaß macht, solche Spiele mit zu entwickeln.

Vielfältig verwendbar, aber kein Schöpfer

Um noch einmal zu unseren Ausgangsfragestellungen zurückzukehren: Ganz offensichtlich ist das kreative Potenzial des Computers selbst eher gering. Selbst der dichtende Automat Enzensbergers schuf ja keine Poesie im eigentlichen Sinn, sondern stellte Wortverbindungen her, die mitunter Reiz besaßen, mitunter auch nicht. Sein schöpferisches Potenzial glich mehr dem eines Zufallsgenerators als dem eines kreativen Gehirns. Kritische Beobachter

NEUE WEGE FÜR KREATIVE KÖPFE: EINE BILANZ

sind der Meinung, dass auch das kreative Potenzial Hollywoods von der Digitalisierung nicht unberührt geblieben ist. Filme wie die *Transformers*-Blockbuster zum Beispiel zeigen eine beeindruckende Kraft der visuellen Umsetzung. Aber die erzählerische Fantasie ist eher dürftig, denn sie hängt sich an etwas an, was bereits existiert, sodass viele der neu aus Hollywood kommenden Filme eher den Charakter von Selbstkopien besitzen, als dass sie wirkliche Innovationen böten.[45]

Woran liegt es, dass Computer, die doch zu so ungeheuren logischen Leistungen fähig sind, auf dem kreativen Sektor eher versagen? Zum einen hängt es damit zusammen, dass Computer nicht jenes Zusammenwirken von linker und rechter Hirnhälfte haben, wie es für den schöpferischen Prozess charakteristisch ist. Zum anderen fehlt ihnen jegliches ästhetische Empfinden. Die Freude an einem eindringlichen Song, das Gefesseltsein von einem Bild, das Berührtsein beim Anhören eines Musikstücks oder die Faszination, die von einem Gedicht ausgehen kann, sind ihnen gänzlich verschlossen.

Was bleibt, ist banal: Für Kreative ist der Computer ein großartiges Werkzeug. Für die visuelle Gestaltung bringt er einen ganzen Strauß neuer Möglichkeiten. Das von visuellen Reizen strotzende Netz bringt überdies die Notwendigkeit hervor, Wagnisse einzugehen, wenn man überhaupt wahrgenommen bzw. erinnert werden will. Was die Musikwelt angeht, so komponieren heute Jugendliche, die früher ganz sicher nicht komponiert hätten, einfach weil sie kein Instrument beherrschen. Programme aber geben ihnen die Möglichkeit, trotzdem spannende Klanggebilde zu entwerfen. Wie die grafischen Möglichkeiten des Computers auch denen Wege eröffnen, die nicht gut zeichnen können, so machen die akustischen Möglichkeiten auch musikalisch weniger Gebildeten den Weg frei. Und das kann man eigentlich nur begrüßen.

DIGITALE HYSTERIE

Was die Sprache angeht, so fällt das Ergebnis für Kreative zwiespältig aus. Einerseits ist das Netz ein kommunikatives Tummelfeld, in dem keineswegs nur mit Verkürzungen und Stummelsprache hantiert wird, sondern auch mit einer Fülle von Sprachspielen. Andererseits ist das Mitteilungsniveau mancher Chats wirklich niedrig. Was aber die Spiele-Industrie angeht, so bietet sie denen, die mit Sprache umgehen können, neue Möglichkeiten. Und wer sprachlich hochkarätige Spiele spielt, der kommt gar nicht umhin, dabei die eigene Sprache weiterzuentwickeln. Insgesamt also besagt unsere Bilanz, dass die Computerwelt die Kreativität keineswegs behindert oder schwächt. Sie schafft ihr vielmehr jede Menge Möglichkeiten.

7

Das Computerproblem als Beziehungsproblem

Mädchen, die sich von ihren Freunden trennen, weil die in ihren Augen zu viel zocken. Ehemänner, die sich darüber aufregen, dass ihre Frauen bei jedem Geräusch, das ihr Smartphone von sich gibt, aus dem Gespräch aussteigen. Junge Männer, die entgeistert feststellen, dass ihre Freundin alle Fotos aus dem gemeinsamen Urlaub gepostet hat. Was sind das für neuartige Probleme? Probleme, die mit dem Computer zu tun haben? Vordergründig ja, denn vor Erfindung des Computers gab es solche Dinge einfach nicht. Aber wer genau hinschaut, sieht, dass es sich wohl eher um Beziehungsprobleme handelt, allerdings um spezielle Beziehungsprobleme, denn sie gehen – zumindest in Teilen – auf die Möglichkeiten moderner Technologie zurück.

Wohlgemerkt, in Teilen. Denn manche Probleme, die es vorher schon gab, werden durch die digitalen Medien lediglich gesteigert. Andere Probleme dagegen sind neu. Um von unseren Beispielen auszugehen: Das Problem mit den Fotos ist bloß die Steigerung eines früheren Phänomens, das als »Dia-Abend« bekannt geworden ist. Die Probleme sind die gleichen (»*Das* Bild zeigst du allen unseren Freunden?«), nur die Dimension hat sich geändert.

Und was macht das Gamen mit unseren Beziehungen? Nun, es kann tatsächlich zur spürbaren Abwesenheit körperlich Anwesender führen. Doch auch das hängt davon ab, wie weit man bereit ist, sich einzulassen. Dass Jugendliche und junge Männer oft andere Dinge interessant finden als junge Frauen, ist bekannt. Fußball, Actionfilme und viel Bier wären die geläufigen Beispiele dafür. Jetzt kommt noch Computerspielen hinzu und sorgt in der Tat oftmals für Gräben, die schwer zu überspringen sind.

Wie aber geht es den Heranwachsenden damit? Erleben sie die Gräben, die sich zum Beispiel durchs Gamen auftun können, so intensiv, wie man es ihnen als Beobachter unterstellt? Oder wachsen sie in das virtuelle Geschehen ganz selbstverständlich hinein und erleben so keinerlei Verlust? Und wie gefährlich sind die sozialen Netzwerke? Es sind ziemlich viele Fragen, die die Beziehungsveränderungen im Gefolge der Digitalisierung begleiten. Darum habe ich mich entschieden, sie auf zwei Kapitel zu verteilen. Das eine untersucht zunächst ganz allgemein die Frage, ob Beziehungen durch Computer schlechter werden können und wie das geschieht. Das nachfolgende Kapitel prüft die Gefahren, die von den sozialen Netzwerken ausgehen, und entwirft Strategien für den Umgang damit.

Multikommunikation

Beziehungen haben sich in der Geschichte immer verändert. Und zwar sehr viel mehr infolge gesellschaftlicher Strömungen und neuer Denkhaltungen als durch reine Technologie. So stammt zum Beispiel die letzte große Veränderung hinsichtlich unserer Sexualität aus den 60er-Jahren. Als Folge dieser Veränderung wurden Beziehungsmodelle teils erweitert, teils modifiziert. Und die heutige liberale Sexualmoral, die nicht nur den Sex außerhalb der Ehe legitimiert hat, sondern auch Schwulen und Lesben die

DAS COMPUTERPROBLEM ALS BEZIEHUNGSPROBLEM

gleiche Berechtigung zugesteht wie Heterosexuellen, ist letztlich eine Folge dieser Impulse, die mit Technik rein gar nichts zu tun hatten.

Daher gilt es also, zwischen den Veränderungen unserer Beziehungen, die tatsächlich mit dem Computer zu tun haben, und denen, die von ihm unabhängig sind, zu unterscheiden. Weil sie nämlich zum Beispiel vom Zeitgeist abhängig sind. Ich beginne mit einem Phänomen, das tatsächlich neu ist, oder besser, das auf neue Weise problematisch geworden ist. Es betrifft die Aufmerksamkeit, die wir voneinander bekommen.

Das haben wir alle schon einmal erlebt. Wir telefonieren, das Smartphone am Ohr, während das Kind kommt und Aufmerksamkeit will. Was wäre in diesem Fall wichtig, eine klare Grenze vielleicht? Eine, die dem Kind klarmacht, dass es jetzt nicht »dran« ist und sich für eine Weile zurückzunehmen hat? Ja, manchmal schon. Aber vermutlich doch nicht so häufig, wie es scheint. Und auch das Folgende haben wir alle schon einmal erlebt. Wir sind bei einem Freund oder einer Freundin zu Besuch, das Telefon geht, ein Anruf wird entgegengenommen, wir bekommen ein freundliches, vertröstendes Nicken, und dann geht das Warten los. Liegen Zeitschriften irgendwo? Kann ich noch einen Kaffee haben? Wie lange sprichst du noch, ich kann nur noch eine halbe Stunde, dann kommen die Kinder. Und irgendwann nervt es ganz einfach.

Aber was nervt da eigentlich? Ist ein Telefonat denn nicht wichtig? Ja, schon. Aber ist es auch wichtiger als der, der anwesend ist? Das ist die Frage. Wer vor einem Anwesenden telefoniert und nicht bloß eine Zwei-Sätze-Information austauscht, der erzeugt oft unbewusst das Gefühl einer Rangordnung. Der oder die Anwesende wird dabei auf den minderen Rang verwiesen, so als begründe gerade die räumliche Distanz zum Anrufer dessen bedeutendere Position. In manchen Gesellschaftsbereichen hat sich dies zu einem sozialen Muster gesteigert, das dem Anwesenden bewusst den Folgerang zuweist. Einerlei aber, was hier bewusst oder unbewusst geschieht: Das Unbehagen des Degradierten ist nachvollziehbar.

Kinder haben für so etwas ein klares Gespür. Wenn sie beim Telefonieren stören, dann äußern sie primär die Sorge um ihren Rang. Denn wer telefoniert, während ein Kind danebensteht, der gibt ihm aus Sicht des Kindes den zweiten Platz hinter jemandem, der gerade nicht da ist. Oder zumindest nicht hier. Aus Sicht des Kindes aber durchaus nicht *da*. Was für das Kind bedeutet: Es ist in diesem Moment unwichtig.

Was tun? Die vernetzte Kommunikation ist doch nun einmal da, und sie wird wohl kaum wieder rückgängig zu machen sein. Sollten wir tatsächlich, wie es mitunter empfohlen wird, Abstinenz üben und tageweise unsere Handys ausschalten? Das wäre ein ziemlich grober, aber gangbarer Weg. (Ich selber gehe ihn jedes Wochenende, denn ich möchte meine freie Zeit mit den wirklich Anwesenden verbringen.) Doch steht im Zentrum eine andere Frage, nämlich die nach der inneren Hierarchiebildung. Wie kommt es, dass Menschen, die eben noch in einem wichtigen Dialog stehen, plötzlich unruhig werden und schnell einen Blick auf die eingegangene SMS werfen, woraufhin das Gespräch zwar nicht versiegt, wohl aber oft seinen roten Faden verloren hat?

Wir haben alle ein bisschen ADS

Es ist ein bisschen merkwürdig, dass das Aufmerksamkeitsdefizit-Syndrom (ADS) ausgerechnet in einer Zeit um sich greift, in der Aufmerksamkeit der am heißesten gehandelte Stoff ist. Psycholo-

DAS COMPUTERPROBLEM ALS BEZIEHUNGSPROBLEM

gen, die auch bei der Analyse gesellschaftlicher Aspekte von unbewussten Prozessen ausgehen, sehen hier einen Zusammenhang. Sie glauben, dass neue psychische Krankheitsbilder als Folge gesellschaftlicher Veränderungen entstehen. Und dass sie die dunklen Seiten einer Gesellschaft sichtbar machen.

Vielleicht könnte man es so sagen: Das ADS führt in extremerer Form vor Augen, was latent uns allen droht. Denn Probleme mit der Aufmerksamkeit haben inzwischen die meisten Menschen, die ich kenne. Nur merken sie es nicht. Sie glauben, sie seien noch konzentriert, und registrieren gar nicht, dass sie ihr Smartphone mehr beachten als die Person, die ihnen gegenübersitzt. Im Internet öffnen sie drei Seiten gleichzeitig und haben hinterher kaum eine Information gespeichert. Und wenn ich mit ihnen in der Therapiestunde eine innere Erkundung beginne, dann kann es geschehen, dass eine Nachricht bei WhatsApp eingeht und sie noch einmal kurz daraufschauen müssen. Aufmerksamkeitssteuerung ist eine Basiskompetenz bei der Kindererziehung und in Beziehungen. Oder vielleicht sollte ich besser sagen, sie wird immer mehr zu einer Basiskompetenz, die wir lernen müssen. Denn eigentlich sollte die fokussierte Aufmerksamkeit auf Partner oder Kinder im Miteinander eine bloße Selbstverständlichkeit sein. Wenn man sich anschaut, wie Tierfamilien miteinander umgehen, dann stellt man fest, dass die Aufmerksamkeit der Mutter in aller Regel kaum von den Jungen weggeht. Lediglich dann, wenn gejagt werden muss, lässt zum Beispiel die Gepardenmutter ihre Jungen so geschützt wie möglich zurück. Ansonsten aber hat sie sie gewissermaßen im Auge. Tritt eines der Jungen aus dem Areal aus, das sie für sicher genug hält, so setzt sie ihm nach und transportiert es zurück.

So sieht es aus, wenn man keine Probleme mit der Aufmerksamkeitsverteilung hat. In einer nicht digitalisierten Welt verhalten Menschen sich ähnlich wie Tiere. Das heißt, das, was ihnen das Wichtigste ist, wird auch mit der meisten Aufmerksamkeit bedacht.

In der digitalen Welt aber verhält es sich anders. Die Summe der Reize steigt an, und es wird schwieriger, die relevanten von den irrelevanten zu trennen. Überdies bilden sich soziale Konkurrenzsituationen, die es vorher nicht gab. Wer während einer Therapiesitzung eine Nachricht empfängt, muss jetzt wählen: lesen oder sprechen bzw. zuhören? Was bei einer Therapiesitzung noch leicht fällt – man hat sie schließlich bewusst vereinbart, überdies kostet sie mitunter Geld und führt zu wichtigen Orientierungen –, das wird in den Alltagskontakten schwieriger. Das neue Minikleid meiner Frau kann ich auch später noch bewundern und über die Noten meines Sohnes könnte ich auch noch am Abend mit ihm sprechen. Das bedeutet, ich kann beide vertagen oder zumindest nach hinten schieben, weil ich erst einmal meinen Netzverbindungen nachgehen will.

Ob das aber den beiden guttut? Und ob es auf Dauer für mich gut ist? Ich fürchte, nein. Vielmehr wird sich der Eindruck verdichten, dass die jeweils Anwesenden diejenigen sind, die man am leichtesten vertagen kann. Während die, die man elektronisch wahrnimmt, schwerer verschiebbar scheinen und daher einen höheren Rang einnehmen. Dass eine solche Hierarchie Beziehungen gefährdet, ist selbstverständlich, weil nämlich Menschen hier nach dem Grad ihrer zeitlichen Beweglichkeit behandelt werden. Und nicht nach ihrem emotionalen Wert.

DAS COMPUTERPROBLEM ALS BEZIEHUNGSPROBLEM

Kleine Aufmerksamkeitsethik

Ich denke, dass wir im Computerzeitalter so etwas wie eine Aufmerksamkeitsethik brauchen. Und dass wir früh damit anfangen sollten, sie auch unseren Kindern zu vermitteln. Die erste Regel dieser Aufmerksamkeitsethik müsste lauten: Kläre, wer für dich die wichtigsten Menschen sind. Kläre es so, dass es unumstößlich deutlich wird. So wirst du nicht jedes Mal überlegen müssen, wenn eine Nachricht störend eindringt.

Ich habe diese kleine Aufgabe inzwischen häufig genug angeregt, um sagen zu können: Sich dieser Mühe zu unterziehen schafft hilfreiche Klärung. Drängende Signale wie Klingeltöne haben die Tendenz, alles gleichermaßen wichtig erscheinen zu lassen. Und die Vergegenwärtigung einer eigenen Hierarchie macht dann unmittelbar deutlich, dass eben *nicht* jeder Anruf gleich wichtig ist.

Die zweite Regel würde heißen: Kläre, welche der wichtigen Menschen du nur selten treffen kannst. Zum Beispiel, weil sie weit entfernt wohnen oder ein aufwendiges Arbeitsleben haben. Die Anwendung der zweiten Regel siebt unter den möglichen Kontaktpersonen noch einmal feiner aus. Sodass nun schon deutlich wird, bei wem sich die Entgegennahme eines Anrufs lohnen würde. Und bei wem sie nicht unbedingt nötig erschiene.

Regel Nummer drei müsste heißen: Die wichtigsten Menschen bekommen auch die meiste Aufmerksamkeit. Die meiste Aufmerksamkeit bedeutet: ungeteilte Aufmerksamkeit. Was wiederum heißt, dass ich den Wert, den jemand für mich hat, dadurch zeigen kann, wie viel ungeteilte Aufmerksamkeit er von mir bekommt. Hier ist es sinnvoll, die für wichtig befundenen Menschen einmal selbst zu befragen. Ob sie nämlich den Eindruck haben, ausreichend von uns wahrgenommen zu werden. Die Er-

167

fahrung zeigt, dass es dabei zu überraschenden Rückmeldungen kommen kann.

Ganz grundsätzlich gilt: Kontakte, die elektronisch geführt werden, sind immer von sekundärer Bedeutung. Es sei denn, sie gehören zu jenen besonders wichtigen Kontakten, die wie in Regel Nummer zwei nur selten möglich sind.

Man merkt: Diese Aufmerksamkeitsethik benötigt nur wenige Bestandteile. Aber sie schafft eine sofortige und nachhaltige Klärung. Dass wir diese Klärung auf Dauer benötigen, scheint mir ganz deutlich zu sein. Denn auch die Internetkonzerne versuchen ja, unsere Aufmerksamkeit zu bekommen. Und das tun sie mitunter mit Mitteln, auf die man nicht unbedingt gefasst ist.

Programmiertes Mitgefühl

Um unsere Aufmerksamkeit zu binden, werden gelegentlich sogar unsere sozialen Instinkte benutzt. Hierbei entsteht dann etwas, was ich »fehlgeleitetes Mitgefühl« nenne. Es gibt Spiele, in denen wir uns um kleine virtuelle Wesen kümmern müssen. Wesen, die Freude zeigen, wenn wir sie versorgen, die spielen wollen, und die Zeichen von Trauer und Entbehrung erkennen lassen, wenn sie unterversorgt sind. Wohlgemerkt: programmiert unterversorgt. Denn natürlich leben diese Wesen nicht, obgleich sie in uns den Anschein erwecken. Wie geht das?

Tatsächlich kann Empathie sich auch auf etwas ausdehnen, was gar nicht lebt. Es ist ein Merkmal der virtuellen Wesen, um die wir uns kümmern sollen, dass sie menschliche Ebenen ansprechen, in denen wir zuverlässig Versorgungsbereitschaft entwickeln. Um dies zu begünstigen, verwenden die Game-Designer etwas, das der Verhaltensforscher Konrad Lorenz das »Kindchenschema«

DAS COMPUTERPROBLEM ALS BEZIEHUNGSPROBLEM

genannt hat. Die virtuellen Wesen haben große Köpfe und große Augen, ein kleines Kinn und eine üppige Stirn. So etwas erleben wir als süß und hilflos, und wir haben den Wunsch, es zu nähren und zu beschützen.

Die absurde Folge dieser Reaktionsbildung ist, dass wir uns um etwas kümmern wollen, was gar nicht lebt. Evolutionär macht das Sinn: Das Kindchenschema erhielt unseren Nachwuchs, indem es Versorgungsneigung erzeugte und gleichzeitig Hemmungen schuf, ihm Gewalt anzutun. Doch hat unser Gehirn ganz offenbar Schwierigkeiten, dabei das Virtuelle vom Realen zu trennen. Zu tief sitzt der Instinkt hier und zu groß ist seine Bedeutung. So kann es dann im Extremfall dahin kommen, dass sehr reale Wesen Vernachlässigung erfahren, damit virtuelle Wesen versorgt werden können.

Die Aufmerksamkeitsethik spricht hier eine klare Sprache: Nur lebendige Wesen haben Anspruch auf Empathie und Fürsorge. Indem wir dies so klar formulieren, benennen wir das virtuelle Wesen als unlebendig, also eigentlich tot oder besser: niemals lebendig gewesen. Es ist wichtig, dies mit aller Klarheit zu formulieren. Denn der bloße Augenschein würde, da unsere sozialen Instinkte angesprochen würden, uns zu anderen Gefühlen bewegen.

Sexualisiert das Internet die Kindheit?

Wenn wir für leblose Wesen Gefühle aufbringen können, obwohl wir erwachsen sind und keine Puppen und Kuscheltiere mehr lebendig fantasieren, dann kann man auf den Gedanken kommen, dass sich möglicherweise auch in der Liebe etwas verändern wird. Aber in welcher Richtung? Vielleicht so, dass wir irgendwann auch digitale Wesen mit idealen Körperformen zu »lieben« meinen?

DIGITALE HYSTERIE

Wer so fragt, der will wissen, was denn in unserer Zeit mit der Liebe geschieht. Ist sie im Kern gleich geblieben, und nur die technischen Möglichkeiten haben sich gesteigert? Nein, hier liegt der Fall etwas anders. Denn die Möglichkeiten der Liebe haben sich nicht nur durch technische Mittel gesteigert, sie haben sich im digitalen Zeitalter tatsächlich *verändert*. Zunächst einmal hat sich einiges verbessert. Wer heute auf einem Dorf lebt, ist nicht mehr auf die wenigen Kontakte innerhalb der Dorfgemeinschaft angewiesen, sondern er vermag, über das Internet, vielfältige Alternativkontakte zu suchen und zu pflegen.

Freilich, kritische Beobachter meinen: Die Vielzahl der Möglichkeiten macht auch anspruchsvoller. Und ein attraktives Überangebot kann bedeuten, dass letztlich die Liebe doch schwieriger wird. Indem nämlich zum Beispiel die Kriterien der Partnerwahl plötzlich unscharf werden und an die Stelle emotionaler Resonanz der Datenabgleich tritt (Teilt die Person meine Hobbys? Ist sie im richtigen Alter? Attraktiv genug? Ausreichend gebildet?). So kann der Eindruck entstehen, die Liebe sei insgesamt unromantischer geworden und man könne jetzt so lange im digitalen Modus bleiben, dass eine wirkliche tastende *emotionale* Annäherung kaum noch vorkomme.

Stimmt das? Wer öfter mit Jugendlichen zu tun hat, wird sagen müssen: Nein, überhaupt nicht. Vielmehr sind sogar Rückgriffe auf romantische Vorbilder zu beobachten, die es längere Zeit in diesem Ausmaß nicht gab. So kann man von jungen Frauen hören, sie würden eigentlich gern in Weiß heiraten, »so richtig« eben. Und auch der Gedanke an eine lebenslange Bindung, so unrealistisch er erscheinen mag, scheint vielen wieder leichter zu fallen.

Und doch könnte es sein, dass die Liebe im Cyber-Zeitalter eine andere wird, wenn auch eher im Verborgenen. Der Philosoph Aaron Ben Ze'ev hat sich insbesondere mit der Liebe im

DAS COMPUTERPROBLEM ALS BEZIEHUNGSPROBLEM

Cyberspace, im virtuellen Raum, auseinandergesetzt. Bei dieser in evolutionärer Hinsicht neuartigen Art, die Liebe zu leben und miteinander Beziehungen zu führen, spielen seiner Ansicht nach zwei Faktoren die Hauptrollen: Interaktivität und Imagination. Imagination meint dabei die Vorstellungskraft, die natürlich wichtiger wird, wenn mein Gefährte oder meine Gefährtin nicht »hier« ist.[46] Interaktivität meint dagegen, dass die Idee des einen und nur einen Liebesobjekts im Netz aufgehoben werden könnte. Man könnte prinzipiell eine ganze Anzahl Liebesbeziehungen virtueller Art leben und dazu der Abwechslung halber noch eine weitere »in natura«.

Wer dies hört, kann leicht auf die Idee kommen, dass Liebe und Sexualität bereits für Heranwachsende neue Komponenten bekommen. Ist die wirkliche Wahrnehmung eines anderen nicht viel wichtiger als die Fantasie über jemanden, der weit entfernt von mir ist? Die Aufmerksamkeitsethik spricht hier eine klare Sprache. Und stellt die Möglichkeit, Netzbeziehungen neben den uns vertrauten Liebesgeschichten her laufen zu lassen, einen Anschlag auf die Treue dar? Kommen so die freie Liebe der Hippies und die Absage an die ausschließliche Liebesbeziehung der 68er womöglich wieder zurück?

Um solche Fragen zu beantworten, ist es mit großer Sicherheit einfach noch zu früh. Und aus meiner therapeutischen Praxis kann ich sagen: Der Trend zu Liebesbeziehungen im Netz und zum Cybersex ist ganz sicher kein Thema von Heranwachsenden. Deren Beziehungsvorstellungen sind in einem hohen Maß konservativer, als es noch die ihrer Eltern waren. Die Parallelität von Netz-Außenbeziehungen und echtem Miteinander würde ein Großteil als Untreue empfinden und nicht tolerieren. Allerdings glauben einige Forscher beobachtet zu haben, dass das digitale Zeitalter mit einer immer früheren Sexualisierung einhergehe.

DIGITALE HYSTERIE

Auch bediene sich insbesondere die Werbung immer früher sexueller Inhalte, um Kinder und Heranwachsende anzusprechen.[47]
Was die letztere Beobachtung angeht, so stimmt sie augenschein-
lich. Allerdings sind wir heute auch erheblich sensibler für Zonen,
die auch nur in die Nähe pädophiler Sümpfe zu führen scheinen,
und diese Sensibilisierung lief parallel zu den Jahren der Digitalisierung. Dass das Internet hierfür eine erhebliche Plattform bilden würde, hat vermutlich daran mitgewirkt, in dieser Hinsicht
sensibler zu werden.

Und was ist mit der immer früheren Sexualisierung? Zunächst
einmal muss man hierzu sagen, dass Diagnosen dieser Art nicht
neu sind. Um nur ein prägnantes Beispiel zu geben: In seinen
Freibeuterschriften[48] spricht Pier Paolo Pasolini von der »neuro-
tisierenden Frühreife«, die durch die Sexualisierung der Kultur
entstehe. Wohlgemerkt, diese Schriften erschienen bereits 1975.
Ganz offenbar ließ sich die Gefahr einer Sexualisierung der Kindheit bereits vor 40 Jahren absehen.

Und die Kinder? Nun, sie haben durch die Omnipräsenz
des Sexus zumindest in den vergangenen Jahrzehnten keinen
nennenswerten Schaden genommen. Wer Kinder kennt, weiß
überdies, dass sie über gut ausgeprägte Filter verfügen, die sie das
sexuelle Bilderangebot im Zeitungsladen schlicht ignorieren lassen. Erst da, wo sie nicht ausweichen können und die Filteran-
lage überfordert ist – etwa, wenn im Kino eine Sexszene in einem
Film auftaucht –, zeigen sie Anzeichen von Abwehr, rufen »Iiiih!«,
drehen die Köpfe weg oder versuchen, durch Witze die Scham zu
überspielen.

Was also genau bringt die Computerwelt hier an neuen Bedrohungen? Zum Beispiel pornografische Zeichentrickfilme, die
an Märchen angelehnt sind. Die Namen der Märchengestalten,
Dornröschen oder Schneewittchen zum Beispiel, sind dabei

DAS COMPUTERPROBLEM ALS BEZIEHUNGSPROBLEM

durch kleine Buchstabendreher sexualisiert worden. Wenn nun ein Kind ein Märchen-Video anschauen will, dann kann es geschehen, das es in so einem Zeichentrick-Porno landet. In solchen Momenten funktioniert der kindliche Filter nicht mehr, da die Erwartung eine ganz andere ist. Und wenn nun die Märchen-Trickfigur plötzlich bei hartem Sex beobachtet wird, dann ist die Verstörung groß.

Ich habe mehrfach Kinder nach solchen Erfahrungen behandelt oder ihre Eltern beraten. Eltern wissen oft nicht, dass es so etwas überhaupt gibt, und geben deswegen auch nicht gezielt darauf acht. Doch nur durch das Wissen der Erwachsenen sind Kinder vor unliebsamen Überraschungen im Internet zu schützen.

Sexuelle Funktionsstörungen bei Jugendlichen

Kinder sind im Internet also vor allem durch schockierende Erfahrungen bedroht, bei denen ihre Filtersysteme nicht mehr funktionieren. Anders ist dies bei den Jugendlichen. Denn sie entwickeln ja selbst schon sexuelle oder sexuell getönte Fantasien und sind daher für die im Internet angebotenen Reize auch anfälliger.

So gibt es eine wachsende Neigung von Paaren, ihre sexuellen Aktivitäten auch anderen zugänglich zu machen. Die Plattform »Youporn«, über die auch professionelle Sexfilme vertrieben werden, macht es inzwischen jedem möglich, selbst gedrehte Sexfilme ins Netz zu stellen. Neben der narzisstischen Lust, sich ein bisschen als Star zu fühlen, wird hier natürlich in erster Linie ein exhibitionistisches Bedürfnis befriedigt. Was dagegen den Konsum angeht, so sind es neben Paaren, die nach Anregung suchen, vor allem Jugendliche und junge Männer, die den Hauptanteil der »Youporn«-Konsumenten bilden.

DIGITALE HYSTERIE

Grundsätzlich werden durch das Internet, das ja in erster Linie eine Bildwelt ist, vor allem exhibitionistische und voyeuristische Bedürfnisse bedient. Möglich wäre, dass dies auf Dauer so etwas wie Triebvarianten hervorbringt. Denn voyeuristische und exhibitionistische Neigungen sind sogenannte Partialtriebe. Das bedeutet, sie sind Teiltriebe einer umfassenden Sexualität. Einer Sexualität, die allerdings primär auf Begegnung angelegt ist, auf Berührung also und auf sinnliches Miteinander. Sich darstellen und andere zugucken lassen hat mit Begegnung wenig zu tun, es ist eher eine Art eitles Theater. Und das reine zuschauende Konsumieren hat immer einen traurigen Unterton, weil es zu wirklichen Befriedigungen dabei in aller Regel nicht kommt.

Man kann sich natürlich auf den Standpunkt stellen, das sei doch letzten Endes auch nichts anderes als die Fortsetzung von Sexheftchen, nur eben auf digitalem Weg. Schon immer haben Pubertierende nach stimulierenden Bildern Ausschau gehalten und hier finden sie sie eben in reichem Maß. Was soll daran schlimm sein?

Nun, es können tatsächlich ganz handgreifliche Probleme aus dem Internet-Pornokonsum resultieren. So kenne ich inzwischen eine stattliche Anzahl junger Männer, die Sexualstörungen entwickelten, weil sie die falschen Filme geguckt haben. Das sind tragische Fälle, denn bei ihnen entstehen Störungsbilder tatsächlich durch reines Zusehen. Die Jugendlichen und jungen Männer haben Pornoseiten aufgesucht, meist ziemlich oft. Auf diesen Seiten gab es Filme, in denen Männer mit gewaltigen Penissen Frauen sexuell befriedigten. Wenn die pubertierenden Zuschauer diese Beispiele mit sich selbst verglichen, dann sahen sie nicht gut aus. So etwas anzuschauen aber setzt Maßstäbe. Maßstäbe, aus denen dann Störungsbilder werden.

Denn die Bilder verschwinden nicht einfach. Nach und nach

DAS COMPUTERPROBLEM ALS BEZIEHUNGSPROBLEM

setzten sie in meinen Patienten so etwas wie eine innere Richt-
schnur fest. Wenn dein Glied nicht dieser Größe entspricht und
du es nicht so gut kannst, dann brauchst du gar nicht erst anzufangen: Das ist die Botschaft, die von diesen Filmen bleibt. Und
die Bilder schieben sich, wenn es zu ersten sexuellen Begegnungen kommt, zwischen den jungen Mann und seine Freundin.

Gegenwärtig häuft sich die Zahl derer, die in jungen Jahren
von Sexualstörungen heimgesucht werden. Und mein Eindruck
ist, dass auch die sinnliche Fantasiebildung lahmer zu werden beginnt, einfach weil das Netz so voller Reizen steckt, die alle nach
unserer Aufmerksamkeit gieren. Man wird daher im Internet lernen, mit mehr sexuellen Reizen umzugehen. Aber zu jemandem,
der etwas von Erotik versteht, macht einen das Netz wohl kaum.
Insofern lässt sich unsere Eingangsfrage so beantworten: Nein, das
Internet muss die Kindheit an sich nicht sexualisieren. Allerdings
verzerrt es für Heranwachsende, insbesondere für Jugendliche das
Bild der Sexualität.

Was ist zu tun? Verbote allein werden wenig bewirken. Schon
jetzt ist ja die Altersprüfung löchrig, und auch 13- und 14-Jährige
geben an, bereits 18 zu sein, um auf Pornoseiten zu kommen. Das
wird sich kaum ändern, und auch das Angebot wird bleiben, solange es gut verkäuflich ist. Ich denke, der einzige Weg, hier vor-
zubeugen, besteht in einer wirksamen Aufklärung. Pubertierende
sollten einfach wissen, dass die genitale Ausstattung des Porno-
darstellers in etwa so häufig ist wie eine Wrestler-Figur unter normalen Männern. Sie sollten erfahren haben, dass es Darstellerin-
nen gibt, die Orgasmen besonders ekstatisch vortäuschen können.
Und sie sollten gelernt haben, dass die professionelle Pornoher-
stellung ein Wirtschaftszweig ist, der wenig mit der Wirklichkeit
zu tun hat.

Wer so mit Wissen ausgestattet ist, wird weniger empfänglich für die Bilder im Netz sein. Aufklärung ist also für Eltern wie für Heranwachsende das entscheidende Mittel, um sich vor unliebsamen Folgen zu schützen. Was hier nicht unerwähnt bleiben soll: Es sind keineswegs nur die Heranwachsenden, deren Sexualleben durch die Möglichkeiten des Internets gefährdet wird. Den größten Schaden werden unabhängig von der Altersgruppe diejenigen davontragen, denen aufgrund unbefriedigender Lebenssituationen die virtuellen Reize Ersatzbefriedigungen anbieten. Leute wie jener Mann, den ich Ihnen nun vorstellen möchte.

Digitale Verwahrlosung

Armin D. ist ein ärztlicher Kollege, den ich über einen längeren Zeitraum behandelt habe. Sein Fall illustriert, dass es eben nicht das Internet ist, das einen Menschen dauerhaft in seiner Sexualität behindert. Sondern dass die sexuelle Problematik ihre Wurzeln in der Persönlichkeitsentwicklung hat und das Internet bloß die Mittel bereitstellt, um die entstandene Störung zu bedienen.

Es ist früher Abend, als Armin D. zum ersten Mal mein Behandlungszimmer betritt. Armin D. ist einsam. Seine orthopädische Praxis läuft gut. Aber er hat auch Bedürfnisse, die nicht durch seine Praxis befriedigt werden können. Diese Bedürfnisse delegiert er an seinen Laptop. Bis zu acht Stunden am Tag verbringt Armin D. vor dem Bildschirm und konsumiert Pornografie. Er nennt sich selbst sexsüchtig. Aber Armin D. ist nicht sexsüchtig wie die Leute, die ständig One-Night-Stands haben, lieblose Begegnungen, die der reinen Triebbefriedigung dienen. Auch nicht in dem Sinn, dass er ständig masturbieren würde, obgleich er das mehrmals am Tag tut. Nein, Armin D. sammelt eher, obwohl auch der Begriff »sammeln« es nicht ganz trifft. Er ist auf

Pornoseiten unterwegs, um neue Reize zu finden. Dabei gehört er keiner sexuellen Sondergruppe an, ist nicht fetischgeneigt und hat kein Interesse an Tieren. Er sucht nach Frauen, jungen und mittelalten; hiervon aber viele, so viele, wie es nur geht.

Wirkliche sexuelle Begegnungen hat Armin D., man kann es sich denken, nicht viele. Dabei sieht er durchaus ansprechend aus, ein stabiler Mann um die 50, freundlich und im ersten Moment souverän. Aber darunter lauert etwas anderes. Eine Sorge, eine Angst. Sie hält ihn fern von echten sexuellen Kontakten und schickt ihn auf die Sammelreise. Eine Reise ohne Ankunft, sagt D. selbst, aber sehr, sehr zeitintensiv.

Hat Armin D.s Problem mit dem Computer zu tun? Er selbst nennt sich sowohl sex- als auch internetsüchtig. Je nach Definition könnte man beides rechtfertigen. Zunächst einmal jedenfalls, und wenn man nicht allzu genau hinguckt. Schaut man genauer, dann sieht man: Armin D. hatte sein Problem auch schon als junger Mann, der seit den späten 80er-Jahren das Privatfernsehen für sich entdeckte. Hier fand sich immer ein sexueller Reiz, wenn man nur lang genug zappte. Und wenn es dann endlich richtig spät war und das Programm sich dem Ende neigte, dann blieb ein seltsam unruhiges und unerfülltes Gefühl zurück. Scham, dem bloßen Reiz so hinterhergerannt zu sein. Und nun nichts zu haben als – ja, was? Armin D. folgt wie viele, die ursprünglich exzessiv zappten und dann zum Internet wechselten, einer vagen Sehnsucht, die er nicht beschreiben kann. Es ist, als sei er auf Schatzsuche, aber er weiß nicht, wonach er eigentlich sucht. Und Abend für Abend, Tag für Tag setzt neue Frustration ein, die dann in neue Suchbewegungen mündet. Armin D. weiß, dass sie zu nichts führen. Aber der Reiz unentdeckter Bilder bleibt. Gewiss gibt es Fantasien, wie es wäre, zum Beispiel einmal wirklich Haut zu berühren und eine Stimme zu hören, die seinen

Namen ausspricht. Aber gibt es diese Erfahrung für ihn? Hat er eine Chance?

Armin D. ist auf der einen Seite sexuell überstimuliert. Auf der anderen Seite fehlen ihm die Möglichkeiten zwischenmenschlicher sexueller Befriedigung. Das ist gewiss einesteils ein Merkmal unserer gesamten Kultur, aber bei manchen Menschen ist es extrem ausgeprägt. Die Suche nach sexuellen Reizen ersetzt die sexuelle Begegnung. Als ich Armin D. bitte, sich mit mir zusammen einmal auszumalen, wie er als alter Mann auf sein Leben zurückblicken wird, errötet er und schüttelt den Kopf. Und die von mir vorgeschlagene Aussage »Ich hatte ein reichhaltiges Leben, ich war ständig im Netz auf der Suche nach Pornobildern unterwegs« will ihm nicht über die Lippen. Armin D. leidet offenbar an einer Art Spaltung. Ein Teil von ihm macht Jagd auf »geile« Bilder, ein anderer Teil sieht dabei zu und schämt sich. Der erste Teil ist einflussreicher, aber der zweite hat ihn zum Therapeuten geschickt.

Ist Armin D. süchtig? Er selbst glaubt das schon. Und weil ihn die Selbstdiagnose zur Therapie geschickt hat, ist sie für ihn auch wichtig. Ich bin jedoch nicht sicher, ob der Begriff auch dauerhaft weiterhilft. Denn er könnte Armin D. dabei im Weg stehen, herauszufinden, was eigentlich mit ihm passiert ist.

Als wir erkunden, wann die Entwicklung des Suchens nach visuellen Sexreizen angefangen hat, landen wir nicht bei Bildschirmgeräten, sondern bei Zeitschriften. Bei den Magazinen nämlich, die der Vater eines Freundes bei sich herumliegen hatte. D. ging damals noch zur Schule, wurde »Spaghetti« genannt, weil er lang und dünn war, und war sich sicher, niemals in seinem Leben Sex mit einer Frau zu haben. In den Heften dagegen gab es jede Menge Verheißungen. Und er versuchte, wenn er seinen Freund besuchte, so viele Magazine wie nur möglich durchzublättern, um abends, wenn er allein war, seinen reichhaltigen Fantasien nachgehen zu können.

D. ist, wenngleich wohlhabend, ein armer Teufel. Auf verstörende Weise hat sich seine Erwartung, er werde niemals mit einer Frau Sex haben, verselbstständigt. Bis heute – er ist Anfang 50 – hat er ein paar Bordellbesuche aufzuweisen, ansonsten zwei eher hilflos verlaufende Sexualkontakte. Ich nenne das, was Armin D. lebt, mediale Verwahrlosung – die sich heutzutage meistens als digitale Verwahrlosung zeigt. Diese entsteht da, wo alles das, worum es im Leben geht, dem Medialen untergeordnet wird. Dabei würde ich noch unterscheiden, ob eine echte Leidenschaft im Spiel ist. Ein leidenschaftlicher Mensch verwahrlost nicht ohne Weiteres. Das tun eher die, denen alles egal ist und die zu keiner Leidenschaft mehr fähig sind. Oder aber die, die an das, was sie sich wirklich ersehnen, nicht mehr glauben. Armin D. hat niemanden gehabt, der ihm zeigte, wie man ein gutes Leben lebt. Er kommt aus einem bürgerlichen Elternhaus, und dort zählte, dass man seine Angelegenheit ordentlich erledigte und die Schule gut abschloss. Danach selbstverständlich ein Studium. Das hat auch alles geklappt. Und wenn Umfragen heute sagen, dass die meisten Eltern ihren Kindern für die Zukunft vor allem einen guten Job wünschen, dann zeigt das nur, dass sie Leute wie Armin D. nicht kennen.

Virtuelle Scheinbefriedigung

Es sind Menschen wie Armin D., die mir wirklich zu denken geben. Äußerlich stehen sie wunderbar da, verdienen viel und verfügen über allerhand Sozialprestige. Aber innerlich sind sie über lange Jahre hinweg verödet und kranken daran, dass ihr Leben in

Bahnen verläuft, auf die sie selbst keinen Einfluss nehmen. Armin D. hat ein Kompensationsmodell aufgebaut, das sich verselbstständigt hat. Und weil sein Gehirn registriert, dass in seinem Leben neben finanziellem Erfolg auch Lustgefühle vorkommen, behält es diesen Zustand bei. Der Computer steht dabei nicht im Zentrum der Problematik. Er liefert bloß die medialen Möglichkeiten.

Ich fürchte, dass Menschen wie Armin D. mehr werden in unserer Lebenswelt. Was diese Prognose so unheimlich werden lässt ist, dass Leute wie der unglückliche Orthopäde so ganz anders auf ihre Umgebung wirken. Sind sie nicht die Stützen der Gesellschaft? Wenn das zutrifft, dann ist diese Gesellschaft vom Zusammenbruch wohl nicht mehr weit entfernt.

Denn Menschen wie Armin D. erleben Scheinbefriedigungen, die in der Folge, wie alles nicht wirklich Befriedigende, suchtähnliche Entwicklungen nach sich ziehen. Therapeutisch muss ich daher mit Armin D. herausfinden, worin für ihn eigentlich tiefe Befriedigung besteht. Das erfordert Unterscheidungen zwischen rein oberflächlichen Befriedigungen und dem, was *wirklich* befriedigen kann. Auch gilt es herauszufinden, welche Hoffnungen und welche Erwartungen Armin D. für sein Leben hat. Ich baue mit ihm die Perspektive auf, dass es doch noch gelingen wird, dass er ein Liebesleben hat, das diesen Namen verdient. Zwischendurch erzähle ich ihm einen Witz. Ein einsamer Mann sitzt in einem öden Hotelzimmer und schaut Pornos auf seinem Laptop. Ab und an setzt er eine Flasche mit abgestandenem Mineralwasser an den Mund und trinkt einen Schluck. Und dann ruft er laut aus: »Was für ein Leben – Champagner und Frauen!«

Mittlerweile findet auch Armin D. den Witz komisch. Und er hat schon erste Dates gehabt, auch wenn daraus noch keine sexuelle Begegnung entstanden ist. Aber das ist eine Zeitfrage. Denn

DAS COMPUTERPROBLEM ALS BEZIEHUNGSPROBLEM

Armin D. ist ein angenehmer Typ, sieht recht gut aus und flößt Vertrauen ein. Keiner, der sich verstecken müsste. Und doch ein Mann, mit dem man überlegen muss, wie man wohl flirtet und was man macht, wenn mal eine Gesprächspause entsteht. Und worüber redet man überhaupt? Von der Freizeitbeschäftigung der letzten drei Jahrzehnte schweigt man ja besser …

Mediale Möglichkeiten bieten heute die Chance zur Scheinbefriedigung in reichem Maß. Scheinbefriedigungen verlocken damit, ihnen Zeit zu widmen, Lebenszeit. Aber das tut der Fernseher auch und das tun unzählige andere Dinge den ganzen Tag lang. Der Unterschied in der Computerwelt ist der, dass man in ihr handeln – und gleichzeitig an seinem Leben vorbeileben kann. Armin D. war ja durchaus aktiv – nur auf eine Weise, die ihn niemals glücklich machen würde. Was übrigens nicht bedeutet, dass Aktivität am Computer niemals beglücken kann. Manche Spiele machen Kindern und Erwachsenen ersichtlich viel Freude, so wie Carrera-Bahnen und elektrisch betriebene Ponys, auf die man Mädchen mit Reitkappen setzt, oder die elektrische Eisenbahn, die vielen Erwachsenen immer noch Vergnügen bereitet. Ihnen diese Freude aus Sorge zu nehmen könnte ein schwerwiegender Fehler sein.

8

Wie gefährlich sind Facebook & Co.?

Die Bedeutung und die Auswirkungen der sozialen Netzwerke klar zu bestimmen ist zum gegenwärtigen Zeitpunkt noch sehr schwer. Das liegt zum einen daran, dass ihre Möglichkeiten so zahlreich sind, und zum anderen, dass viele Phänomene, die mit Facebook assoziiert werden, nicht allein auf Facebook zurückzuführen sind. Fest steht aber, dass soziale Plattformen uns immer mehr prägen. Der Informatiker Jaron Lanier, Träger des Friedenspreises des Deutschen Buchhandels 2014, schreibt, dass wir uns an Facebook gewöhnt haben wie an die Stromkonzerne.[49] Wir nehmen die Existenz von Facebook ebenso als gegeben hin wie die maximale Vernetzung in den sozialen Netzwerken, und wir bekämen große Probleme, wenn sie zusammenbrechen würden. Die notwendige Folge wäre, sie unter staatliche Aufsicht zu stellen, um sicherzustellen, dass sie immer funktionieren.

Das ist nun gewiss ein wenig übertrieben. Gegenwärtig sinkt man noch keineswegs in sich zusammen, wenn etwas bei Facebook nicht klappt. Aber es ist abzusehen, dass es dahin kommen *könnte*, einfach weil die Nutzung sozialer Netzwerke für die Heranwachsenden immer selbstverständlicher wird. Und weil alles Selbstverständliche auf subtile Weise abhängig macht.

Was die Vielfalt der Möglichkeiten angeht, so berücksichtigen

WIE GEFÄHRLICH SIND FACEBOOK & CO.?

zeitgenössische Studien nur ungenügend, dass die Aktivitäten in den sozialen Netzwerken ganz unterschiedlichen Charakter haben. Wer offensiv für eine Firma wirbt, macht ja etwas anderes als jemand, der andere »stalkt« oder immer wieder nachschaut, ob irgendwelche »friends« einen hochgestellten Daumen zeigen. Und was die mit Facebook assoziierten Phänomene angeht, so verhält es sich damit ein bisschen wie mit den Computerspielen: Im Zweifelsfall müssen sie für jede erdenkliche problematische Entwicklung als Begründung herhalten. Das ist verständlich, denn neue Phänomene werden gern für destruktive Entwicklungen verantwortlich gemacht. Aber ist es auch richtig?

Die Skepsis der Tigermutter

Vor allem konservative, an bewährten kulturellen Markern orientierte Menschen reiben sich schnell an Computerspielen und natürlich auch an Facebook. So zum Beispiel die amerikanische Jura-Professorin Amy Chua in ihrem Buch, das sie über die Erziehung ihrer inzwischen herangereiften Töchter geschrieben hat. In *Die Mutter des Erfolgs*[50] hat Amy Chua, die sich selbst eine »Tiger Mom« nennt, Drill und äußerste Strenge als maßgebliche Methoden ihrer Erziehung dargestellt. Diese Erziehung widerspricht so ziemlich allem, was wir in der modernen Welt mit einer schönen Kindheit verbinden. Freie Entfaltung der angelegten Gaben? Nein. Freundschaft und gemeinsame Abenteuer? Nein. Übernachten bei Freunden und jede Menge Unsinn? Auch nicht. Dafür: Klavier oder Geige üben, lernen, lernen und nochmals lernen. Was die Instrumente angeht, so kamen außer Klavier und Geige keine weiteren infrage, eine Gitarre, eine elektrische womöglich, wäre ein Ding aus einer anderen Welt.

Denn die Welt, in der Amy Chua regiert, ist von den Verlockungen der Moderne so weit weg angesiedelt wie nur möglich. Zugleich ist sie straff organisiert und an dem ausgerichtet, was sie als Mutter zur Charakterbildung und zur Herausbildung eines tragfähigen Leistungsethos für unumgänglich erachtet. Daher hielt Amy Chua alles, wovon sie glaubte, dass es den Weg zur wahren Befriedigung verstellen würde, entschlossen von ihren Kindern fern. Dazu gehören die sozialen Netzwerke und insbesondere Facebook. Interessant ist dabei weniger das Verbot als die Begründung. Amy Chua meint nämlich, dass Kinder bzw. Jugendliche übellaunig, unbefriedigt und unwillig erscheinen, wenn sie längere Zeit auf Facebook zugebracht haben.

Stimmt das? Werden Jugendliche durch soziale Netzwerke schlecht gelaunt? Man könnte meinen, wenn eine so strenge und konservative Mutter wie Amy Chua das feststellt, dann könnten auch ideologische Scheuklappen zu dieser Wahrnehmung führen. Aber da spricht die gegenwärtige Forschung leider eine ganz andere Sprache.

Schlechte Laune durch Twitter, Facebook und Co.

Der Psychologe Ethan Kross untersuchte an der Universität von Michigan die Auswirkungen von Facebook-Aktivitäten auf Stimmung und Wohlbefinden. Die Studie gliederte sich in unterschiedliche Vorgehensweisen, insbesondere wurden Facebook-User regelmäßig angeschrieben und nach ihrem Befinden gefragt, wobei man sie zugleich bat, zu sagen, wie viel Zeit sie bei Facebook verbracht hätten. Die Ergebnisse waren ziemlich eindeutig: Zwischen der Dauer der Facebook-Aktivitäten und dem persönlichen Wohlbefinden ergab sich ein klarer Zusammenhang. Und

WIE GEFÄHRLICH SIND FACEBOOK & CO.?

zwar ein negativer, denn je mehr ein Proband sich im sozialen Netzwerk aufhielt, desto deutlicher sanken seine Stimmungswerte.

Ein Alarmzeichen? Ja, ohne Frage. Und es wird durch andere, nicht weniger alarmierende Befunde ergänzt. Forscher haben mithilfe von Fragebögen ermittelt, wie wertvoll Facebook-Usern das Netzwerk im Vergleich zu anderen Netz-Aktivitäten erscheint. Ein großer Teil der Befragten hält die Facebook-Aktivität für minder wertvoll als andere Aktivitäten, zum Beispiel die Netz-Recherche oder das Anschauen von Clips. Schließlich versuchten Forscher zu errechnen, wie sich der Zusammenhang zwischen einer negativen Einschätzung der eigenen Facebook-Aktivität und dem tatsächlichen Konsum gestaltet. Die Antwort verblüfft: Auch wenn Jugendliche wissen, dass Facebook ihnen auf die Laune schlägt, so suchen sie es trotzdem immer wieder auf. Und sie verbringen überdies mehr Zeit darin, als sie eigentlich wollten.[51]

Befunde wie diese stimmen nachdenklich. Dennoch darf man sie nicht unkommentiert stehen lassen. Denn das eine ist die Zeit, die jemand in Facebook verbringt. Das andere sind die Aktivitäten, denen er oder sie dort nachgeht. Diese Aktivitäten können ja höchst unterschiedlich sein. Und von der Art der Aktivität dürfte entscheidend abhängen, was in der Folge für Stimmungslagen entstehen. Die schlechtesten Karten haben meiner Erfahrung nach diejenigen, die Facebook aus Gründen der Bestätigung aufsuchen. Wer sich einsam fühlt, hat hier eine denkbar schlechte Ausgangsbasis. Hingegen sind extrovertierte Leute mit vielen Beziehungen auch in der äußeren Welt eher wenig gefährdet, durch Facebook frustriert zu werden.

Erfahrungen wie diese legen eines nahe: Extrovertierte Menschen haben es auf Facebook leichter, und Leute, die ein bisschen weniger sensibel sind, auch. Hübsch zu sein ist auch ganz hilfreich, und ein breit aufgestellter Bekanntenkreis sorgt dafür, dass eventuell auftretende Probleme mit Einzelnen rasch kompensierbar sind. Kurz gesagt: Wem es emotional gut geht und wer sozial gut eingebunden ist, der hat auf Facebook wenige Probleme zu erwarten. Anders sieht es mit denen aus, die dort intensivere Kontakte suchen, denen emotionaler Austausch wichtig ist und die eine gewisse zwischenmenschliche Tiefe anstreben. Sie wissen meist auch, dass sie hierfür bei Facebook fehl am Platz sind, denn für solche schönen Dinge ist ein soziales Netzwerk wie dieses gar nicht ausgelegt. Ob Facebook also guttut oder schadet, hängt nicht zuletzt von der sozialen und emotionalen Ausgangsposition ab.

Einsam miteinander?

Die Soziologin Sherry Turkle arbeitet am MIT, dem Massachusetts Institute of Technology. Diese legendäre Einrichtung steht insbesondere für innovative Technologie, und Sherry Turkle gehörte zu den Ersten, die das Internet auch in Hinsicht auf die Entwicklung der Persönlichkeit begrüßte. Von dieser positiven Haltung ist Turkle inzwischen abgewichen. Heute hält sie das Internet und insbesondere die sozialen Netzwerke für Mittel der schleichenden Vereinsamung. *Verloren unter 100 Freunden*[52] heißt ihr Buch, in dem sie dieses Fazit beschreibt. Tatsächlich sieht Turkle das Beziehungsleben in der digitalen Welt durch soziale Netzwerke schleichend verkommen. Doch gibt es hierfür tatsächlich Anzeichen? Lassen sich seriöse Studien finden, die zeigen, dass Menschen, die viel in Facebook unterwegs sind, sozial schwächer werden?

In der Tat gibt es Studien, die diesen Befund stützen. So kam eine an der Stanford-University durchgeführte Untersuchung zu dem Ergebnis, dass Mädchen, die die Mehrzahl ihrer Kontakte digital erlebten, deutlich größere Schwierigkeiten hatten, im unmittelbaren Kontakt Freundschaften oder befriedigende Beziehungen zu finden. Auch fürchteten sie signifikant häufiger als eine Kontrollgruppe, abgelehnt oder nicht für voll genommen zu werden.[53] Die Frage ist, ob es in früheren Generationen nicht schon mal einen ähnlichen Befund gegeben hat wie den, der sich in der Studie von Stanford zeigte. Wenn zum Beispiel Teenies lieber viel telefonierten, als sich gleich um die Ecke zu treffen. Überdies bleibt offen, was hier eigentlich Henne ist und was Ei. Vielleicht sind ja diejenigen, die die Mehrzahl ihrer Kontakte digital erleben, dieselben, die auch ohne die Möglichkeit sozialer Netzwerke sozial gehemmt wären und Sorge hätten, die Erwartungen anderer nicht zu erfüllen. Hier eine ursächliche Beziehung zwischen Facebook-Nutzung und Schwierigkeiten im sozialen Kontakt zu knüpfen ist doch recht fragwürdig.

Vernetzung macht nicht glücklicher

Es gibt Hinweise darauf, dass sich die Persönlichkeitsprofile Heranwachsender insgesamt zu verändern begonnen haben. Die amerikanischen Psychologieprofessoren Katie Davis und Howard Gardner haben in einem groß angelegten Versuch das Profil der »Generation App« bestimmt, jener Generation, die mit Computer und sozialen Netzwerken aufgewachsen ist.[54] Die Ergebnisse sind reichhaltig und streuen thematisch weit. Wenn man jedoch die Befunde, die hinsichtlich der Nutzung sozialer Netzwerke relevant sind, bündeln wollte, dann ergäbe sich im Hinblick auf die Persönlichkeitsentwicklung Heranwachsender folgendes Bild: Sie sind stärker nach außen gerichtet und weniger nachdenklich, sie kommunizieren mehr, aber oft auch banaler. Das wirkt sich auch auf die Beziehungsgestaltung aus. Die Kontaktmenge ist irrsinnig gestiegen. Dabei haben sich nicht nur die oberflächlichen und möglicherweise heiklen Kontakte vermehrt, sondern interessanterweise auch die zu den Eltern.

Anscheinend nimmt die maximal sozial vernetzte Generation sich hierdurch jedoch nicht als glücklicher wahr. Nicht einmal das Gefühl, zugehörig zu sein oder verstanden zu werden, wächst. Stattdessen mehren sich Hinweise auf Einsamkeitsgefühle und Isolation, die vor allem durch Vergleichsprozesse in sozialen Medien begünstigt werden. Dort sieht man jede Menge Leute, die alle gut drauf sind. Und das kann den Eindruck stärken, dass man selbst nicht mithalten kann. Soziale Vergleichsprozesse spielen im jugendlichen Alter eine deutlich größere Rolle als noch in der früheren Kindheit. Und das bedeutet, mit der Menge möglicher Vergleiche wächst auch der Druck. Wenn das Gefühl der Einsamkeit wächst, liegt es nahe, zu fragen, ob denn unter heutigen Jugendlichen das Einfühlungsvermögen womöglich sinkt. Auch hierfür fanden Gardner und Davis klare Hinweise. Heutige Heranwachsende haben im Vergleich zu den 90er-Jahren offenbar deutlich mehr Schwierigkeiten, sich tatsächlich in andere hineinzuversetzen. Dafür neigen sie dazu, sich selbst auf andere zu projizieren, was eher das Gegenteil von Einfühlungsvermögen darstellt. Vielleicht steht dies im Zusammenhang mit dem Druck und der Neigung, sich im Netz vermehrt darzustellen. Shakespeare sagte, die ganze Welt sei eine Bühne, und er hatte recht. Diese Bühne aber ist durch die sozialen Medien unendlich viel größer geworden – und die Zuschauer sind überall. Dass da nicht unbedingt die Neigung wächst, sich einzufühlen oder gar die Geschichte eines Lebens nachzuvollziehen, kann man sich denken. Hingegen wird die Neigung, selbst ein gutes Bild abzugeben, zunehmen. Doch ein Bild abzugeben ist etwas anderes, als eine Geschichte zu haben. Schon die Bibel lehrt, sich voneinander kein Bildnis zu machen.

Facebook und die Kultur des Narzissmus

Die amerikanische Psychologin Jean Twenge lehrt an der San Diego State University. Ihren Studien zufolge ist die heutige Generation die narzisstischste Generation von jeher. Und diese Grundorientierung, so Jean Twenge, werde durch Facebook noch gesteigert.[55]

Leuchtet das ein? Im ersten Moment schon. Aber der Unterton, mit dem dieses Urteil gefällt wird, scheint mir doch von schwer übersehbarer Härte bestimmt zu sein. Vielleicht kann man auch mit einem entspannteren Blick an die Dinge herangehen, die hier diskutiert werden. Denn wenn der Narzissmus unserer gegenwärtigen Lebenswelt in mancher Hinsicht auch außer Frage steht, so ist damit doch noch nicht zwangsläufig gesagt, dass das problematisch wäre. Dass die meisten von uns gern ein bisschen Glamour hätten und es genießen würden, sich wie ein Star zu geben, ist ja eine Binsenweisheit. Und wenn nun die sozialen Netzwerke zur Selbstinszenierung Gelegenheit geben, was ist denn eigentlich schlimm daran?

Bei näherer Betrachtung: nicht viel. Es sei denn, man macht sich abhängig von den Urteilen, die man im Netz bekommt. Dies allerdings geschieht in einem Ausmaß, das wiederum zu denken gibt. Und da das Einfühlungsvermögen auf breiter Front im Sinken begriffen ist, so wird jemand, der in sozialen Medien abgestraft wurde, nur begrenzt auf Solidarität rechnen dürfen.

Ist dies jedoch eine Folge der Nutzung sozialer Medien? Das wäre eine allzu grobe Vereinfachung. Ich selbst glaube nicht, dass der Narzissmus eine Folge der sozialen Netzwerke ist oder von diesen im Übermaß begünstigt wird. Die Netzwerke ermöglichen neue, narzisstische Ausdrucksmöglichkeiten und erzeugen so eine Art Rückkoppelungsschleife. Bei genauerem Hinsehen ist zum

Beispiel der »Selfie-Kult«, von überall und jederzeit bearbeitete Selbstbilder zu posten, nur die Spitze eines Eisbergs, der die Modelwelt und den Schlankheitswahn, übersteigerte Wünsche an das eigene Leben einerseits und die Unfähigkeit, Kritik zu ertragen, andererseits umfasst. Wollten wir wirklich den Problemen des körperorientierten Narzissmus den Kampf ansagen, dann müssten wir etwas ganz anderes verbannen als die Bildschirme. Nämlich die Spiegel.

Marlene – Selfie und Sexting

Marlene hat seit gestern ein schlimmes Problem. Es gibt da ein Video von ihr, und das kennt nun die halbe Klasse. Eigentlich sogar die ganze Klasse, aber die eine Hälfte schweigt betreten, während die andere ständig über dieses Filmchen spricht. Was ist auf dem Video zu sehen? Nichts, was man nicht auch von Lady Gaga kennen würde, zum Beispiel. Aber bei einer 14-Jährigen sieht das anders aus. Überdies ist der Clip – eine simple Karaoke-Aufzeichnung, die Marlene, weil sie zu betrunken war, nicht mehr mitbekommen hat – noch ein bisschen bearbeitet worden. Und diese Bearbeitung könnte Anlass für eine Schulkonferenz geben.

Erst einmal aber gibt sie Anlass, die Eltern einzubestellen. Und die kommen dann zu mir. Noch ohne Marlene, die auf keinen Fall zu einem Therapeuten will. Und eigentlich hat sie auch recht, denn sie hat ansonsten keine Störung, wenn man von dem frühreifen Alkoholkonsum einmal absieht. Wieso aber eine Schulkonferenz? In dem Clip kommt nicht nur Marlene, sondern auch ihr Lehrer vor. Ein Lateinlehrer, ziemlich unbeliebt. Er ist dafür bekannt, gelegentlich etwas zu derb zu sagen, wenn er eine Antwort ungenügend findet. »Doof wie Holz« lautet eine seiner liebs-

WIE GEFÄHRLICH SIND FACEBOOK & CO.?

ten Wendungen. Diese Wendung hört man in dem Video, während Marlene tanzt, trällert und ziemlich wenig Klamotten am Leib hat. Immer wieder als Kommentar aus dem Off: »Doof wie Holz.« Eine gemeine Inszenierung, da wird man sich leicht einig. Worüber man sich nicht so leicht einig wird, ist die Frage, wo die Aufnahme mit dem Lehrerspruch eigentlich herkommt. Lehrer während des Unterrichts aufzunehmen ist nämlich keineswegs so ohne Weiteres erlaubt. Es verletzt Persönlichkeitsrechte, und tatsächlich sind schon Schüler von ihrer Schule geflogen, weil sie eine Unterrichtsstunde ins Netz gestellt haben. Meist, um allen zu zeigen, wie ungerecht dieser Lehrer ist.

Marlene hat also ein doppeltes, womöglich dreifaches Problem. Erstens der beschämende Auftritt, betrunken und halb nackt, mit 14 Jahren. Zweitens, dass nun alle diesen bösen Spruch mit ihr verbinden: »Doof wie Holz«. Und drittens, dass sie befragt werden wird, wie denn das Video eigentlich zustande kam.

Man kann sich ausrechnen, was passiert. Marlene wird dasitzen, keine Antworten wissen und irgendwann zu schluchzen beginnen. Vielleicht – hoffentlich – wird dann jemand dabei sein, der die Lage entschärfen kann und ernst nimmt, was das Mädchen sagt. Dass sie es nicht war, die Teile der Stunde aufgezeichnet hat, weil das doch auch völlig unsinnig wäre. Warum sollte sie etwas aufzeichnen, was hinterher gegen sie verwendet wird? Aber so funktionieren Verdächtigungen. Was im Zusammenhang mit Marlene auftaucht, das wird auch mit ihr in Verbindung gebracht. Assoziativ, nicht logisch. Aber leider wirksam.

Wir wissen, dass im jugendlichen Alter Risiken leicht unterschätzt werden. Teenies fotografieren oder filmen sich, wie sie in Klubs feiern, in die sie eigentlich noch gar nicht dürfen. Dafür fälscht man, wie jedermann weiß, seinen Schülerausweis. Wenn nun aber auf Facebook Partyfotos gepostet werden, die drei fröhliche 15-Jährige gegen zwei Uhr morgens zeigen, was passiert dann wohl, wenn ihr Lehrer, der gleichfalls auf Facebook unterwegs ist, das Foto findet? Und was wird mit dem Klubbetreiber, der ganz offenbar nicht genau hingeschaut hat? Und wie ergeht es den Schülerinnen selbst, wenn plötzlich von Urkundenfälschung die Rede ist?

Dies alles kommt vor. Oft sogar. Betrunkene Mädchen werden dabei gefilmt, wie sie sich ausziehen. Nach Auskünften von Lehrern werden häufig Nacktfotos herumgereicht; man spricht hier von »Sexting«. Besonders häufig werden, so ein Lehrer, mit dem ich das Phänomen untersuchte, Fotos von 13- bis 15-Jährigen herumgezeigt. Oftmals sind das Bilder, die die Mädchen selbst von sich geschossen haben (Selfies) und die nun gegen ihren Willen verbreitet werden. Das passiert zum Beispiel, weil der Exfreund Schluss gemacht hat oder weil die Mädchen jemanden, den sie toll fanden, mit dem Bild ködern wollten und dieser das Bild benutzt, um sich selbst aufzuwerten. Ein anderes Motiv von Filmchen oder Fotos sind onanierende Jungen.

Das alles kann für die Betroffenen traumatische Folgen haben. Und das besonders Üble ist: Das traumatisierende Erlebnis ist reproduzierbar. Denn was auch immer man mit solchen Filmen im Netz anstellt, ob man sie sperren lassen oder blocken will, sie verschwinden ja nicht wirklich. Wer hat es sich nicht alles inzwischen runtergeladen, Kopien erstellt oder das Video auf irgendeiner Website geparkt? Und selbst wenn es gerade nirgendwo auftaucht – weg, wirklich weg ist es nie. Und wird es nicht sein. Jedenfalls nicht, solange es das Internet gibt.

WIE GEFÄHRLICH SIND FACEBOOK & CO.?

Mobbing im Netz

Begriffe wie »Cybermobbing« legen nahe, dass wir es bei dem, was mit Marlene geschah, mit einem vollständig neuen Phänomen zu tun haben. Das ist eigentlich aber unwahr. Denn auch wenn das Ausmaß infolge der technischen Möglichkeiten größer erscheint: Es handelt sich dabei um eine Verzerrung.

Tatsächlich ist Cybermobbing statistisch unter allen Formen des Mobbings eher in geringem Ausmaß vertreten. Nationale wie internationale Statistiken zeigen, dass Mobbing ohne den Einsatz digitaler Medien zu zwei Dritteln häufiger vorkommt als Cybermobbing. Wenn wir also das Cybermobbing als besonders gefährlich empfinden, dann hat das auch mit der scheinbaren Neuheit des Phänomens zu tun.

Öffentliche Beschämungen hat es jedoch immer gegeben, und welche Techniken dabei zum Einsatz kamen, war letzten Endes gleichgültig. Mit der Möglichkeit des Buchdrucks und der vervielfältigten Grafik kamen auch die Pamphlete und die Hetzbriefe. Sobald man Karikaturen kopieren und in Umlauf bringen konnte, geschah dies auch und brachte die, die auf der Karikatur zu erkennen waren, in Misskredit. Und auch die peinlichen Fotos, die in unserer Elterngeneration auf dem Pausenhof herumgereicht wurden, kannte alsbald jedermann. Ebenso wie die Inhalte des Internets verschwanden sie nicht, und das galt für geklaute und kopierte Briefe mit peinlichem Inhalt ganz genauso.

Man sieht: Das Phänomen ist weder so neuartig, wie es aussieht, noch so bedrohlich, wie die Angst uns suggeriert. Allein der Umstand neuer technischer Mittel scheint nahezulegen, dass wir es mit etwas fundamental Neuem zu tun haben – doch das ist nicht so. Anstatt uns also von einer Sorge lähmen zu lassen, die weder statistisch noch historisch begründet ist, sollten wir die

Fragen anders stellen: Wie kann man helfen? Was kann man tun, wenn einem Mädchen wie Marlene so etwas widerfährt?

Die Antwort ist so einfach wie vertraut: Es ist die menschliche Solidarität, die hier hilft. Erst wenn die Auswirkungen ihrer Erfahrung Züge eines posttraumatischen Stresssyndroms annähmen (zum Beispiel erkennbar an wiederkehrenden Albträumen, Verweigerung und Vermeidung), wäre an eine Therapie zu denken. Ganz grundsätzlich aber gilt: Dies ist alles nicht neu, und wer es am Internet oder am Computer festmacht, blickt auf den falschen Gegner. Und vergisst in der Folge womöglich, alles das zu tun, was wir auch getan hätten, wenn früher ein peinliches Foto herumgereicht wurde. Oder wenn ein Liebesbrief in falsche Hände geriet, kopiert und massenweise verteilt wurde.

Was nun die technische Seite der Mobbing-Situation angeht, so empfehlen Mobbing-Experten, den Mobber einerseits zu sperren und zugleich zu speichern, was er in die Welt gesetzt hat. Das Sperren verhindert, dass noch mehr schmähende Nachrichten eingehen. Und das Speichern stellt sicher, dass eine eventuelle Strafverfolgung möglich wird. Überdies gibt es hier eine einfache Regel. An einer Mobbing-Situation sind immer drei Einheiten beteiligt: die Täter, die Opfer und die anderen. Die anderen, das ist zumeist die schweigende Mehrheit, in diesem Fall die schweigende Netz-Community. Mobbing-Fachleute betonen, dass die Mobilisierung dieser Mehrheit einen wesentlichen Faktor darstellt, wenn man Mobbing verhindern will. Auch dürfen die Täter nicht unbekannt und im Dunkeln bleiben, was bedeutet, sie müssen wissen, dass ihre Identität gelüftet werden kann. Hierfür nun könnte man ebenso soziale Netzwerke einsetzen. Doch der bessere, weil unmittelbare Weg besteht immer noch darin, Täter im realen Leben zu konfrontieren und sie merken zu lassen, dass Mobbing nicht geduldet wird.

Rohe Umgangsformen

Wer in die sozialen Begegnungsstätten des Internets hineingeht, der wird immer wieder zwei Beobachtungen machen. Die erste ist eine merkwürdige Simplifizierung der Kommunikation, die durch das Kombinieren von verbaler Sprache und Zeichensprache entsteht. Insbesondere Facebook und die Facebook zugehörige Messenger-App »WhatsApp« sind für die gereckten Daumen bekannt und für ein Zeichensystem, das in erster Linie ziemlich hässlich ist. In der Zeitschrift *Psychologie heute* war hierfür der treffende Hinweis zu finden, die WhatsApp-Icons schienen »aus einem schlecht sortierten Spielwarenladen zu stammen«[56].

Die zweite Beobachtung ist eine Tendenz zur Verrohung der Kommunikation. Einander anzurüpeln, ordinäre Sprüche zu bringen oder einen Klassen-Chat mit »Fuck you!« (wahlweise ausgeschrieben, als Kürzel oder als Icon) zu verlassen ist keine Seltenheit. Auch steigt zum Beispiel bei WhatsApp-Auseinandersetzungen die Chance für Missverständnisse, die dann wiederum in einen rohen Ton münden.

Der Grund dafür ist leicht einsehbar: Es fehlen die unmittelbaren kommunikativen Rückkoppelungen. Wir sehen nicht, wie zum Beispiel einem zu Unrecht Angegriffenen die Überraschung im Gesicht steht, sehen kein ungläubiges Staunen und auch nicht die Aufrichtigkeit, mit der eine Jugendliche ihrem Freund gegenüber beteuert, dass sie doch nur ihn liebt und nicht den Klassesportler aus der Parallelklasse. Indem diese Rückmeldungen aber fehlen, sind wir auf Interpretationen angewiesen – und die können, je nach Stimmungslage, schon einmal destruktiver ausfallen.

Der Internet-Kritiker Andrew Keen glaubt, dass das Internet vor allem die soziale Verrohung fördere.[57] Und wenn man liest, was zum Beispiel in WhatsApp-Gruppen in Schulklassen geschrieben wird, dann könnte man annehmen, dass Keen recht hat. Tatsächlich aber liegt dies nicht am Medium Computer – sondern es ist ein Phänomen der sozialen Netzwerke. Wer zum Beispiel über Skype kommuniziert, ist viel weniger anfällig für die Verrohung der Kommunikation. Einfach weil diese Kommunikationsform komplexer ist und mehr mitteilt.

Lehrer und Eltern sollten wissen, ob es in Klassen zum Beispiel WhatsApp-Gruppen gibt. Und bis zum Jugendlichenalter, also bis circa 13 Jahren, ist es auch sinnvoll, zu besprechen, was in diesen Gruppen geschieht. Kinder wissen ja nicht, dass das fehlende Gegenüber eher problematische Ausdrucksformen begünstigt. Und es hat gute Gründe, dass WhatsApp eigentlich erst ab 16 Jahren freigegeben ist – wenngleich dies natürlich niemals kontrolliert wird.

Abermals zeigt sich: Das Computerproblem ist ein Beziehungsproblem. Wer nicht weiß, was im Klassen-Chat geschieht, mag sich ausmalen, dort sei schon alles in Ordnung. Wer aber Klassen-Chats kennt, weil er sie, wie ich, von entgeisterten Lehrern gezeigt bekommt, der weiß: Auf ihre eigene Enthemmung in der scheinbar abstrakteren Messenger-App sind Kinder nicht vorbereitet. Zu glauben, man könne selbst darin unterwegs sein und sein neunjähriges Kind werde dort ebenfalls gut untergebracht sein, ist daher einfach fahrlässig.

Selbstverteidigung im Netz

Die Berliner Mode-Bloggerin Mary Scherpe ist ein Stalking-Opfer. Ihr Stalker setzte ihr nicht nur mit eigentümlichen Postsendungen zu, sondern drang auch in ihre Netzwelt ein, wobei er spezielle Methoden benutzte, um seinen Weg in ihre Daten unkenntlich zu machen. Mal kommentierte er Mary Scherpe und schrieb hämisch über ihre schlechte Haut, mal imitierte er ihren Stil und schrieb Dinge unter ihrem Siegel, die sie niemals verfasst hatte.

Eine abstoßende Aktion. Und eine Lage, in der man leicht depressiv werden kann, da die Möglichkeiten zum Selbstschutz anscheinend sehr klein sind. Zwar gibt es zum Stalking ein Gesetz, doch das greift oftmals nicht, und damit entsteht im Opfer der Eindruck, wehrlos einer Peinigung ausgesetzt zu sein.

Doch Mary Scherpe entschied sich zu kämpfen. Sie startete einen Blog, in dem sie den Stalker und ihre Situation thematisierte. Der wusste nun, dass über ihn geschrieben wurde, und er begann, vorsichtiger zu werden. Stalker sind von ihrer psychischen Struktur her Feiglinge, die entweder aus Überlegenheit oder aus Unsichtbarkeit heraus agieren. Diese Unsichtbarkeit hat Mary Scherpe ihrem Verfolger genommen.[58]

Das Beispiel Mary Scherpes macht Mut. Und Heranwachsende, gerade Mädchen, sollten es kennen. Ich denke, dass es in einigen Jahren, vielleicht sogar früher, Kurse in digitaler Selbstverteidigung geben wird.[59] Wichtig wird dabei sein, dass diese Kurse nicht von Psychologen, Kinderärztinnen oder Sozialarbeitern gegeben werden, sondern dass auch Netz-Aktivisten dabei zum Einsatz kommen, die die Kämpfe im Internet nicht nur vom Hörensagen kennen.

Kämpfer im Netz

Wie weit die Möglichkeiten der Selbstverteidigung im Netz gehen können und wie wichtig es ist, dass Heranwachsende sich

DIGITALE HYSTERIE

dafür in den digitalen Medien auskennen, belegt das folgende, beeindruckende Beispiel. Die Bloggerin Lina Ben Mhenni ist als ganz junge Frau eine der Schlüsselfiguren der tunesischen Revolution gewesen. Sie ist Bloggerin und nennt sich selbst »ein freies Elektron«[60]. Das klingt stolz und froh. Doch Lina Ben Mhenni ist nicht nur frei, sie ist auch Teil einer kämpferischen sozialen Bewegung. Die tunesische Bloggerin steht für etwas, was in der gängigen Mediendiskussion über Kinder und Jugendliche praktisch nicht vorkommt: für eine Medienkompetenz, die Leben retten und Freiheit schaffen kann. Mit spürbarem Stolz schreibt Lina Ben Mhenni, dass gerade die Medienkontrolle in autoritären Staaten durch die Kompetenz junger Leute aufgesprengt werden kann. Platt gesagt: Die Jugendlichen und die jungen Erwachsenen sind einfach besser in der Nutzung der Kommunikationsmaschinerie als die Schergen des autoritären Regimes.

Es war ein entscheidender Moment für die tunesische Revolution, als das Hacker-Netzwerk »Anonymous« beschloss, den Aufstand zu unterstützen. Attacken auf die Server der Ministerien waren die Folge, und eine manchem etwas schmuddelig erscheinende Gruppe junger Nerds wechselte plötzlich die Rolle: Sie trieben nicht mehr groben Unfug, sie waren Kämpfer geworden.

Was an diesem Beispiel erkennbar wird: Die Möglichkeiten, gerade auch gegen totalitäre Strukturen anzugehen, sind vollkommen neuartig und vor allem von denen nutzbar, die sich mit Leichtigkeit und kompetent im elektronischen Datenraum bewegen. Was Lina Ben Mhenni freilich vergisst, ist dies: Der Vorsprung gilt nur so lange, bis jene Generation, die jetzt zur Schule geht, groß sein wird. Dann sind die Möglichkeiten wieder gleich verteilt, denn dann bevölkern die mediengewohnten Herangewachsenen in jedem Fall beide Seiten, die der totalitären Regime ebenso wie die der Revolutionäre. Immerhin soll aber nicht übersehen werden, dass Lina Ben Mhenni hier auf etwas hingewiesen hat, das nicht bloß für die tunesische Revolution gilt. Nämlich auf den Umstand, dass man sich mit Medien auskennen muss, wenn man sich in ihrem Umfeld schützen will. Und dass technische Kenntnisse und Erfahrung mit digitalen Medien immer da entscheidend sind, wo die Gegenwehr gegen eine Übermacht gelingen soll, die selbst versucht, über die digitale Welt Gewalt auszuüben.

Überanpassung an die Massen im Netz

Begriffe wie »Shitstorm« und »Cybermobbing« sind uns inzwischen vertraut. Und auch wenn ihre Dimensionen zum Teil beträchtlich sind, so sind sie doch im Kern keine neuen Formen aggressiver Auseinandersetzung. Vielmehr sind Cybermobbing und das digitale »Dissen« auch nur Fortsetzungen dessen, was Heranwachsende immer schon an negativem Sozialverhalten hervorgebracht haben.

Anders ist es da schon mit der Gruppenbildung und mit der Frage nach Anerkennung und Respekt. Oder anders ausgedrückt: Mit der sozialen Macht, die durch das Ausmaß der digitalen Vernetzung bestimmt wird. Denn diese Macht hat im Netz tatsächlich verschiedene Gesichter. So verweisen James Fowler und Nicholas Christakis darauf, dass sich nicht nur negative Emotionen in sozialen Netzwerken verbreiten, sondern dass auch beglückende Erfahrungen im Netz geteilt werden können.[61]

Einige Forscher glauben, dass die Hauptgefahr sozialer Netzwerke weniger darin besteht, ein Opfer von Mobbing-Übergriffen oder Sexting zu werden, als vielmehr in eine schleichende Anpassung hineinzuwachsen, bei der alles Individuelle dem Urteil der

Massen geopfert wird. Anders gesagt: dass ein hoher Vernetzungsgrad zu einer immer höheren Anpassungsbereitschaft führen wird.

Der Medienwissenschaftler Ramón Reichert glaubt, dass die Aktivität der »vielen«, wie sie in sozialen Netzwerken und in Webforen aktiv sind, bereits dabei ist, das Individuum als Instanz zu ersetzen.[62] Was das konkret bedeuten wird, ist wohl noch abzuwarten – falls die Aussage stimmt. Hätte Reichert recht, würde die Besonderheit Heranwachsender zumindest in Gefahr sein – und der viel beschworene Narzissmus wäre das Erste, was dabei über Bord ginge. Gerade das, was so individuell und so einzigartig machen soll, würde ja dem Urteil der Massen hinterhergeworfen. Eine an den Massen orientierte Individualität aber wäre natürlich keine mehr. Und so könnte man die Botschaft auch so lesen, dass das Individuum, das sich im Netz doch unverwechselbar zeigen möchte, in der Flut der Darbietungen ganz einfach verschwände.

Ehrlich gesagt, kommen mir solche kulturpessimistischen Töne eher künstlich dramatisch vor als ernsthaft begründet. Denn im Kern sagt Reichert nichts anderes, als dass es in Gruppen einen Trend zur Anpassung gibt. Ob soziale Netzwerke da tatsächlich so anders sind, als wir es kennen? Meiner Erfahrung nach bisher nicht. Was sich hier abspielt, sind eher vertraute Bewegungen: Gleichgesinnte suchen einander, und wer sich zu sehr unterscheidet, geht andere Wege. Dass der Anpassungsdruck tatsächlich im Netz so exorbitant steigt, wie von pessimistischen Autoren befürchtet, könnte sich auch als eine eher paranoide, zumindest aber reichlich übertriebene Fantasie erweisen, für die gegenwärtig keine nennenswerten Belege existieren.

Die Zukunft sozialer Netzwerke

Ende 2013 erlebte Facebook einen Absturz. Denn es verlor den Status der wichtigsten sozialen Netzplattform amerikanischer Jugendlicher an Twitter. Auch wird Facebook für eine Reihe von Heranwachsenden, die es leid sind, von ihren Eltern Nachrichten aus demselben sozialen Netzwerk zu erhalten, zunehmend unattraktiv. Es ist wohl ein bisschen so, als höre jemand Telefonate mit oder als sei die Bar, in der sich immer alle trafen, nun auch für die Elterngeneration attraktiv geworden.

Was immer die Gründe sind: Umverteilungen wie diese verweisen darauf, dass auch die sozialen Netzwerke nur so mächtig sind, wie ihre Nutzer es ihnen ermöglichen. Die Online-Plattform MySpace zum Beispiel hat ihre besten Tage eindeutig hinter sich, und schon jetzt prognostizieren Beobachter der Szene, dass Facebook ein ähnliches Schicksal erleiden wird. Manchen mag so eine Prognose beruhigen. Aber das wäre ein Fehler. Denn neue soziale Plattformen werden kommen und den Platz der alten einnehmen. Überdies haben Heranwachsende nun einmal das Bedürfnis, untereinander zu sein und sich vor mitlesenden Erwachsenen sicher zu fühlen.

Welche sozialen Netzwerke es auch sein werden, die die Zukunft prägen: Völlige Vermeidung wird der falsche Weg des Umgangs mit ihnen sein. Denn durch Vermeidung werden Heranwachsende nicht lernen, sich in diesen Netzwerken zu bewegen. Dass das Internet frei von Gefahren ist, wird niemand behaupten. Und so ist es für junge Nutzer wichtig, sich über Gefahren und insbesondere Schutz- und Verteidigungsmöglichkeiten kundig zu machen.

Es ist ein bisschen wie mit der Abwehrkraft unseres Organismus. Sie entsteht allein durch Auseinandersetzung. Übermäßige

Hygiene kann da schädlich sein, obwohl sie mit den besten Absichten praktiziert wird. In der Schweiz, in der ich gelegentlich als Dozent tätig bin, sah ich einmal ein Poster, auf dem zu lesen stand: »Schmuddelkinder sind gesünder.« Diese Botschaft, die auf einen Verband Schweizer Kinderärzte zurückging, besagte nichts anderes als: Schafft euren Kindern die Möglichkeit, durch Auseinandersetzung mit Schmutz ihre Abwehrkraft zu entwickeln.

9

Selbststeuerung lehren statt Spiele verbieten

Marie K. lebt ein ganz normales Medienleben. Sie checkt morgens auf dem iPhone neue Nachrichten und fährt nach dem Frühstück zur Arbeit. Dort bearbeitet sie Versicherungsfälle am Computer, Fall nach Fall, gewissenhaft und – zugegeben – manchmal gelangweilt. Es geht um zu klärende Rentenansprüche, bei denen Gutachten gelesen und juristische Feinheiten berücksichtigt werden müssen. Marie K. würde sich nicht beklagen. Alles läuft gut. Die Bezahlung reicht aus und die Urlaubszeiten stimmen. Wenn man mal ein paar Tage krank ist, sagt keiner was. In letzter Zeit kam das öfter vor; ein altes Migräneleiden ist wieder aufgeflammt. Früher litt sie gehäuft darunter, doch dann entdeckte Marie K. eine Diät für sich, mit der sie nicht nur abnahm, sondern die auch die Zahl der Migräne-Attacken senkte. Warum die Anfälle zurückgekehrt sind, weiß Marie nicht. Vielleicht sind es die Sorgen. Keine beruflichen Sorgen, sondern private. Sorgen um ihren Sohn. Damien, mit seinen 13 Jahren ziemlich groß und vor allem ziemlich dick, will seit einiger Zeit das Haus nicht mehr verlassen. Zur Schule geht er noch, denn er hat von Schülern gehört, die von der Polizei abgeholt und zum Unterricht eskortiert wurden. Das würde noch fehlen, um ihn vollends lächerlich zu machen …

Marie K. sieht, wie Damien morgens vor dem Schulweg seine

Xbox klarmacht. Wenn sie wiederkommt, sitzt Damien in seinem Zimmer. Er sagt nicht Hallo, eigentlich spricht er überhaupt nicht mehr viel. Stattdessen empfangen sie die vertrauten Geräusche. Spielgeräusche. Die Xbox eben.

Marie K. sorgt sich mehr, als sie sich eingestehen will. Die Fälle und die Anfragen, die sie bearbeitet, gehen ihr nicht aus dem Kopf. Sie ahnt, wie es Damien gehen wird, wenn er erst 30 ist und ein dicker, trauriger Junge, aus dem niemals richtig ein Mann wurde. Dessen Gelenke zu schmerzen beginnen, dessen Blutdruck steigt und dem niemals ein Mädchen hinterhergeblickt hat, außer um sich über ihn lustig zu machen.

Marie K. kommt gar nicht darauf, die Zeiten, die sie selbst vor einem Bildschirm verbringt, mit denen ihres Sohnes zu vergleichen. Das würde wahrscheinlich Irritationen zur Folge haben. Denn im Schnitt kommt sie auf acht bis zehn Stunden reine Bildschirmaktivität. Zu Hause am Abend tauscht sie sich in Selbsthilfe-Chats über Migräne aus. Dabei hat sie vieles Nützliche erfahren. Und auch Nachrichten zu checken ist ein ganz normaler Vorgang, oder? Aber Damien? Der sollte Sport treiben, gute Bücher lesen und mit seinen Freunden ausgelassen unterwegs sein. Das wäre, was sie ihm wünscht: eine richtige Kindheit.

Damien – der Computer und die Amygdala

Marie K. ist eine ganz normale besorgte Mutter unserer Tage. Und sie lebt das ganz normale Paradox unserer Zeit. Selbst viele Stunden am Bildschirm tätig, erfüllt sie mit Unruhe, dass ihr Sohn dasselbe tut. Ob sie sich beruhigt fühlen würde, wenn er dort Akten bearbeiten und Textdateien füllen würde? Gewiss nicht. Ihre Sorge kreist nicht um das, was Damien am Bildschirm tut.

SELBSTSTEUERUNG LEHREN STATT SPIELE VERBIETEN

Sie kreist darum, dass Damien *überhaupt* so lange am Bildschirm sitzt.

Aber ist denn der Bildschirm allein der Feind? Manche Psychiater glauben dies tatsächlich. Doch ich kann ihnen in keiner Weise zustimmen. Denn wenn man genau hinsieht, dann ist die Annahme, dass der bloße Bildschirm eine ernst zu nehmende Gefahr für das Heranwachsen eines Kindes bedeutet, doch eine sehr oberflächliche Einschätzung. Ich möchte daher an dieser Stelle erläutern, warum die gegenwärtig gebräuchlichen Bildschirmregeln (täglich nur 20 Minuten) oder die Bildschirmverbote (an Wochentagen darf das Kind nicht an den Computer) wenig sinnvoll sind. Dabei möchte ich mit einer ganz einfachen Frage beginnen: Warum machen uns die modernen Medien so viele Sorgen? Sind sie wirklich gefährlich? Oder scheint das nur so? Ist unsere sorgenvolle Reaktion tatsächlich inhaltlich begründet? Oder wehren wir nur das ab, was uns fremd erscheint?

Ja, sagt die Schriftstellerin und Kulturwissenschaftlerin Kathrin Passig.[63] Wir wehren tatsächlich nur ab, was uns fremd ist, und natürlich ist uns alles Neue erst einmal fremd. Überblickt man die technischen Neuerungen der Vergangenheit, so stößt man immer auf dieselben Muster von Skepsis und Abwehr, von Befürchtungen und Vermeidungen. Unsere Sorgen und unsere Abwehr haben viel weniger mit tatsächlichen Bedrohungen durch die Computerisierung zu tun als vielmehr damit, dass wir auf *jede* grundsätzliche Neuerung in technischer Hinsicht mit Abwehr und Sorgen reagieren. Das gilt natürlich nicht für kleinere Neuerungen wie einen verbesserten Rasierapparat. Aber für jede technologische Entwicklung, die unsere Lebensweise verändert (als Beispiele könnte man das Auto nennen oder den Flugverkehr) trifft diese Diagnose zu. Um nur ein Beispiel zu nennen: Ärzte trugen bei Autos einmal Sorge, dass das Gehirn infolge der

Beschleunigung instabil werden könne. Eine aus heutiger Sicht ziemlich alberne Befürchtung.

Wie kommt es zu solchen Fehleinschätzungen? Ist es tatsächlich nur der Grad der Fremdheit, der hier wirkt? Möglicherweise. Und unser Gehirn bietet uns sogar eine Begründung hierfür an.

Die Amygdala ist eine kleine, sogar ziemlich kleine Zone in unserem Gehirn, die auch als »Mandelkern« bezeichnet wird. Hier hat die Angst vor dem Fremden ihren Ort. Die Amygdala liegt im Zwischenhirn, räumlich gesehen relativ nahe der Zirbeldrüse. Sie wird gelegentlich als unser emotionales Gedächtnis beschrieben, und neben der Angstproduktion ist sie auch für die Aggressionserzeugung maßgeblich verantwortlich. Diese Dopplung ist leicht zu erklären: Für den Hirnforscher Joseph LeDoux stellt die Amygdala das »Kernstück des Abwehrsystems« dar.[64] Das Abwehrsystem aber hat nur zwei Möglichkeiten: »Flucht« und »Angriff«.

Wann springt dieses Abwehrsystem an? Wann wird die Amygdala aktiv? Die Antwort liegt beinahe auf der Hand: zum Beispiel immer dann, wenn uns etwas Fremdes begegnet, das wir nicht einordnen können. Wir benötigen Zeit, um zu erkennen, dass uns keine Gefahr droht – wirklich keine. Solange dies aber nicht erwiesen ist, wird die Amygdala weiterhin feuern. Erkenntnisse wie diese machen es leichter, zu begreifen, warum unser Zwischenhirn nicht nur positiv auf Computer reagiert. Denn wie bewusst auch immer wir handeln, diese Zonen unseres Gehirns sind zwar alt, aber sie sind nach wie vor aktiv. Man kann sie freilich auch überbetonen. Auf politischer Ebene werden Ängste ja schon lange benutzt; der frühere Vizepräsident der USA, Al Gore, spricht in solchen Fällen treffend von »Amygdala-Politik«.

Ich persönlich glaube, dass die Angst vor der digitalisierten Kindheit noch einen anderen Grund hat. Jedes Heranwachsen

SELBSTSTEUERUNG LEHREN STATT SPIELE VERBIETEN

ist von Risiken begleitet, und wir wissen, dass das so ist. Kinder steigen auf Bäume oder fahren rasant Fahrrad, sausen auf dem Skateboard um die Ecke oder spielen mit Streichhölzern. Bei all diesen Spielen kann etwas passieren und natürlich warnen wir davor. Aber wir schütteln auch nachsichtig den Kopf, und wir sagen zueinander: Na ja, wir waren ja auch nicht anders, oder?

Genau. Wir waren auch nicht anders. Wie unsere Kinder sind wir auf Bäume geklettert und zu Fahrradralleys gestartet. Diese Risiken kennen wir und wir haben Verständnis dafür. Die vermeintlichen Risiken der Computerwelt aber kennen wir oftmals *nicht*, vor allem nicht, was die Kindheit betrifft. Zwar haben viele Eltern als Kinder gern »Donkey Kong« gespielt, also einen der noch ganz einfachen Vorläufer heutiger Computerspiele. Aber die komplexen Spiele der Jetztzeit, Facebook und überhaupt das Internet lagen für viele von uns noch in weiter Ferne. Eltern fremdeln also gern gegenüber einer als digital empfundenen Kindheit. Eltern, die selbst anders aufgewachsen sind (allerdings meist doch nicht ohne Fernseher), stehen vor etwas, was sie nicht einschätzen können. Und der evolutionäre Modus gebietet ihnen, das Fremde erst einmal für bedrohlich zu halten.

Allerdings haben Menschen im Vergleich zu Tieren die Möglichkeit, ihre evolutionären Modi zu untersuchen und sie zu hinterfragen. Und bloß weil es in der Rotte hilfreich war, ein paar Mitstreiter zur Seite zu stoßen, um rascher an die Beute zu kommen, fängt doch heute niemand in der Schlange an der Kasse eine Rauferei an. Der evolutionär bedingte Widerstand gegenüber der Technisierung ist nachvollziehbar und ergibt, rückwärts betrachtet, auch Sinn. Für uns moderne Lebewesen allerdings hat er wohl mehr Probleme als Gewinn anzubieten, und das legt nahe, dass wir unseren Widerstand als ein Erbteil betrachten und mithilfe dieser Erkenntnis überwinden sollten.

Warum Computerkinder aus evolutionärer Sicht besser dran sind

Der Wissenschaftshistoriker George Dyson ist der Überzeugung, dass die natürliche Auslese künftig diejenigen bevorzugen wird, die an die Maschinenwelt möglichst perfekt angepasst sind[65]. Wenn man dies für richtig hält, dann kann man für sein Kind kaum etwas Sinnvolleres tun, als ihm digitalen Spielraum zu eröffnen. Aber eben nicht nur. Vielmehr wird von entscheidender Bedeutung sein, dem Heranwachsenden zwar den digitalen Zugang zu gewähren – zugleich aber analog mit ihm in Kontakt zu stehen. Erst dieser zweite Faktor, den die Befürworter der Anpassung an eine maschinenbestimmte Welt für gewöhnlich nicht beachten, macht aus der Anpassung an eine sich wandelnde Welt etwas wirklich Hilfreiches.

Als Psychologe möchte ich George Dysons Überlegungen überdies noch etwas anderes, gleichfalls Entscheidendes hinzufügen. Es betrifft das Verhältnis von Angepasstheit an die Maschinen einerseits und gelingendem Umgang mit sich selbst andererseits. Denn die Evolution wird nur diejenigen bevorzugen, die zugleich in der Lage sind, gut und erfolgreich mit sich selbst umzugehen. Die pure Anpassung an die Maschinen käme der Maschinisierung des Menschen selbst sehr nahe. Und das wäre kein evolutionärer Vorteil, sondern eine Kapitulationserklärung.

Wenn Evolutionsforscher über die Maschinenwelt sagen, wir müssten uns dieser entweder anpassen oder würden allmählich verschwinden, dann vergleichen sie diese Maschinenwelt mit dem Meer, der Wüste oder dem Dschungel. Das aber ist ein unpassender Vergleich, denn die Wüste, das Meer und der Dschungel waren schon vor uns da und gehören zu unserer Herkunft. Die Maschinenwelt aber ist unsere eigene Hervorbringung, wir haben

SELBSTSTEUERUNG LEHREN STATT SPIELE VERBIETEN

sie gewollt und entworfen. Man könnte sagen, sie ist so etwas wie unser Beitrag zur Evolution. Uns diesem Beitrag wiederum anzupassen hieße daher, die Verhältnisse auf den Kopf zu stellen.

Gewiss werden in der neuen Welt diejenigen gut zurechtkommen, die mit Maschinen zu leben gelernt haben. Aber ebenso gewiss ist, dass niemand hierfür sein Selbstgefühl und seine Menschlichkeit aufgeben möchte. Wo Menschen anfingen, sich den Maschinen anzupassen (was etwas ganz anderes ist, als sie zu steuern und zu programmieren, mit ihnen Forschung zu betreiben oder Spiele zu spielen, sie zu pflegen und zu warten), da hätten wir es nicht mehr mit einem evolutionären Prozess zu tun. Sondern mit nackter Feindschaft gegenüber dem Leben selbst.

Um mit der Welt, wie sie vor uns liegt, zurechtzukommen, benötigen junge daher Menschen zweierlei. Sie müssen die Technik beherrschen, die diese Welt bestimmen wird. Und sie müssen zu sich selbst eine Beziehung entwickeln, in der sie ihr Potenzial entfalten und eine Chance bekommen können, ein glückliches Leben zu führen. Wer sein Kind heute fördern will, der erlaubt ihm, die Computerwelt zu entdecken. Kinder entdecken technische Welten mit derselben Energie, mit der sie einen Wald erkunden. Der biologische Antrieb ist ganz derselbe, und wer sich sorgt, dass im Netz oder beim Computerspiel womöglich Gefahren lauern, wird zugeben müssen, dass das im Wald kaum anders ist. Allerdings bestimmt der Wald unser Leben nicht mehr. Und man muss sich nicht in ihm zurechtfinden, um sein Leben gut leben zu können. Das kann man bedauern, aber ändern lässt es sich nicht.

»Das Kind befindet sich bereits in der Zukunft, es wird anders sein als wir: Aus diesem Grund ist es immer ein Prophet, man muss ihm nur zuhören.«[66] Diese Sätze stammen von Andrea Zanzotto, einem der bedeutendsten italienischen Dichter des 20. Jahrhunderts. Der Gedanke, den ich Zanzotto entnehme, steht mit einer meiner wichtigsten Auffassungen in enger Beziehung. Ich denke, dass das, was wir gegenwärtig an kindlichen Störungsbildern erleben, zu einem bedeutenden Teil Vorbereitungsphänomene sind. Anders gesagt: Es sind weniger Störungen – und die auch nur im Hinblick auf einen Status quo, der schon dabei ist, sich zu verabschieden – als vielmehr Zurüstungen für eine neue Lebensform, die jetzt noch nicht da ist, sich aber deutlich abzeichnet.

Mitunter spüren wir im Vorhinein, was kommen wird, auch wenn wir hiervon noch keine ganz klare Vorstellung haben. Der Philosoph Ernst Bloch hat hierfür den Begriff des »antizipierenden Bewusstseins« geprägt. Dieses antizipierende Bewusstsein ahnt etwas, das kommen wird, ohne genau begründen zu können, wieso. Denn an äußeren Umständen deutet nichts auf das Kommende hin, es ist allein der menschliche Geist, der das Kommende ahnt. Gegenwärtig aber könnte man durchaus begründen, wieso unser Bewusstsein vorwegzunehmen beginnt, was kommen wird. Die Zeichen der Zeit sind ja ziemlich eindeutig. Dass wir in Zukunft ohne Computer leben werden, ist reichlich unwahrscheinlich. Dass es dagegen immer mehr Computer geben wird und dass sie unsere Lebenswelt entscheidend bestimmen werden, ist dagegen höchst wahrscheinlich. Wer sich heute dafür rüstet, der handelt sinnvoll, denn er geht auf das zu, was kommen wird.

Wie soll man dosieren?

Kehren wir noch einmal zu Marie K. zurück. Was soll sie tun? Erfahrene Eltern und Erzieher, Kinderärzte und Psychologen empfehlen gegenwärtig alle dasselbe: klar bemessene Zeiten für den Bildschirm. Sie sagen, dass Kinder, da sie selbst kein Gefühl dafür haben, wann es an der Zeit ist, mit dem Bildschirm aufzuhören, zeitliche Grenzen benötigen. Und sie legen nahe, wenn das Kind fernsieht, am Computer spielt oder den iPod benutzt, zuvor das zeitliche Limit zu klären, das dann eingehalten werden muss.

Die Maßnahme erscheint verständlich. Und die meisten wohlmeinenden Eltern werden sie nötig finden und sehr begrüßen. Aber wird sie der Sache auch gerecht? Nach allem, was wir gesehen haben, müssten wir sagen, nein. Überdies müsste man sich ja nur einmal fragen, wie das zeitliche Limit denn bei anderen Medien aussähe. Machen wir einmal einen Versuch.

Stellen Sie sich bitte vor, wir würden zum Beispiel unseren Kindern sagen, sie dürften, je nach Alter, eine jeweils bestimmte Zeit am Tag mit Papier verbringen. Mit sechs Jahren zwanzig Minuten, mit zehn eine halbe Stunde, und so weiter. Papier wäre okay, aber in größeren Dosen könnte es für das kindliche Gehirn Schaden bringen. Daher würden wir darauf achten, dass die zeitliche Grenze nicht überschritten wird. Das Problem wäre: Wenn die halbe Stunde Lesen für die Zehnjährigen vorbei wäre, dann wären auch alle anderen mit dem Papier verbundenen Aktivitäten gelaufen. Unsere Zehnjährige (ich stelle mir diesmal ein Mädchen vor) dürfte nun auch nicht mehr zeichnen oder womöglich selbst eine Geschichte schreiben. Denn dies alles wäre ja »Papier«. Eine gruselige Vorstellung, oder? Aber sie ist von zeitgenössischen Bildschirmregulationen nicht weit weg. Und wenn man vielleicht denkt, ein Stück Papier sei doch etwas anderes als ein Bildschirm, so muss man antworten: Das ist keineswegs ein substanzieller Unterschied. Denn beides sind zur Verfügung gestellte Oberflächen, erst einmal leer, auf die dann nach Bedarf etwas aufgetragen oder mit denen etwas gemacht wird.

Was heißt dies nun für Damien? Dass ein Bildschirmverbot ihm nichts brächte? Das sowieso. Viel klüger als ein Verbot wäre die Teilnahme an dem, was er da macht. Eine vorsichtige Teilnahme natürlich, einfach Interesse an ihm. Und was die Sorgen angeht: Heranwachsende spüren die Sorgen ihrer Eltern, aber diese Sorgen verleihen ihnen gerade nicht, was die Eltern doch so gern sähen: Sicherheit und Selbstbewusstsein. Unmerklich ziehen die Sorgen in Damien ein und werden in ihm heimisch. Wenn man sich so um ihn sorgt, dann kann es mit seinem Können nicht weit her sein, oder?

Ob es das ist, was seine Mutter ihm vermitteln will? Sicher nicht. Vielleicht müsste sie einmal der Frage nachgehen, warum sie sich um ihn so sorgt und ob sie ihn womöglich für schwächer hält, als sie sich das eingestehen will. Klug wäre auch, sich einweihen zu lassen in das, was die Spielewelt anzubieten hat. Am besten von ihrem Jungen selbst. Und dann wäre es noch gut, eine neuartige Perspektive zu entwickeln. Einen Blickwinkel, mit dem beides möglich ist: erwachsen *und* kindlich zu sehen.

Versuchen, beide Seiten zu sehen

Wie findet man ihn, so einen Blickwinkel? Durch Empathie, die Fähigkeit also, sich in andere einzufühlen. Der amerikanische Psychiater Daniel N. Stern hat in seinem Buch über *Die Lebenserfahrung des Säuglings* eine bemerkenswerte Erfahrung festgehalten. Stern schrieb dort, er habe als Siebenjähriger die Erfahrung gemacht, Kleinkinder verstehen zu können, während er gleichzeitig erlebte, dass die Erwachsenen dies nicht konnten. Der siebenjährige Daniel verstand beide, die ganz Kleinen wie die Großen. Stern sprach hier von einem »Übergangsalter«, in dem ein Kind gewissermaßen noch »zweisprachig« ist: eine Fähigkeit, die mit dem Erwachsenwerden oftmals verschwindet.[67] Oftmals, ja. Aber

SELBSTSTEUERUNG LEHREN STATT SPIELE VERBIETEN

eben nicht immer. Und vielleicht kann man, wenn man Sterns Ausführungen kennt, sogar verhindern, dass die Fähigkeit zur »Zweisprachigkeit« verloren geht. Könnte nicht jemand, der sich an die Sichtweisen des Kleinkindalters erinnert, hier viel hilfreicher sein, wenn er zugleich schon erwachsen und gut ausgebildet wäre?

Ich denke, dass es, um die gegenwärtig ablaufenden Prozesse der Digitalisierung unserer Lebenswelt und die damit einhergehenden Veränderungen der Kindheit zu begreifen, eine vergleichbare Art von »Übergangsalter« braucht. Dies kann freilich nicht an eine bestimmte biologische Altersstufe gebunden sein, sondern eher an eine Bewusstseinshaltung. Die nämlich, in der wir zugleich einerseits die erwachsene Sorge und die erwachsenen Forderungen und andererseits die kindlichen Problematiken und die kindliche Entwicklungsbereitschaft verstehen. Eine solche Haltung, in der wir ungeachtet unseres Erwachsenenalters oder unseres Bildungsstandes innerlich mitvollziehen, was mit und in den Heranwachsenden geschieht, wird womöglich tiefer begreifen, was in der digitalen Welt wirklich zu tun und zu lassen ist. Wer so ausgerüstet wäre, könnte die allzu einfachen Thesen und hysterischen Warnungen erleichtert links liegen lassen.

Die Haltung Daniel Sterns, das Erwachsene schon zu begreifen und das Kind noch zu verstehen, bringt eine doppelte Wahrnehmung hervor. Die Sorgen des Erwachsenen kann ich erklären und auch teilen, insbesondere wenn ich mir anschaue, was das Kindermarketing alles so mit sich bringt. Die Begeisterung des Kindes allerdings verstehe ich auch, voll und ganz sogar, und der weite Raum der Möglichkeiten, die sich in der Welt der Computerspiele eröffnen, wird aus dieser Perspektive heraus auf gar keinen Fall ignoriert werden können.

Ich stelle mir vor, wie ein elfjähriger Junge gerade eben sein geliebtes Computerspiel beenden musste. Ein Spiel, bei dem er zum Beispiel mit kleinen Monstern Jagd auf andere Monster machte. Oder mit gut ausgetüftelten Maschinen Systeme in Gang bringen musste. Warum soll er damit aufhören? Weil eine Zeiteinheit vorbei ist, die wir vereinbart haben. Zu diesem Zeitpunkt ist die Spieldynamik in vollem Gang, die Maschinen rattern, die Monster rennen, und nun soll es vorbei sein. Eine halbe Stunde schon rum? Bei Dingen, die uns begeistern, vergeht die Zeit einfach schneller. Aber wenn uns etwas so zu begeistern vermag, muss es dann nicht auch gut für uns sein?

Es gilt hier ganz offenbar, zwischen zwei vollkommen gegensätzlichen Positionen zu vermitteln. Es sind im Übrigen Positionen, die wir auch als Erwachsene noch mit uns herumtragen, nur dass sie dann nicht mehr auf zwei Personen verteilt erscheinen, sondern beide in uns vereint sind. Zum Mittagessen einen Cheeseburger? Der ist ungesund. Und macht fett. Aber lecker ist er, und mal eine kleine Sünde … Ganz offenbar behandeln wir Computer und Computerspiele gegenüber unseren Kindern so, als handle es sich um so etwas wie eine Süßigkeit. Verlockend, aber ungesund. Daher erlauben wir ein bisschen, denn es macht dem Kind Spaß. Aber wir rationieren auch, denn es ist nicht gesund.

Vielleicht wissen wir ja sogar, dass die Lust auf Süßigkeiten evolutionäre Gründe hat. Für das Wachstum und ihre Entdeckerlust brauchen Kinder in der Tat Zucker, natürlichen Zucker eben. Nur dass die Süßigkeitenindustrie sich das zunutze macht und die Evolution gewissermaßen hereinlegt, indem sie dem kindlichen Körper vorgaukelt, dass der Schokoriegel ganz großartig für ihn sei. Was er definitiv nicht ist.

Bedeutet das nun also doch, dass ein Kind Verbote braucht, um sich selbst nicht zu schaden? Ja, schon. Aber: Sinnvolle Verbote setzen ein Wissen voraus. Bei Süßigkeiten verfügen Eltern über so ein Wissen, bei Computern hingegen nicht. Wer aber gar nicht weiß, warum etwas schadet (oder im Fall des Computers schaden *soll*), kann nicht begründen, warum er verbietet. Was so entsteht, sind keine schützenden, sondern willkürliche Verbote. Und solche Verbote sehe ich äußerst skeptisch, weil ich oft mit Erwachsenen zu tun habe, die sich Jahrzehnte später noch über die Verbote ihrer Kindheit erregen und sagen, sie hätten diese Verbote immer als unsinnige Maßnahmen erlebt. Warum durften sie nicht lesen, solange sie wollten? Wer wusste immer alles besser?

Man erkennt leicht, dass man durch Verbote und Einschränkungen nicht nur den Eindruck wohlmeinender Grenzen erzeugen kann, sondern auch etwas ganz anderes. Überdies besteht eine gegenwärtig beliebte Methode, Kinder zu strafen, im Bildschirmentzug. Wenn man ihnen nur den Bildschirm wegnimmt, so der Gedankengang hinter dieser Praxis, dann werden sie schon zur Vernunft gelangen. Doch was bewirkt diese Strafe? Werden die Kinder vernünftiger, kommen sie besser mit ihren Aufgaben zurecht? Zum Teil ja. Aber nur zu einem ziemlich geringen Teil. Was aber ist mit den anderen Teilen?

Ich würde sagen, dass man Kindern vor allem beibringen muss, zu erkennen, was die Bildschirmaktivität mit ihnen anstellt. Denn hier, anders als beim raffinierten Zucker, können Erwachsene nicht die volle Autorität des Bescheidwissens entfalten, weil sie tatsächlich ja gar nicht wissen, ob und inwieweit Computerspiele und andere digitale Aktivitäten tatsächlich schädlich sind. Wir haben in den zurückliegenden Kapiteln dieses Buches eine Menge zurechtgerückt und gefunden, dass hier vielerorts Warnungen ausgesprochen werden, die nicht immer berechtigt sind, während der wichtigste Aspekt, Teilnahme und echtes Interesse an der kindlichen Entwicklung, in der Mediendiskussion zunehmend ins Hintertreffen geriet.

Ich möchte daher hier noch einmal anregen, Kinder hinsichtlich der digitalen Medien zur Selbstkompetenz zu erziehen. Zur *Selbst*kompetenz wohlgemerkt, zusätzlich zur Medienkompetenz. Die letztere ist gegenwärtig ein bedeutsames Thema, insbesondere was die Möglichkeiten angeht, sich vor Cybermobbing zu schützen sowie faule Geschäftsangebote und heikle Kontaktangebote zu erkennen, die sich auch schon einmal durch ein Online-Spiel ergeben können. Die erstere aber ist womöglich noch wichtiger, denn die digitale Welt kann in fataler Weise dazu verführen, sich selbst zu wenig wahrzunehmen und an Grundbedürfnissen vorbeizuagieren. Die Fähigkeiten, um dies zu vermeiden und sich selbst adäquat zu steuern, müssen wir Erwachsenen unseren Kindern beibringen.

Erst uns und dann unsere Kinder besser verstehen

Wenn ein Kind Sport treibt, zum Beispiel in einem Verein, hat es in der Regel einen Trainer. Dieser Trainer gibt Übungen vor und zeigt, wie man seine Technik in der jeweiligen Sportart verbessern kann. Da er aber Kinder trainiert, wird er auch noch etwas anderes tun, nämlich das Kind darauf hinweisen, dass es sich vor bestimmten Aktionen warm machen muss. Und dass es in regelmäßigen Abständen etwas trinken sollte. Auf so etwas kommen Kinder nicht von allein. Und sie würden ganz gewiss auch nicht auf die Idee kommen, dass eine Zeit vermehrter Stimulationen ein Gegengewicht braucht. Etwas, was von den Stimulationen wegführt.

Wer kann es ihnen beibringen? Lehrer vielleicht. Eltern ganz gewiss. Schon ein Neunjähriger vermag zu erkennen, ob er sich nach einer halben Stunde Computerspiel eher freudig erregt fühlt oder ob er sich mit Kopfschmerzen hinlegen möchte. Die Voraussetzung, um dies herausfinden zu können, besteht in einem fördernden, offenen Kontakt und in Gesprächen, die das Medium nicht verteufeln, sondern mit dem Kind gemeinsam herausfinden, welche Aktivität ihm wohltut und welche ihm schadet, welches Spiel es freudig erregt und welches seine Stimmung nachhaltig dämpft.

Stellen wir uns einmal vor, wie Marie K. mit ihrem Sohn Damien erkundet, wie er sein Spielen erlebt. Zuerst wird sie ihn fragen, welche Spiele er am meisten mag. Und was darin passiert. Vielleicht fragt sie ihn, was er daran eigentlich *besonders* toll findet. Und ob er weiß, was es ist, das ihm daran so viel Spaß bereitet.

Jede dieser Fragen führt ein Stück weg von der Misere, in der Marie K. und ihr Sohn stecken. Und wenn sie Damien nun erklärt, dass es immer zwei Gefühle sind, die wichtig sind: nämlich das, was man *beim* Spielen empfindet, und das, was man *nach* dem Spielen fühlt, dann sind beide noch einen Schritt weiter gekommen. Marie kann Damien erklären, dass das auch Erwachsene gut kennen: Man tut etwas und findet es toll. Aber hinterher ist man nervös, schlecht gelaunt, unruhig und hat Kopfweh. Meiner Erfahrung nach ist es beträchtlich leichter, mit Kindern über die digitale Welt zu reden, wenn man das Gespräch auf diese Weise strukturiert. Kinder lernen so den Umgang mit und die Aufmerksamkeit für sich selbst – was natürlich nicht entstehen kann, wenn nur Verbote regieren.

Es wäre eine schöne Entwicklung, wenn sich die öffentliche Diskussion in Richtung Förderung von Selbstkompetenz im Umgang mit den neuen Medien verlagern würde. Und wenn es dann

DIGITALE HYSTERIE

dazu käme, dass wir gemeinsam die neuen Möglichkeiten der Bewusstseinstechnologie erkunden, um herauszufinden, was uns daran wertvoll erscheint und was nicht.

10

Was Kinder im digitalen Zeitalter von uns brauchen

Gegenwärtig ist es keine Frage mehr, ob oder wie unsere Kinder und Jugendlichen Zugang zur digitalen Welt bekommen. Die Shell-Jugendstudie 2015 belegt: 99 Prozent aller Jugendlichen sind online.[68] Parallel zu dieser Entwicklung gehen die Debatten weiter, ob und inwieweit wir und unsere Kinder durch die Digitalisierung zu Schaden kommen könnten. Unsere Betrachtungen haben jedoch gezeigt: Schäden sind möglich, ja. Aber vor allen Dingen sind sie vermeidbar. Was aber eintreten wird, das sind Veränderungen – Veränderungen, die aufmerksam beobachtet und moderiert werden wollen.

Dabei sind grelle Warnrufe, die die digitale Hysterie weiter anheizen, ganz sicher nicht hilfreich. Manfred Spitzers aktuelle Behauptung, dass »das digitalisierte Leben unsere Gesundheit ruiniert«[69] trägt fragwürdige Züge. Was der Autor nämlich wenig trennscharf »cyberkrank« nennt, umfasst Problembilder aus ganz unterschiedlichen Gebieten. Die verschlechterte Motorik Heranwachsender, Kriminalität in Netzwerken, Cybermobbing und die Möglichkeit von Suchtentwicklung werden miteinander in einen Topf geworfen und insgesamt als Belege dafür genommen, dass die Digitalisierung einen umfassenden Anschlag auf unser aller Gesundheit bedeute.

DIGITALE HYSTERIE

Zum heutigen Zeitpunkt ist noch nicht einmal klar, wo und inwieweit wir denn überhaupt Schaden nehmen. So kommt eine Studie zur Beratung und Behandlung bei pathologischem Internetgebrauch[70] zu dem Schluss, dass die diagnostischen Zugangsweisen gegenwärtig uneinheitlich, oftmals vage und unvalide sind. Mit anderen Worten: Eine einheitliche und vor allem verlässliche Bestimmung dessen, was pathologische Internetnutzung denn sei, liegt aktuell nicht vor.

Die genannte Studie, federführend durchgeführt von Nikolas Arnaud vom Deutschen Zentrum für Suchtfragen des Kinder- und Jugendalters (DZSKJ), lastet das Fehlen einheitlicher Kriterien zum pathologischen Internetgebrauch freilich nicht den therapeutischen Kräften selbst an, sondern sie betont, dass die notwendigen Messinstrumente zur Bestimmung pathologischen Internetgebrauchs zum jetzigen Zeitpunkt einfach noch fehlen.

Vielleicht geht ja aber auch viel mehr gut, als die Bedenkenträger heute annehmen. Als Hypnotherapeut glaube ich, dass die Erwartungen und die Zukunftsbilder, die wir entwerfen, einen machtvollen Einfluss auf das haben, was dann tatsächlich geschieht. Vor diesem Hintergrund ist die Fixierung von Psychotherapeuten und Psychiatern auf das Pathologische wenig hilfreich. Und wir bräuchten neben Ideen darüber, wie die digitale Zukunft denn gelingen kann, insbesondere Hinweise auf das, was Kinder und Jugendliche denn von uns benötigen, um in der digitalen Zukunft zurechtzukommen.

Stellen Sie sich vor: Das digitale Zeitalter hat sich weiterentwickelt, und Computer wirken nun als Gesundungshelfer ebenso wie als Unterhaltungsmedien, als Hilfe bei der Partnerfindung ebenso wie als juristische Instanzen. Nicht jedem von uns wird dies gefallen. Allerdings ist die Chance, dass es so sein wird, gegenwärtig ungeheuer hoch, und es wäre nicht sehr klug, davon

WAS KINDER IM DIGITALEN ZEITALTER VON UNS BRAUCHEN

auszugehen, dass alles wegen einiger Bedenkenträger ganz anders kommt.

Die Zukunft unserer Kinder beginnt heute

Es wird ja auch eine Menge Vorteile geben. Computergesteuerte Züge werden, wie jetzt schon zu vermuten ist, pünktlicher fahren, und computergesteuerte Autos werden, da sie Maßgaben der sogenannten »Schwarmintelligenz« benutzen, weniger Unfälle haben als von Menschen gesteuerte. Insbesondere werden jene vielen Unfälle, die auf emotionale Schwankungen (aggressives Fahren bei erregten Erwachsenen, riskante Fahrweisen insbesondere bei jungen Männern) und auf Kompetenzeinbußen (bei älteren Fahrern und Fahrerinnen, die sich ihrer Defizite nicht bewusst sind) wegfallen. Juristische Fragestellungen werden klarer eingeschätzt und unabhängiger von der Person des Richters werden. Das Problem, dass es begabtere und weniger begabte Chirurgen gibt, wird dadurch gelöst, dass Computer nicht mehr oder weniger begabt sein können – und dass sie schon jetzt zu erheblich feineren Eingriffen befähigt sind als ihre menschlichen Konkurrenten.

An dieser Stelle könnten wir darüber nachdenken, wie unsere Welt sich wohl insgesamt weiterentwickeln wird. Was mit der Arbeit geschieht, was aus dem menschlichen Bewusstsein wird und wie unser Selbstgefühl sich angesichts der Möglichkeiten, die die Maschinenwelt mit sich bringt, wohl entwickeln mag. Doch vorerst soll es um etwas anderes, für Eltern und Erzieher viel näher Liegendes gehen. Nämlich um die Frage, wie und wodurch sie ihre Kinder am besten auf die Zukunft vorbereiten können. Eine Zukunft, die ja mit sehr, sehr großer Wahrscheinlichkeit weitestgehend computerisiert sein wird. Aber wie werden jene jungen

Erwachsenen, die darin gut leben können, dann sein, und was werden wir ihnen beigebracht haben? Ich schlage Ihnen zur Beantwortung dieser Frage vor, mit mir in die Zukunft zu reisen …

Eltern des digitalen Zeitalters

Wir bringen unseren Kindern ein Gefühl für die Selbststeuerung bei. Wir leiten sie an, herauszufinden, wie sie sich nach dem Spielen fühlen, anstatt ihnen bloß Verbote aufzuerlegen. Wir erkundigen uns, ob sie das kennen, dass etwas sie wirklich befriedigt. Wir sind in der Lage, uns in das Medienkind ebenso hineinzuversetzen, wie wir unsere Pflicht zur Sorge spüren. Wir verbieten nichts mehr, was wir uns nicht näher angeschaut haben. Und wir sorgen dafür, dass unsere Kinder schon früh die Selbstverteidigung im Netz erlernen.

Wieso wir das alles können? Weil wir selbst eine Menge gelernt haben. Wir sind in der Lage, digitale Medien stundenweise komplett aus unserem Leben zu verbannen. Wenn wir zu viel digital unterwegs gewesen sind, unternehmen wir etwas Konkretes. Wir stellen uns hin und wieder die Frage, ob wir, wenn dies der letzte Tag unseres Lebens wäre, wohl auch zwei Stunden im Netz surfen und hinterher einen Haufen Mails durchsehen, beantworten oder löschen würden. Mit Internetwerbung gehen wir um wie mit Stubenfliegen. Sie interessiert uns nicht und wir wischen sie weg. Den ewigen Hinweisen auf noch einen günstigeren Kredit und noch eine Traumreise schenken wir lange schon keine Beachtung mehr. Bei Internetwissen überprüfen wir, ob die Informationen wirklich verlässlich sind. Und schauen auch mal in einem Buch nach, das wir womöglich sogar im Laden gekauft haben.

WAS KINDER IM DIGITALEN ZEITALTER VON UNS BRAUCHEN

Mit diesen Fähigkeiten ausgestattet, sind wir souveräner geworden. Wir können unsere Kinder mit den Freuden und Möglichkeiten der digitalen Welt ihre Entdeckungen machen lassen. Denn von uns lernen sie, dass diese Welt nicht nur nicht alles ist, sondern eigentlich noch nicht einmal viel. Und sie lernen dies nicht durch Schimpfen, Strafen und Verbote, sondern durch unser Beispiel und unser entspanntes Engagement.

Eine schöne Vorstellung, nicht wahr? Und sie ist, bei gutem Willen und ein wenig Engagement, sicher erreichbar. In den letzten Passagen dieses Buches möchte ich Ihnen ein paar Dinge nahelegen, mit denen Sie diese Zukunft vorbereiten helfen können. Wichtige Dinge, die Sie für Ihre Kinder und Jugendlichen tun können. Sie sind besser als jedes Verbot und verhindern den Abgrund, der zwischen Eltern und Heranwachsenden im digitalen Zeitalter zu klaffen droht. Dazu werde ich Ihnen ein paar ungewöhnliche Wege zeigen, die Mut machen. Und die es erleichtern, in den eigenen Kindern eher die schlummernden Potenziale zu erkennen, als in Sorge zu versinken.

Ungeteilte Aufmerksamkeit schaffen

Beginnen wir mit etwas ganz Einfachem. Mit der Aufmerksamkeit. Sie streut normalerweise und wir nehmen viele Dinge gleichzeitig wahr. Aber immer mal wieder konzentriert sie sich, und dann sind wir von einer Sache gebannt oder ganz in einem Kontakt aufgegangen. Etwas so Schönes sollte selbstverständlich sein, oder? Aber Aufmerksamkeit ist in unseren Tagen der am heißesten gehandelte Stoff. Sobald Sie Ihre Mails checken, tauchen zig Werbehinweise auf und alle möchten unbedingt angeklickt werden. Schauen Sie sich ein Video an, nerven Lockangebote in unzählige Richtungen. Und möchten Sie eine Route mit dem Auto planen, kommen ein paar Hotelangebote daher. Nichts Neues mehr in unseren Tagen. Aber es lohnt sich, einmal darauf zu achten, wie oft wir auf solche Angebote und Lockreize eingehen. Noch einmal eben in die Klatschrubrik und herausfinden, ob Kate und William nicht doch ... Und ein kleiner Blick zur Seite auf eine todsichere Diät, mit der sich der Bauchspeck wegbrennen ließe ... Wie oft diese kleinen Seitenblicke tatsächlich vorkommen, ist kaum verlässlich zu schätzen. Würden sie befragt, kämen die meisten Probanden wohl zu dem Schluss, sie seien gegen Anschläge auf ihre Aufmerksamkeit immun. Ließe man sie aber ernst machen und würde jeden kleinen Nebenklick akribisch protokollieren, sähe die Sache anders aus.

Mit der zwischenmenschlichen Aufmerksamkeit ist es nicht anders. Befragt man erwachsene Probanden, ob sie glauben, dass ein iPhone sie unaufmerksamer macht, und ob sie meinen, dass sie von Gesprächen weniger mitkriegen, so sind die meisten sicher, dass das nicht so sei. Erkundigt man sich bei ihren Angehörigen, ihren Partnern und Kindern, so kommt man zu einem ganz anderen Ergebnis.

Wer seinen Kindern hilfreich zur Seite stehen will, beginnt am sichersten und am besten bei sich selbst. Und erkundet, wie das eigene Aufmerksamkeitsverhalten denn aussieht. Und dann sind Übungen in ungeteilter Aufmerksamkeit dran. Die können so aussehen:

Sie verabreden miteinander medienfreie Räume, die *komplett* medienfrei bleiben. Das bedeutet, kein Computer, kein iPhone, kein Tablet. Aber es bedeutet auch: kein Fernsehen, kein Radio und vor allem kein Telefon. Es zählen nur die körperlich Anwesenden, so, als säßen wir in einer Zeit vor der Erfindung des Telefons beieinander. Wird irgendein Klingelton hörbar, lautet die

WAS KINDER IM DIGITALEN ZEITALTER VON UNS BRAUCHEN

Regel, dass auf keinen Fall abgenommen wird. Meine Patienten berichten davon, oft erst einmal mit sich kämpfen zu müssen, um das Telefon liegen zu lassen. Entgeht ihnen nicht gerade etwas furchtbar Wichtiges? Meine Patienten berichten aber auch, dass es nach wenigen Tagen zu einem neuen Gefühl von Entspannung kommt. (Eine Mutter nannte es »geradezu erlösend«.) Es ist, als würde man die Oberhand über die technischen Reize zurückgewinnen, indem man lernt, sie zu ignorieren. Dass der Kopf zur Seite ruckt, wenn der Klingelton sich meldet, dagegen lässt sich kaum etwas unternehmen. Das ist eine evolutionär bedingte Orientierungsreaktion, so, als müssten wir immer noch schnell überprüfen, ob das Rascheln dort nicht ein wildes Tier verrät und der fallende Ast dort hinten einen feindlichen Krieger. Aber wenn es gelingt, es bei dieser Reaktion zu belassen, dann stellt sich oft eine positive, einander bestätigende innere Haltung ein: Wir gehen da jetzt nicht dran, schließlich sind wir die Herren – oder die Damen – im Haus!

Was so möglich wird: Einander wieder mit ungeteilter Aufmerksamkeit zuzuhören. Und wenn das Ausweichen auf andere Ablenker – die Zeitung, das Protokoll der Elternversammlung, den Flyer vom Pizzaservice – auch noch unterbunden wird, dann tut sich ein neuer Raum miteinander auf. Ein Raum, in dem wir einander wirklich wahrnehmen können, in dem Kinder wirklich erzählen können, was sie beschäftigt (auch von ihren Games oder den Facebook-Kontakten), und die Erwachsenen die Möglichkeit finden, intensiv teilzunehmen.

Das Modellverhalten überprüfen

Wer jemandem seine ungeteilte Aufmerksamkeit zuwendet, der tut zugleich noch etwas anderes: Er zeigt, dass so etwas möglich ist. Damit aber geben wir als Eltern oder Erzieher ein Modell ab, oder um es in vertrauterem Deutsch zu sagen: ein Vorbild. Nur wenige Eltern sind sich darüber im Klaren, dass ihr eigenes Verhältnis zum Computer die wesentlichste Modellerfahrung für ihre Kinder darstellt. Kinder unterscheiden allerdings nicht zwischen »guter« und »schlechter« Computernutzung. Wenn ihre Mutter auf Ebay unterwegs ist, dann sehen sie darin keinen Unterschied zum eigenen Gamen – und haben damit recht. Wenn ihr Vater sich auf YouTube tummelt, dann erleben sie dies vollkommen analog zu ihrem eigenen Spielverhalten – und werden darin bestätigt. Wer als Computernutzer das eigene Modellverhalten überprüft, der stellt schnell fest, wie selbstverständlich uns auch ziemlich sinnentleerte Tätigkeiten am Bildschirm geworden sind.

Einen einzigen Unterschied gibt es, den man mit Heranwachsenden problemlos erörtern kann. Und das ist der zwischen Arbeits- und Freizeitnutzung. Wer für Zeitungen schreibt, als Steuerberater tätig ist oder einen anderen Schreibtischberuf ausübt, für den bedeutet der Bildschirm ein unverzichtbares Arbeitsgerät. Man kann dies dem Kind zeigen und erläutern, was man da tut. Wer wie ich Bücher schreibt, der macht dabei schnell eine wiederkehrende Erfahrung: Kinder finden es interessant, dass da ein Erwachsener vorm Bildschirm tippt. Erfahren sie, dass dabei auch noch ein Buch entsteht, so sind sie brennend interessiert und möchten mitlesen. Und schon ist man im Gespräch. Was sie allerdings nach einer Weile nur noch wenig interessiert, das ist der Text selbst. Von nun an beginnen sie, sich zu erkundigen:

WAS KINDER IM DIGITALEN ZEITALTER VON UNS BRAUCHEN

Arbeitest du? Was gleichbedeutend ist mit einer in ihren Augen langweiligen Beschäftigung. Oder es heißt: Was machst du da? Wenn ich dann zum Beispiel gerade in einen Film hineingeschaut habe oder eine Reise plane, wird es für sie wieder interessant und wir können zusammen träumen.

Miteinander nachdenken

Wer sein eigenes Modellverhalten überprüft, der wird selbst aufmerksamer. Indem wir Arbeit am Computer von Freizeit am Computer unterscheiden, haben wir nur *eine* mögliche hilfreiche Unterscheidung vorgenommen. Man könnte Computeraktivitäten auch in solche, nach denen man sich gut, und andere, nach denen man sich weniger gut fühlt, unterscheiden. *Nach* den Aktivitäten wohlgemerkt, nicht *während*.

Im Kapitel 8 haben wir die Erfahrung von Jugendlichen aufgegriffen, die sich nach stundenlangem Facebook-Aufenthalt eher schlecht, lahm, müde und unbefriedigt fühlen. Diese Einsicht legt nahe, auch danach zu fragen, nach welchen Aktivitäten sie sich denn wirklich gut fühlen. Tut man dies – ich mache es regelmäßig, mit jugendlichen Klienten ebenso wie mit ihren Eltern –, dann stellt man meist fest, dass sie sich diese Frage noch nie gestellt haben.

Was so entsteht, ist gemeinsames Nachdenken. Gemeinsames Nachdenken aber ist geradezu das Gegenteil von jenen vorgefertigten Meinungen, die die Diskussionen um digitale Medien bestimmen. Es fordert heraus zu begründen, was man meint und wie man erlebt – und nur so rechtfertigt sich die verantwortliche Ausübung von Autorität.

Ein weiterer wesentlicher Punkt ist Neugier. Es ist interessant, zu erfahren, was ein Heranwachsender erlebt, wenn er durch den Dschungel läuft oder einen Sportwagen steuert. Und womöglich noch interessanter ist es, gemeinsam zu überlegen, wie die Zukunft der Computerwelt wohl aussehen wird. Diskutiert man mit Jugendlichen über solche Fragen, bekommt man oft Dinge erzählt, die erstaunen. Zum Beispiel sagen junge Frauen mir mitunter, sie fänden ein elektronisches Medium toll, das sie ganz und gar verstehe. Dem sie alles mitteilen könnten und das immer genau wisse, was emotional gerade los sei. Das totale Verständnis eben. Verständnis ist eine schwierige Angelegenheit, jedenfalls *wirkliches* Verständnis. Echtes Einfühlungsvermögen bedeutet, sich einzulassen, ohne vorher schon alles zu wissen. Das strengt an und verunsichert auch manchmal. Hinzu kommt, dass wir als Eltern oder Erziehende nicht immer alles verstehen müssen, weil manche Dinge auch uns betreffen. Und Hand aufs Herz – möchte wirklich jede Mutter hören, dass ihre Tochter sie manchmal peinlich findet? Da ist es vielleicht doch besser, die Nachricht geht, wenn schon nicht an einen anderen Menschen, an ein scheinbar verständnisvolles elektronisches Medium. Denn natürlich ist dieses Medium nur scheinbar wirklich verständnisvoll. Es wäre lediglich mit allen Daten über unsere Jugendliche gefüttert worden ... Auch über so etwas kann man dann nachdenken und reden. Ob Computer einen wirklich verstehen können oder ob sie nicht eher sind wie ein Tagebuch, dem man alles anvertrauen kann und das dann im besten Fall auch noch Antworten parat hätte.

Feedback erwünscht

Der Jugendforscher Klaus Hurrelmann und der Journalist Erik Albrecht kommen in ihrer Studie zur »Generation Y«, den so-

WAS KINDER IM DIGITALEN ZEITALTER VON UNS BRAUCHEN

genannten »Digital Natives«, die mit den neuen Medien aufgewachsen sind, zu einem interessanten Schluss. Diese Generation braucht ungewöhnlich schnell und konstant Feedback, wenn möglich (begründetes) Lob. Eigentlich zu hohen Leistungen bereit und in der Lage, droht Motivationsverlust, wenn das Feedback ausbleibt.[71]

Woher kommt dieses Bedürfnis? Eine Vermutung geht dahin, dass die Computertechnologie auf ständiges und rasches Feedback hin prägt und dass die Gewöhnung, die so entsteht, sich von den Maschinen ablöst und ins soziale Miteinander eingespeist wird. Digital Natives untereinander wissen das – aber ihre Eltern und Erzieher nicht unbedingt.

Wer also Computerkindern in unserer Zeit etwas Gutes tun will, der gibt ihnen Feedback. Und zwar möglichst konkretes, möglichst genaues Feedback. Rückmeldungen sind ja dazu da, Verhalten zu überprüfen und es dann fortzusetzen oder eben zu ändern. Natürlich kann es auch falsches Feedback geben, als überzogene Kritik oder auch ungerechtfertigtes Lob. Tatsächlich mehren sich seit ein paar Jahren die Klagen von Lehrern und Ausbildern, dass Jugendliche und junge Erwachsene das eigene Können immer schlechter einzuschätzen vermögen. Genauer gesagt, sie neigen dazu, sich selbst für besser und kompetenter zu halten, als sie es tatsächlich sind.

Das wird gewöhnlich als eine Folge von zu viel ungerechtfertigtem, das heißt falschem Lob erklärt. Eltern und Erzieher sagen oft, sie möchten dem Kind Selbstbewusstsein vermitteln, daher loben sie oft. Das ist schön und verständlich, aber nur in den ganz frühen Lebensjahren richtig. Schon im Kindergartenalter bringt es das Kind unter Umständen auf eine falsche Fährte. Denn wer für alles gelobt wird, der wird wohl glauben, dass er auch alles kann.

Wie also mit Feedback umgehen, wenn die Generation der Digital Natives dies doch zunehmend als wichtig empfindet? Nun, vielleicht so positiv wie möglich und so kritisch wie nötig. In jedem Fall aber genau und auf die Person bezogen, die das Feedback bekommt. Das bedeutet, dass auch nicht zwangsläufig gewertet werden muss. Vielleicht kommt ein Mädchen und hält uns ein angefangenes Bild hin. Anstatt nun »Toll!« zu rufen oder »Hm« zu machen, könnten wir auch fragen: »Was hast du denn vor? Und wie denkst du dir dein Bild?«

Feedback ist also nicht nur eine Rückmeldung zum Korrigieren oder Beibehalten eines Kurses. Feedback gegenüber Heranwachsenden ist auch ein Ansporn, sich über etwas klar zu werden. Das ersehnte Lob kann dann auch für diese Klärung gegeben werden – auch wenn der Bildentwurf vielleicht noch einmal von vorn begonnen werden muss.

Sinnlichkeit: das Mehr für die virtuelle Welt

Unter diesem Punkt möchte ich Sie anregen, die virtuellen Welten, in denen sich Ihre Kinder gelegentlich aufhalten, durch ganz konkrete Dinge zu ergänzen. Denn wenn Kinder Computerspiele erst einmal lieben, dann lässt sich über diese Liebe kaum noch diskutieren. Wer sich hier nur querstellt und bloß beschimpft, was das Kind toll findet, der wird, wie wir gesehen haben, nicht als positiver Erzieher erlebt. Sondern als verständnisloser Erwachsener. Computerspiele zu verbieten ist also kein guter Weg. Aber Anreichern und Hinzufügen sind ganz sicher gute Wege.

Womit aber soll man anreichern und was sollte hinzugefügt werden? Die Antwort lautet: möglichst viel Konkretes. Denn zunächst einmal ist dies, das Konkrete, für die kindliche Entwick-

WAS KINDER IM DIGITALEN ZEITALTER VON UNS BRAUCHEN

lung bedeutsam. Eine virtuelle Brust hat noch kein Baby satt gemacht, und eine Hand, die aus Pixeln besteht, streicht uns nicht übers Haar. Wir erfahren die Welt mit den Sinnen. Und zwar mit *allen* Sinnen. Wir schauen, hören und betasten, wir riechen und wir schmecken. Wie wir diese Sinne nutzen, bestimmt unser Verhältnis zur Welt.

Auch der Computer reizt unsere Sinne. Aber nicht alle Sinne werden in der digitalen Welt gleichermaßen angesprochen. Bei genauerem Hinsehen ist die digitale Reizung sogar ziemlich klar auf zwei Sinneskanäle beschränkt. Zunächst auf das Sehen, denn nahezu alle digitale Aktivität zielt darauf ab, dass wir mit den Augen wahrnehmen können. Und dann auf das Hören, das bei Games und bei Clips, bei der Werbung wie bei Musik wichtig ist.

Der Tastsinn dagegen spielt eine untergeordnete Rolle. Seltsam eigentlich, wenn man bedenkt, dass er im frühen Kindesalter so bedeutsam ist. Und noch viel komischer, wenn man dazurechnet, dass die Repräsentation der Hände auf der Oberfläche unseres Gehirns die zum Beispiel unserer Geschlechtsorgane (die wir doch alle für so wichtig halten) bei Weitem übersteigt. Man könnte natürlich sagen, dass das Bedienen der Tastatur und das Halten eines Controllers auch mit dem Tastsinn zu tun haben. Gewiss, das stimmt. Aber dies sind geradezu lächerlich simple bzw. vergröberte Reizschemata, die mit einer positiven Anregung der entsprechenden Hirnareale nicht zu verwechseln sind. Eine einzige Stunde, in der wir zum Beispiel Sand durch unsere Finger rieseln lassen, dann Ton kneten, die Finger unter laufendem Wasser abspülen, erst ein raues Handtuch und dann ein weiches benutzen, uns krümelndes Brot und weichen Käse schneiden, feuchte Tomaten schnitzeln und aus alledem ein Sandwich schichten, das wir dann in den Ofen schieben und warm verzehren, eine einzige solche Stunde schafft der Sensorik unserer

DIGITALE HYSTERIE

Hände mehr Stimulation, als viele Stunden an einem Datensicht-
gerät das können. Was schließlich das Riechen und das Schmecken angeht: Hier
wird die Computerwelt noch auf lange Sicht hinterherhinken.
Die bisherigen Versuche, beide Kanäle in die virtuelle Erfahrung
mit einzubeziehen, sind kaum ernst zu nehmen und haben überdies mit Stoffen zu tun, die man ohne Gesundheitsrisiken nicht
in den Mund nehmen kann.

Was aus alldem folgt: Heranwachsende brauchen zusätzlich zu
ihrer virtuellen Erlebniswelt konkrete sinnliche Reize. Und um
die muss man sich selbst kümmern, denn die meisten Schulen
sind, wie viele Lehrer beklagen, in den letzten Jahren auch in der
Frühpädagogik immer mehr dazu übergegangen, vor allem Ar-
beitsblätter auszuteilen und das sinnliche Element zu vernachläs-
sigen. Das digitale Dilemma bewirkt überdies, dass sie trotz ihrer
beständigen Skepsis die digitale Welt selbst immer mehr in ihre
Arbeit integrieren. Eltern und Erziehende müssen also selbst die
Angebote sinnlicher Entdeckungen in die Hand nehmen. Dabei
kann man auch Seh- und Hörerlebnisse einbeziehen, aber der
Schwerpunkt sollte auf dem Haptischen liegen, dem Riechen
und dem Schmecken – bei den sensorischen Erfahrungen also,
die vom Computer nur unzureichend oder überhaupt nicht vermittelt werden. Ein Abendessen, bei dem mit den Händen gegessen wird, an allem geschnuppert und mit fettigen Fingern das
Brathähnchen auseinandergenommen wird, würde gleich alle drei
vom Computer vernachlässigten Sinne reizen.

Auch der gute, alte Waldspaziergang ist hilfreich. Allerdings ist
heute, da man im Netz durch virtuelle Wälder streifen kann, das
elementare Erlebnis wichtiger als der gepflegte Spaziergang. Aus
totem Holz Tipis bauen, Äste mit dem Messer zuspitzen, eine
Handvoll Laub mit nach Hause nehmen und hinterher auf einem

WAS KINDER IM DIGITALEN ZEITALTER VON UNS BRAUCHEN

weißen Blatt ausbreiten, sodass man das darin wimmelnde Leben sehen kann: Jede dieser Erfahrungen ist sinnlich und konkret und gibt dem Kind etwas, was kein virtuelles System zu bieten hat. Noch ein weiterer sinnvoller Weg der Anreicherung mit Konkretem besteht darin, Inhalte von Computerspielen nachzubauen. Die Spielzeugindustrie ist hier bereits hinterher und vertreibt Kuscheltiere, deren Vorbilder aus Computerspielen entnommen sind. Aber der Anreiz ist natürlich größer, wenn selbst etwas gemacht wird. Wenn zum Beispiel ein Flugzeugmodell gebastelt wird, weil der Sohn gerade seinen Flugsimulator liebt.

Im Idealfall gehen Sie hierbei stufenweise vor. Das bedeutet, Sie sehen zunächst einmal genau hin, wie denn das Flugzeug im Spiel tatsächlich aussieht. Nun, da Sie seine Proportionen genau erkannt haben, versuchen Sie, es miteinander zu zeichnen. Das gelingt besser, je genauer Sie hinsehen. Und dann können Sie sich Fragen nach dem richtigen Material widmen. Was passt zu diesem Flieger? Dicke Pappe? Holz? Biegsames Blech? Für gewöhnlich sind Kinder bei solchen Fragestellungen gern dabei. Denn der Gedanke, das virtuelle Flugzeug nun ganz konkret zu besitzen und überall mit hinnehmen zu können, ist für sie ausgesprochen verführerisch.

Unterstützung statt Sorge

Nun, gegen Ende dieses Buchs, möchte ich Ihnen noch ein paar jugendliche Lebensläufe zeigen, in denen Anteil nehmende Unterstützung eine wichtige Rolle spielt.

Kennen Sie Laura Dekker? Am 21. Januar 2012 lief dieses Mädchen mit dem Zweimaster »Guppy« in den Hafen von St. Maarten ein. St. Maarten ist eine karibische Insel. Von hier war die 16-jährige Niederländerin am 20. Januar 2011 aufgebrochen, um die Welt zu umsegeln. Das hatte sie nun geschafft. Außerdem wäre sie für zwei Eintragungen gut gewesen: einen Geschwindigkeitsrekord und einen Eintrag als jüngste Weltumseglerin überhaupt. Jedoch weder das Guinessbuch der Rekorde noch der Weltsegelrat für Geschwindigkeitsrekorde wollten dies anerkennen. Warum nicht? Schließlich stimmt doch beides. Die Antwort ist einfach, aber sie hat einen doppelten Klang: Man wolle keine potenziellen Nachahmer ermutigen, hieß es. Und damit sagt man zugleich: Was Laura Dekker hier gemacht hat, ist nicht ganz in Ordnung.

Zuvor hatte es in der Tat Schwierigkeiten gegeben. Und zwar, weil Laura Dekkers Eltern, insbesondere ihr Vater, ihr den Entschluss, die Welt zu umsegeln, nicht künstlich erschwerten. Es gab Menschen, die meinten, Lauras Eltern hätten verantwortungslos gehandelt. Aber stimmt das denn auch? Und was, gesetzt, es gäbe wirklich Nachahmer, wäre daran eigentlich so schlimm?

Sicher kann man besorgt sein, wenn man den Fall genauer anschaut. Laura wäre gern schon im September 2009 gestartet, da war sie 13 Jahre alt. Die Entscheidung eines niederländischen Gerichts verhinderte dies. Es folgten eine kinderpsychologische Begutachtung und die vorübergehende Einschränkung des elterlichen Sorgerechts nebst Einsetzung einer Vormundschaft für das Mädchen. Alles dies hatte, wiewohl von Ernst und Empörung begleitet, zugleich Züge einer Posse, die an *Pippi Langstrumpf* erinnerte. Denn hier wirkte das Schützenwollen durch die staatlichen Gremien zugleich auch als massive Einschränkung einer womöglich doch prächtigen kindlichen Entwicklung. Und noch die Rolle des unterstützenden Vaters konnte von fern an den Piratenkapitän Langstrumpf erinnern.

Was wäre richtig gewesen? Und was war überhaupt falsch? Die

WAS KINDER IM DIGITALEN ZEITALTER VON UNS BRAUCHEN

Antwort fällt schwer, wenn wir uns umblicken und ähnliche Fälle ansehen. Denn wie alt sind eigentlich jene Mädchen, die später zum Beispiel als Primaballerina Weltbühnen erobern? Die Freundin einer weltbekannten Tänzerin sagte mir einmal, diese sei schon als Mädchen anders gewesen: pausenlos im Training, wenn die anderen sich trafen, Eis aßen oder ins Kino gingen. Doch die Tänzerin selbst nennt sich einen glücklichen Menschen, und es gibt keinen Grund, an dieser Aussage zu zweifeln. Warum erzähle ich das? Weil ich Sie ermutigen möchte, Ihre Kinder auch da zu unterstützen, wo Sie sich erst einmal sorgen. Sie sollten Ihre Sorgen ernst nehmen, gewiss. Doch was Laura Dekkers Eltern wohl begriffen hatten: Die bloße Artikulation von Sorgen hilft Kindern nicht viel. Im schlechtesten Fall erleben sie dabei bloß, dass man ihnen im Kern nicht zutraut, mit den neuen Herausforderungen fertig zu werden. Und das ist natürlich genau das, was keiner will.

Ein anderes Beispiel. Christopher Paolini, der Autor der *Eragon*-Bücher, war 15 Jahre alt, als er zu schreiben begann. Zwei Jahre später lag ein Buch vor, für dessen Publikation die Eltern des jungen Mannes gemeinsam mit ihm sorgten. Das klingt beeindruckend. Doch muss man sich den schreibenden Jungen durchaus als einen vorstellen, der wenig an sozialen Ereignissen teilnahm und der über seinen Computer gebeugt saß, wenn draußen hell die Sonne schien und seine Kameraden sich zum Schwimmen oder zum Surfen oder Football rüsteten.

Ist das Verfassen umfangreicher Romane, ist das Tanzen allein und energisch im Studio wirklich riskanter als das Segeln um die Welt? Ich denke nicht. Die Risiken unterscheiden sich, sicher. Wer als Jugendlicher einen dickleibigen Roman verfasst, der geht das Ri-

235

siko ein, sich sozial zu isolieren. Die Tänzerin ging das Risiko ein, sich von ihren Freundinnen zu entfremden. Beide mussten damit rechnen, dass ihnen die Liebe verspätet begegnen würde. Das sind andere Risiken als eine Weltumseglung, sicher. Aber in jedem Fall sind die Risiken da.

Wo aber Risiken sind, da ist auch Besorgnis. Viele von uns werden froh sein, dass ihre Kinder sich nicht zu so radikalen Lebenswegen entschlossen haben wie die, die ich Ihnen hier als Beispiele vorgestellt habe. Aber das heißt nicht, dass unsere Kinder keine Risiken eingehen werden. Insbesondere die Adoleszenz, also die Zeit zwischen Kindheit und dem eigentlichen Erwachsensein, ist für kritische Entwicklungen anfällig. Aber gesundes Aufwachsen spiegelt sich eben auch darin, dass Kinder Lust am Eigensinn entwickeln und gelegentlich Dinge tun, die ihren Eltern Sorgen bereiten. Die digitale Welt hat hier lediglich ein paar neue Möglichkeiten hinzugefügt.

Wäre es gut gewesen, wenn die Eltern in allen drei Fällen nur ihre Besorgnis geäußert hätten? Ich denke, eher nicht. Wahrscheinlicher ist, dass die Mütter und Väter von den Projekten ihrer Kinder nichts mehr mitbekommen hätten. Und so die Chance eingebüßt hätten, durch Unterstützung und Anteilnahme hilfreich zu wirken.

Noch ein anderes Beispiel – eins aus dem Bereich wirtschaftlichen und wissenschaftlichen Erfolgs. Raymond Kurzweil ist technischer Leiter der Google-Entwicklungsabteilung, aber nicht nur das. Science-Fiction-Freunde kennen ihn unter seinem verkürzten Namen »Ray« Kurzweil als Verfasser von Romanen. Überdies erwarb er sich als Erfinder digitaler Lesegeräte einen bedeutenden Ruf, vor allem im Bereich der Blindenschrift. Heute arbeitet Kurzweil darüber hinaus an Modellen der Lebensverlängerung –

WAS KINDER IM DIGITALEN ZEITALTER VON UNS BRAUCHEN

er will es bis auf 400 Jahre bringen und steuert die Unsterblichkeit an, die aus der Verschmelzung von biologischer und technischer Intelligenz heraus möglich werden soll.

Spinnerei? Das bleibt abzuwarten. Immerhin ist es eine beeindruckende Palette von Leistungen und Innovationen, mit der Kurzweil aufwarten kann. Wie aber kam es dazu? Die Antwort liegt nahe. Wir haben es mit einem Jungen zu tun, der mit 16 Jahren bereits sein erstes Computerprogramm schrieb. Das war im Jahr 1964, zu einem Zeitpunkt also, an dem kein Mensch damit rechnete, dass in absehbarer Zeit annähernd jeder junge Erwachsene im Besitz eines Laptops wäre. Damals waren Computer irrsinnig teure Maschinen für Industrie und Naturwissenschaft, und wenn es einem 16-Jährigen gelang, hierauf ein erstes Programm zu schreiben, dann lässt dies vermuten, dass dieser sich in »beunruhigender« Weise mit der Materie befasst haben muss. Allein, diese Materie war die Zukunft. Eine Zukunft, die von heute aus gesehen eine brillante Karriere bedeutete. Der junge Ray Kurzweil muss so etwas wie eine Vision von sich gehabt haben. Wer so eine Vision aber verwirklichen will, der hat Glück, wenn er Eltern und Erzieher hat, die an ihn glauben und ihn unterstützen.

Von heutigen Problemfällen zu künftigen Experten?

Und dann gibt es da noch einen jungen Mann, der sein Geld als Gamer verdient. Ein Südkoreaner, Jae-Woo Jeong mit Namen. Er sagt von sich, er trainiere 13 Stunden pro Tag, da bleibe kaum Freizeit. Hätte er viel Geld, so würde er eines bestimmt nicht tun: ein Studium absolvieren. Er ist seinen Eltern dankbar dafür, dass sie ihm erlaubt haben, ein professioneller Videogamer zu werden.[72] Ich stelle mir vor, dass seine Eltern einen Sinn für das

DIGITALE HYSTERIE

(scheinbar) Unmögliche besaßen: Gamen als Beruf. Ihnen muss klar gewesen sein, dass die neue Zeit neue Entwicklungen fördern wird. Und dass neue Karrieremöglichkeiten dort entstehen, wo alte Arbeitsformen langsam aussterben.

Könnte man Jae-Woo Jeong auch einen Problemfall nennen? Wann immer ich von ihm erzählt habe – und das ist inzwischen recht häufig gewesen –, gelangte ein Teil meiner Zuhörer zu dieser Überzeugung. Meiner Meinung nach trifft dies aber nicht zu. Vielmehr ist dieser scheinbare Problemfall vor allem ein Experte. Wer hier mit süchtigem Spielen argumentieren würde, müsste auch Tennis-Cracks süchtig nennen oder leidenschaftliche Schachspieler. Und wer sich Sorgen machen würde, wie denn Jae-Woo Jeong jemals Geld verdienen sollte, der bekäme zu hören, dass die Besten in seinem Metier Werbeverträge erhalten, die ordentlich Geld bringen.

Was stellt dieser Lebensweg also dar? Eine moderne Karriere, muss man wohl sagen. Eine Karriere, wie man sie auch in bestimmten Bereichen des Sports oder der Kunst- und Musikwelt finden könnte, zum Beispiel in der DJ-Szene. Eine Karriere, die Eltern Sorgen machen könnte, denn sie findet in einer Sphäre statt, in der man die bürgerlichen Berufe nicht findet.

Und doch könnten die Berührungspunkte zwischen der Gamer-Welt und den anerkannten Zonen zum Beispiel der Wissenschaft bald viel zahlreicher sein, als man heute denken würde. Die Evolution selbst trennt nicht zwischen Spielen und sinnvollem Tun, sie lässt einfach das eine in das andere übergehen. Ja, man könnte sagen, dass lustvolles Tun in aller Regel evolutionär sinnvoll ist. Sexuelle Lust führt zur Fortpflanzung und ohne die Erstere gäbe es mit der Zweiten ein Problem. Sollten solche Verschaltungen von Freude und Lust mit wertvollen Effekten nicht auch beim Spielen möglich sein?

WAS KINDER IM DIGITALEN ZEITALTER VON UNS BRAUCHEN

Die Antwort ist einfach: Solche Verschaltungen sind schon da. Sie haben allerdings zur Voraussetzung, dass es sich nicht um bloßen Konsum handelt, sondern um eine spielerische Aktivität. Aber der junge Koreaner, von dem ich hier erzähle, ist auch alles andere als ein Couch-Potato. Er trainiert hart für sein Spiel; es ist das Training, das ihn zum Champion macht. Dreizehn Stunden zu trainieren bedeutet, man gibt viel Lebenszeit für etwas, worin man besser werden will.

Ich würde Jae-Woo Jeong den jungen Weltumseglern, Romanautoren und Programmierern an die Seite stellen. Es sind eigensinnige Jugendliche, die etwas gefunden haben, was ihre Leidenschaft weckt. Und die bereit sind, sich dafür ins Zeug zu legen. Wer hier einwenden würde, das sei im Fall von Computerspielen aber doch vertane Zeit, dem sei vor Augen geführt, wie nah sich die Felder der Gamer einerseits und überaus renommierter Berufsgruppen andererseits inzwischen gekommen sind. Denn auch Wissenschaftler arbeiten, wie ich in Kapitel 3 zeigen konnte, mit Computerspielen, auch wenn man diese nicht unbedingt so nennt. Und zwar schon ziemlich lange.

Kinder für das Kommende bereit machen

In den späten 80er-Jahren fuhr ich als Teil einer Gruppe von Psychologie- und Physikstudenten an die Technische Universität in Delft. Die Niederländer hatten uns, eine kleine Gruppe, die sich mit Mensch-Maschine-Interaktionen beschäftigte, freundlicherweise zu sich eingeladen. Vor Ort beschäftigten wir uns insbesondere mit Flug- und Tankersimulatoren, mit Geräten also, wie sie für die Ausbildung von Piloten und Kapitänen auf Großschiffen verwendet werden.

DIGITALE HYSTERIE

Nachdem wir eine Maschine holprig, aber noch eben sicher hatten landen lassen und uns am Steuern eines Supertankers versucht und diesen fulminant in die Hafenmauer gesetzt hatten, fand ein reger Austausch statt. Gegenstand dieses Austauschs war vor allem, dass hier Aufgaben zu lösen waren, die einerseits spielerischen Charakter hatten und uns andererseits komplett überforderten. Um den Tanker korrekt zu steuern, hätten wir wissen müssen, dass so ein Ungetüm mit einem Ruder, das ganz auf »Backbord« steht, nach einer Korrektur ganz in Richtung »Steuerbord« noch 20 Minuten weiter in die vorherige Richtung fährt, ehe es ganz langsam zur Kursänderung kommt.

Natürlich war es ganz klar, dass wir so etwas nicht wissen konnten. Und die Frustrationserlebnisse waren so gewissermaßen vorprogrammiert. Denn wir bewegten uns in Sphären, die andere Kenntnisse und anderes Vermögen voraussetzten, als wir sie eben mitbrachten. So wurde für die angehenden Physiker und Psychologen ein Feld von Kompetenzen erkennbar, über die sie nicht verfügten. Und die zugleich äußerst komplex waren.

An den Computersimulatoren, die wir damals erkundeten, wurden hochqualifizierte Fachkräfte ausgebildet. Fachkräfte, die dann für Berufe mit guten Aussichten und anständiger Bezahlung bereitstanden. Es ist nötig, dies ausdrücklich hervorzuheben. Denn vieles, wenn nicht alles von dem, was wir seinerzeit erfuhren und gezeigt bekamen, findet heute in digitalen Spielen statt.

Niemand unter den Experten, mit denen wir Studenten zu tun hatten, hätte diese Entwicklung damals vorhergesagt. Und Fragen wie die, ob denn Computer nicht einmal zu einem Risiko für eine gesunde Kindheit werden würden, standen absolut nicht im Raum. Viel zu sehr stand die Entwicklung der Computertechnologie noch unter dem Stern des Nützlichen. Und dass der sich langsam aufbauende Spielemarkt einmal weltumspannend wer-

WAS KINDER IM DIGITALEN ZEITALTER VON UNS BRAUCHEN

den und anderen Sparten der Unterhaltungselektronik-Industrie den Rang ablaufen würde, daran wäre nicht zu denken gewesen. Das bedeutet wohl, dass sich Entwicklungen in der Computerwelt insgesamt nur vorsichtig einschätzen lassen, oder? Tatsächlich ist das richtig. Aber dies gilt natürlich für gesellschaftliche Veränderungen insgesamt. Denn wenn es um die Zukunft geht, dann gehen wir, ohne es zu merken, gewöhnlich vom Heute aus. Und genau das ist falsch. Denn das Heute ist ja eben jetzt und nicht später.

Wo Kinder ganz den Vorstellungen ihrer Eltern im Jetzt entsprechen, wird im Kern davon ausgegangen, alles werde weiter dauern und die Gegenwart sei daher stabil. Wenn wir also heute Kindern die wesentlichen Kulturtechniken beibringen, dann rechnen wir unsere heutige Lebenswelt hoch und nehmen wohl an, es werde alles im Großen und Ganzen so bleiben.

Ist das aber wahrscheinlich? Wohl kaum. Vielmehr wird unsere Welt sich verändern, und zwar vermutlich schneller, als das bisher jemals der Fall war. Inwiefern unsere Gehirne da Schritt halten werden, das hängt auch davon ab, wie wir sie jetzt schon auf das Neue hin ausrichten. Fest aber steht, dass alte und vertraute Kompetenzen hier allein nicht genügen werden. Der gegenwärtige Trend, etwa alte Sprachen wie Latein und Griechisch wieder vermehrt zu lehren, ist unter diesem Aspekt betrachtet sympathisch, aber auch ein bisschen hilflos. Er wirkt, als bemühe sich eine alte Lebensform noch einmal, Raum zu gewinnen, während das Neue am Horizont bereits sichtbar ist.

Unsere Kinder werden nicht alle dicke Romane schreiben, die Welt umsegeln, Stars der Computerbranche oder Berufsgamer werden. Aber die Möglichkeit, in der neuen Welt der Mediensysteme einen Ort für sich zu finden, der ihnen entspricht, sollten sie haben. Wie wird ihr Leben aussehen? Wofür werden sie ihre

Kreativität und ihren Eigensinn, ihre Kompetenz und ihre Leidenschaft einsetzen? Das ist eine noch offene Frage, denn unsere Arbeitswelt wird in den kommenden Jahren ziemliche Veränderungen erfahren. Sicher aber ist, dass diejenigen darin am besten zurechtkommen werden, die zweierlei gelernt haben: erstens, mit der digitalen Technologie, ihren Kommunikationswegen und ihren Simulationen (inklusive der Spielwelten) zurechtzukommen und zweitens, in einer technisch bestimmten Welt auch mit sich selbst zurechtzukommen. Eine Voraussetzung hierfür ist, sich nicht von falschen Sorgen in die Irre führen zu lassen.

Die Autorin und Schriftstellerin Sabrina Wallner stellt in ihrer Schrift zum »Bewusstsein 2.0« fest, dass der moderne Mensch sich entscheiden müsse, ob er seiner Natur oder der Technik gehorchen wolle. Oder ob er in der Lage sei, beides in Einklang zu bringen.[73] Mir scheint, dass wir gar nicht daran vorbeikommen werden, zu versuchen, dieses in Einklang zu bringen, und dass die Balance zwischen medialer Kompetenz und Selbstkompetenz die große Herausforderung des kommenden Jahrzehnts werden wird. So werden wir in den kommenden Jahren Methoden entwickeln müssen, die in erster Linie die Steuerung unserer Aufmerksamkeit betreffen. Hysterisierte Debatten zu führen, wie es leider aktuell noch geschieht, wird dabei nur wertvolle Zeit verbrauchen und den Blick auf das trüben, was wirklich zu leisten ist.

Je genauer wir in den zurückliegenden zehn Kapiteln hingesehen haben, umso mehr ließ sich erkennen, dass unsere Gesellschaft gegenwärtig die falschen Fragen stellt und Ängste schürt, die uns von den eigentlichen Herausforderungen unserer Zeit ablenken. Denn das Computerproblem ist im Kern gar kein technisches Problem. Es ist ein Problem des kulturellen Wandels. Es ist ein Beziehungsproblem. Und letzten Endes ein Problem bezüglich des Umgangs mit uns selbst.

Danksagung

Wenn man ein Buch wie dieses fertig hat, dann hat man nicht nur Therapiematerial ausgewertet, recherchiert, Computerspiele analysiert und Studienstapel abgearbeitet. Nein, vor allem hat man viel geredet. Diskutiert, nachgefragt, Möglichkeiten durchgespielt und Erklärungen erwogen. Hierbei sind immer ein paar Menschen besonders wichtig. Und die zu nennen finde ich schön.

Ich danke:
Hartmud Brinkhaus, Michael Gruß, Ulrich Hegemann und Michael Nolting: bewährte Freunde und prachtvolle Diskutanten.

Petra Dorn vom Beltz Verlag und Katharina Theml für engagiertes Lektorat.

Meiner Agentin Rebekka Göpfert für die tolle Mischung aus Begeisterung und konstruktiver Kritik.

Melanie Rundel-Milzner, Frau und Freundin zugleich, für Leidenschaft, Bestärkung und Anteilnahme.

Und meinen drei Kindern:
Konrad für seine coolen Ideen, seine Leidenschaft und seine Freude am Miteinander-Gamen.

Jakob für seine klugen Gedanken, seinen historischen Blick und seine Freude am Diskutieren.

Antonia für ihre Begeisterungsfähigkeit, ihr Lachen und ihre immer wache Neugier.

Anmerkungen

1. EIN KLEINER KRIEGER HAT ALBTRÄUME

1 Hier ist eine Klärung vonnöten, die für alle in diesem Buch erzählten Fallgeschichten gilt. Psychotherapeuten und Ärzte unterliegen der Schweigepflicht. Nichts, was ihre Patientinnen und Patienten ihnen sagen, verlässt ihre Praxis. Das bedeutet für mich als Autor, dass ich die Schicksale, die ich erzähle, so gestalte, dass kein Patient darin wiedererkannt werden kann. Nicht nur Namen, sondern auch Ereignisse habe ich so beschrieben, dass sie einen Eindruck von dem geben, was in meiner Praxis geschieht. Aber keine der in diesem Buch geschilderten Personen existiert so, wie ich sie hier darstelle.

2 So zum Beispiel der Ulmer Psychiater und Hirnforscher Manfred Spitzer in seinem im Jahr 2005 erschienenen Buch *Vorsicht Bildschirm!*

3 Die Studie wurde im Juli 2014 vom Forsa-Institut an insgesamt 1000 deutschsprachigen Eltern von Kindern und Jugendlichen im Alter zwischen 12 und 17 Jahren durchgeführt. Als Befragungsmethode wurden computerunterstützte Telefonate mit strukturierten Fragebögen benutzt. Die Studie kann im Netz auf der Seite der Techniker-Krankenkasse (TK) nachgelesen werden.

4 *JIM 2013 – Jugend, Information, (Multi-)Media. Basisstudie zum Medienumgang 12- bis 19-Jähriger in Deutschland. Eine Erhebung des medienpädagogischen Forschungsverbunds Südwest aus dem Jahr 2013.* Hrsg. Medienpädagogischer Forschungsverbund Südwest. Stuttgart 2013.

5 Françoise Dolto: *Mein Leben auf der Seite der Kinder.* Bergisch Gladbach 1993.

ANMERKUNGEN

2. MACHEN COMPUTER UNS DÜMMER?

6 Diese Studie nahm u. a. Bezug auf Material der PISA-Studien der Jahre 2000, 2003 und 2006; außerdem ging eine umfangreiche Befragung aus den Jahren 2007 und 2008 in sie ein. Die von Florian Rehbein, Matthias Kleimann und Thomas Mößle geleitete Studie erschien 2009 unter dem Titel *Computerspielabhängigkeit im Kindes- und Jugendalter.*

7 Thomas Mößle:»Gefährden Bildschirmmedien den Schulerfolg?«, in: *Kinderärztliche Praxis*, 89, 1, S. 22–27.

8 Manfred Spitzer: *Digitale Demenz. Wie wir uns und unsere Kinder um den Verstand bringen.* München 2012.

9 Gerald Lembke und Ingo Leipner: *Die Lüge der digitalen Bildung. Warum unsere Kinder das Lernen verlernen.* München 2015. Die Autoren, beide an der Dualen Hochschule Baden-Württemberg in Mannheim tätig, sind weder Psychologen noch Psychiater, sondern Medienfachleute. Lemke ist Betriebswirt und Studiengangsleiter im Bereich »Digitale Medien«, Leipner ist Volkswirt und unterrichtet im selben Studiengang »Journalistisches Schreiben«.

10 Wer mehr dazu wissen möchte, sei auf Jane McGonigals Buch *Besser als die Wirklichkeit!* München 2012 verwiesen.

11 Howard Gardner: *Intelligenzen. Die Vielfalt des menschlichen Geistes.* Stuttgart 2002.

12 Tilman Spreckelsen:»Was sagt Bilbo zu Gollum?«, in: *Frankfurter Allgemeine Sonntagszeitung*, Nr. 50, 2012, S. 65.

3. WIE GEFÄHRLICH SIND COMPUTERSPIELE?

13 Pat Kane: *The Play Ethic. A Manifesto for a Different Way of Living.* London 2005.

14 Peter Gray: *Free to Learn: Why Unleashing the Instinct to Play Will Make our Children Happier, More Self-reliant, and Better Students for Life.* New York 2013.

15 Alle von Largo zitierten Aussagen sind nachzulesen in: *Der Spiegel – Wissen* 3/2011.

16 Richard Louv: *Das letzte Kind im Wald? Geben wir unseren Kindern die Natur zurück!* Weinheim und Basel 2011.

DIGITALE HYSTERIE

17 Andreas Weber: *Mehr Matsch! Kinder brauchen Natur.* Berlin 2011.
18 Dietrich Dörner: *Die Logik des Misslingens. Strategisches Denken in komplexen Situationen.* Reinbek 1989.
19 Christian Wolf: »Helfen Sie Dr. Helmstaedter!«, in: *Bild der Wissenschaft,* 5, 2014.

4. COMPUTERSUCHT ODER LEIDENSCHAFT?

20 Zum Beispiel: Jan Frölich und Gerd Lehmkuhl: *Computer und Internet erobern die Kindheit. Vom normalen Spielverhalten bis zur Sucht und deren Behandlung.* Stuttgart 2012, sowie Wolfgang Bergmann und Gerald Hüther: *Computersüchtig. Kinder im Sog moderner Medien.* Weinheim und Basel 2010.
21 Hierauf verweist zum Beispiel der Leiter der Ambulanz für Spielsucht an der Universitätsklinik Mainz, Klaus Wölfling. Klaus Wölfling et al.: »Computersucht – ein psychopathologischer Symptomkomplex im Jugendalter«, in: *Psychiatrische Praxis,* Heft 35, 2008. Ich habe als Psychologe, der selbst seine Abschlussarbeit über Alkoholismus geschrieben hat, gleichwohl begründete Zweifel, dass der Vergleich angemessen ist.
22 Die Autoren des *DSM-V* sind hier auf angenehme Weise vorsichtig. Doch wenn allein die Vielfalt unterschiedlicher Diagnosebegriffe auch nur ansatzweise auf eine Verwirrung hinsichtlich der Pathologie von extremer Computernutzung verweist, dann scheint diese Verwirrung sehr groß zu sein: Net Addiction, Online Addiction, Net Compulsion, Cyberdisorder, Internet Addiction Disorder (IAD), Pathological Internet Use (PIU).
23 Bert te Wildt hat über seine Erfahrungen und Forschungen ein Buch geschrieben, dessen greller Titel leider suggeriert, dass Computer bzw. das Internet eine mit Heroin vergleichbare Droge seien. Bert te Wildt: *Digital Junkies. Internetabhängigkeit und ihre Folgen für uns und unsere Kinder.* München 2015.
24 Vgl. Dominik Batthyány und Alfred Pritz: *Rausch ohne Drogen. Substanzungebundene Süchte.* Heidelberg 2011.
25 Noch einmal wird hier die Schwäche des Konzepts deutlich. Denn nicht alle Autoren sprechen bei extremer sportlicher Betätigung von Sucht, also »Addiction«, sondern von »Zwängen«, vgl. H. W. Hoefert und C. Klotter (Hrsg.): *Gesundheitszwänge.* Lengerich 2013.

246

ANMERKUNGEN

26 Jörg Petry: »Das Konstrukt ›Verhaltenssucht‹ – eine wissenschaftstheoretische Kritik«, in: *Sucht Aktuell*, 17, 2, S. 14–18.

27 Jörg Petry: »Eine kritische Betrachtung des Mainstreams zur Erklärung der Computer-Internet-Sucht«, in: *Alternativer Sucht- und Drogenbericht* 2014, S. 40–45. Der Bericht wurde herausgegeben von der Deutschen Aids-Hilfe, dem akzept e. V. – Bundesverband sowie dem JES-Bundesverband.

28 Florian Rehbein et al.: »›Computerspiel- und Internetsucht‹ – Der aktuelle Forschungsstand«, in: *Der Nervenarzt*, Heft 84/5, 2013.

29 Wolfgang Bergmann und Gerald Hüther: *Computersüchtig. Kinder im Sog moderner Medien*. Weinheim und Basel 2010, sowie Herbert Renz-Polster und Gerald Hüther: *Wie Kinder heute wachsen. Natur als Entwicklungsraum. Ein neuer Blick auf das kindliche Lernen, Fühlen und Denken*. Weinheim und Basel 2014.

5. DIE NEUE ALTE ANGST: BILDSCHIRM UND GEWALT

30 Vgl. Manfred Spitzer: *Vorsicht Bildschirm! Elektronische Medien, Gehirnentwicklung, Gesundheit und Gesellschaft*. Stuttgart 2005, und derselbe: *Digitale Demenz. Wie wir uns und unserer Kinder um den Verstand bringen*. München 2012.

31 Der Gewaltforscher D. Buss nennt sein Buch folgerichtig *The Murderer Next Door*. New York 2005.

32 Peter Langman: *Amok im Kopf. Warum Schüler töten*. Weinheim und Basel 2009, S. 37.

33 Hierzu mehr bei: Max Hermanutz et al.: »Computerspiele – Training für den Schusswaffengebrauch? Ergebnisse einer experimentellen Studie«, in: *Polizei und Wissenschaft*, Heft 2, S. 3–9.

34 Vgl. Thomas Plöger: »Dokumente der Gewalt – Oliver Stones *Natural Born Killers*, in: Werner C. Barg & Thomas Plöger: *Kino der Grausamkeit*. Frankfurt am Main 1996, S. 123–134.

35 Grossmans Thesen sind durchaus umstritten. Sein mit G. DeGaetano zusammen verfasstes Buch *Stop Teaching Our Kids to Kill* ist schon 1999 erschienen, aber für jeden, der sich mit dem Thema befasst, nach wie vor lesenswert.

36 Skeptiker sagen, der Rückstoß einer echten abgefeuerten Waffe sei so heftig, dass ein Waffentraining am Computer wirkungslos sein müsste. Dem könnte man mit dem Argument begegnen, dass auch echte Luftturbulenzen

DIGITALE HYSTERIE

sich anders anfühlen als solche, die in Simulatoren auftauchen, und dass auch eine Zentrifuge niemals ein solches Raumgefühl auslöst, wie es den Astronauten real erwartet. Aber alle diese technischen Vorbereitungen schaffen Annäherungen an die Realsituation. Und wenn diese Annäherungen gar nichts brächten, wären sie sicher schon längst wieder abgeschafft worden.

37 Christopher Vaughan und Stuart Brown: *Play: How It Shapes the Brain, Opens the Imagination, and Invigorates the Soul.* New York 2009.

38 Steven Pinker: *Gewalt: Eine neue Geschichte der Menschheit.* Frankfurt am Main 2011.

6. NEUE WEGE FÜR KREATIVE KÖPFE: EINE BILANZ

39 Boy Lornsen: *Robbi, Tobbi und das Fliewatüüt.* Stuttgart 2012.

40 Hans Magnus Enzensberger: *Einladung zu einem Poesie-Automaten.* Frankfurt am Main 2000.

41 David Hockney: *Secret Knowledge. Rediscovering the Lost Techniques of the Old Masters.* London 2006.

42 Ken Adam et al.: *Der schöne Schein der Künstlichkeit.* Hrsg. von Andreas Rost. Berlin 1995, S. 66.

43 Miriam Meckel: *Wir verschwinden. Der Mensch im digitalen Zeitalter.* Zürich und Berlin 2013.

44 Die deutsche Fassung dieses Essays steht in: Nicholson Baker: *So geht's.* Hamburg 2015.

45 Interessant hierzu der Aufsatz »Digitaler Dadaismus« von Philipp Stadelmaier, erschienen in der *Süddeutschen Zeitung,* Ausgabe vom 13. August 2014, S. 9.

7. DAS COMPUTERPROBLEM ALS BEZIEHUNGSPROBLEM

46 Aaron Ben Ze'ev: *Love Online.* Cambridge 2004.

47 Dian Levin, Jean Kilbourn: *So Sexy So Soon.* New York 2008.

48 Pier Paolo Pasolini: *Freibeuterschriften. Die Zerstörung der Kultur des Einzelnen durch die Konsumgesellschaft.* Neuausgabe Berlin 2006.

ANMERKUNGEN

8. WIE GEFÄHRLICH SIND FACEBOOK & CO.?

49 Jaron Lanier: *Wem gehört die Zukunft?* Hamburg 2014.

50 Amy Chua: *Die Mutter des Erfolgs.* Zürich 2011

51 Eine gute Übersicht zu wichtigen Studien zu sozialen Netzwerken gibt der Artikel von Franziska Konitzer »Facebook im Visier der Forscher«, in: *Bild der Wissenschaft,* Heft 8/2014.

52 Sherry Turkle: *Verloren unter 100 Freunden.* München 2012.

53 Roy D. Pea et al.: »Medie-use, face-to-face-communication, and social wellbeing among 8- to 12-year-old girls«, in: *Developmental Psychology,* 48, 2, 2012, S. 327–336.

54 Katie Davis und Howard Gardner: *The App Generation.* New Haven 2014.

55 Jean M. Twenge und W. Keith Campbell: *The Narcissism Epidemic. Living in the Age of Entitlement.* New York 2010.

56 Martin Hecht: »Das Netz macht uns zu Rüpeln«, in: *Psychologie heute,* 7, 2015, S. 65.

57 Andrew Keen: *Das digitale Debakel.* München 2015.

58 Mary Scherpe hat über ihren Kampf ein wichtiges Buch geschrieben, das auch als Hilfe zur Wehrhaftigkeit im Netz dienen kann: Mary Scherpe: *An jedem einzelnen Tag. Mein Leben mit einem Stalker.* Köln 2014.

59 Vorschläge für eine Selbstverteidigung im Netz gibt es bereits. So empfehlen einige, im Internet auch unter Angabe falscher Daten zu agieren. Eine Praxis, die Steffan Heuer und Pernille Tranberg unter der Überschrift »Digitale Selbstverteidigung« nahelegen. Steffan Heuer und Pernille Tranberg: *Mich kriegt Ihr nicht!* Hamburg 2013.

60 Lisa Ben Mhenni: *Vernetzt Euch.* Berlin 2011.

61 James Fowler und Nicholas Christakis: *Die Macht sozialer Netzwerke.* Frankfurt am Main 2011.

62 Ramón Reichert: *Die Macht der Vielen.* Bielefeld 2013.

9. SELBSTSTEUERUNG LEHREN STATT SPIELE VERBIETEN

63 Kathrin Passig: *Standardsituationen der Technologiekritik.* Berlin 2013.

64 Joseph LeDoux: *Das Netz der Persönlichkeit.* Düsseldorf und Zürich 2003.

DIGITALE HYSTERIE

65 George Dyson: *Darwin im Reich der Maschinen. Die Evolution der globalen Intelligenz.* Wien 2001.

66 Andrea Zanzotto: *Die Welt ist eine andere*, Holderbank, Wien und Bozen 2010.

67 Daniel N. Stern: *Die Lebenserfahrung des Säuglings.* Stuttgart 1992.

10. WAS KINDER IM DIGITALEN ZEITALTER VON UNS BRAUCHEN

68 Die 17. Shell-Jugendstudie wurde im Oktober 2015 vorgestellt. Die Leitung der Studie oblag dem Politikwissenschaftler Professor Mathias Albert von der Universität Bielefeld. Des Weiteren wurde die Studie von der Soziologin PD Dr. Gudrun Quenzel von der Universität Dortmund und dem Bildungsforscher Professor Klaus Hurrelmann, früher ebenfalls Bielefeld, heute Hertie School of Governance, Berlin, durchgeführt. Hinzu kamen der Sozialwissenschaftler Ulrich Schneekloth und ein Team von TNS Infratest, einem sozialwissenschaftlichen Forschungsinstitut. Die Studie erschien bei Fischer in Frankfurt am Main.

69 Manfred Spitzer : *Cyberkrank! Wie das digitalisierte Leben unsere Gesundheit ruiniert.* München 2015.

70 Nikolas Arnaud, Kay Uwe Petersen, Sonja Bröning und Rainer Thomasius: Pathologischer Internetgebrauch: Ergebnisse einer bundesweiten Befragung zum Beratungs- und Behandlungsangebot. Die Studie erschien 2015 in: *Kinderanalyse*, 23, 3, S. 198–220.

71 Klaus Hurrelmann und Erik Albrecht: *Die heimlichen Revolutionäre.* Weinheim 2014.

72 Diese Äußerungen von Jae-Woo Jeong stammen aus einem Interview mit Christoph Kuklick, das in *Geo*, Heft 9, 2012, S. 148 abgedruckt wurde.

73 Sabrina Wallner: *Bewusstsein 2.0. Wie die modernen Medien unser Denken manipulieren.* Amerang 2014, S. 174.

Literatur

Adam, K., Bordwell, D., Greenaway, P. & Lang, J.: *Der schöne Schein der Künstlichkeit*. Herausgegeben und eingeleitet von Andreas Rost. Berlin: Verlag der Autoren 1995.

Albert, M., Hurrelmann, K., Quenzel, G & TNS Infratest:. Jugend 2015. 17. Shell Jugendstudie. Frankfurt am Main: Fischer 2015.

Arnaud, N.; Petersen, K. U.; Bröning, S. & Thomasius, R. (2015). »Pathologischer Internetgebrauch: Ergebnisse einer bundesweiten Befragung zum Beratungs- und Behandlungsangebot«, in: *Kinderanalyse*, 2015, 23, 3, S. 198–220.

Baker, N.: *So geht's. Essays*. Reinbek: Rowohlt 2015.

Batthyány, D. & Pritz, A.: *Rausch ohne Drogen. Substanzungebundene Süchte*. Heidelberg: Springer 2011.

Ben Mhenni, L.: *Vernetzt euch!* Berlin: Ullstein 2011.

Ben Ze'ev, A.: *Love Online. Emotions on the Internet*. Cambridge: Cambridge University Press 2004.

Bergmann, W. & Hüther, G.: *Computersüchtig. Kinder im Sog moderner Medien*. Weinheim und Basel: Beltz 2010.

Brown, S. & Vaughan, C.: *Play: How It Shapes the Brain, Opens the Imagination, and Invigorates the Soul*. New York: Avery 2009.

Buss, D.: *The Murderer Next Door. Why the Mind is Designed to Kill*. New York: Penguin Press 2005.

Chua, A.: *Die Mutter des Erfolgs. Wie ich meinen Kindern das Siegen beibrachte*. Zürich: Nagel und Kimche 2011.

Davis, K. & Gardner, H.: *The App Generation: How Today's Youth Navigate Identity, Intimacy, and Imagination in a Digital World*. New Haven: Yale University Press 2014.

Dörner, D.: *Die Logik des Misslingens. Strategisches Denken in komplexen Situationen*. Reinbek: Rowohlt 1989.

Dolto, F.: *Mein Leben auf der Seite der Kinder. Ein Plädoyer für eine kindgerechte Welt*. Bergisch Gladbach: Lübbe 1993.

Dyson, G.: *Darwin im Reich der Maschinen. Die Evolution der globalen Intelligenz.* Wien: Springer 2001.

Enzensberger, H. M.: *Einladung zu einem Poesie-Automaten.* Frankfurt am Main: Suhrkamp 2000.

Fowler, J. & Christakis, N. A.: *Die Macht sozialer Netzwerke. Wer uns wirklich beeinflusst und warum Glück ansteckend ist.* Frankfurt am Main: Fischer 2011.

Freyermuth, G. S.: »Über Geschichte, Gegenwart und Zukunft von Computerspielen«, in: Thomas Böhm (Hrsg.): *New Level. Computerspiele und Literatur.* Berlin: Metrolit 2014, S. 115–144.

Frölich, J. & Lehmkuhl, G.: *Computer und Internet erobern die Kindheit. Vom normalen Spielverhalten bis zur Sucht und deren Behandlung.* Stuttgart: Schattauer 2012.

Gardner, H.: *Intelligenzen. Die Vielfalt des menschlichen Geistes.* Stuttgart: Klett-Cotta 2002.

Gray, P.:. *Free to Learn: Why Unleashing the Instinct to Play Will Make Our Children Happier, More Self-reliant, and Better Students for Life.* New York: Basic Books 2013.

Grossman, D. & DeGaetano, G.: *Stop teaching our kids to kill. A call to action against tv, movie & video game violence.* New York: Crown Publishers 1999.

Hecht, M.: »Das Netz macht uns zu Rüpeln«, in: *Psychologie heute*, 7, 2015, S. 65.

Hermanutz, M., Spöker, W., Gnam, T. & Neher, M.: »Computerspiele – Training für den Schusswaffengebrauch? Ergebnisse einer experimentellen Studie«, in: *Polizei und Wissenschaft*, 2, 2002, S. 3–9.

Heuer, S. & Tranberg, P.: *Mich kriegt Ihr nicht! Die wichtigsten Schritte zur digitalen Selbstverteidigung.* Hamburg: Murmann 2013.

Hockney, D.: *Secret Knowledge. Rediscovering the Lost Techniques of the Old Masters.* 2nd Revised Edition. London: Thames & Hudson 2006.

Hoefert, H.W. & Klotter, C. (Hrsg.): *Gesundheitszwänge.* Lengerich: Papst 2013.

Hurrelmann, K. & Albrecht, E.: *Die heimlichen Revolutionäre. Wie die »Generation Y« unsere Welt verändert.* Weinheim: Beltz 2014.

LITERATUR

Kaku, M.: *Die Physik der Zukunft. Unser Leben in 100 Jahren.* Reinbek: Rowohlt 2012.

Keen, A.: *Das digitale Debakel.* München: Deutsche Verlags Anstalt 2015.

Kane, P.: *The Play Ethic. A Manifesto for a Different Way of Living.* London: Pan Books 2005.

Konitzer, F.: »Facebook im Visier der Forscher«, in: *Bild der Wissenschaft,* 8, 2014, S. 58–69.

Lanier, J.: *Wem gehört die Zukunft? Du bist nicht der Kunde der Internetkonzerne. Du bist ihr Produkt.* 4. Auflage. Hamburg: Hoffmann und Campe 2014.

Langman, P.: *Amok im Kopf. Warum Schüler töten.* Weinheim und Basel: Beltz 2009.

LeDoux, J.: *Das Netz der Gefühle. Wie Emotionen entstehen.* München: Hanser 1998.

LeDoux, J.: *Das Netz der Persönlichkeit. Wie unser Selbst entsteht.* Düsseldorf und Zürich: Patmos 2003.

Lembke, G. & Leipner, I.: *Die Lüge der digitalen Bildung. Warum unsere Kinder das Lernen verlernen.* München: Redline 2015.

Levin, D. E. & Kilbourne, J.: *So Sexy So Soon. The New Sexualized Childhood and What Parents Can Do to Protect Their Kids.* New York: Ballantine Books 2008.

Lobo, S. & Passig, K.: *Internet – Segen oder Fluch.* Berlin: Rowohlt 2012.

Lornsen, B.: *Robbi, Tobbi und das Fliewatüüt.* Stuttgart: Thienemann 2012.

Louv, R.: *Das letzte Kind im Wald? Geben wir unseren Kindern die Natur zurück!* Weinheim und Basel: Beltz 2011.

McGonigal, J.: *Besser als die Wirklichkeit! Warum wir von Computerspielen profitieren und wie sie die Welt verändern.* München: Heyne 2012.

Meckel, M.: *Wir verschwinden. Der Mensch im digitalen Zeitalter.* Zürich und Berlin: Kein & Aber 2013.

Milzner, G.: *Die amerikanische Krankheit. Amoklauf als Symptom einer zerbrechenden Gesellschaft.* Gütersloh: Gütersloher Verlagshaus 2010.

Pasolini, P. P.: *Freibeuterschriften. Die Zerstörung der Kultur des Einzelnen durch die Konsumgesellschaft.* 2. Auflage der Neuausgabe. Berlin: Wagenbach 2006.

Passig, K.: *Standardsituationen der Technologiekritik*. Berlin: Suhrkamp 2013.

Pea, R. et al.: »Media-use, face-to-face-communication, media-multitasking, and social-wellbeing among 8-to-12-year-old girls«, in: *Developmental Psychology*, 48, 2, 2012, S. 32–336.

Petry, J.: »Das Konstrukt ›Verhaltenssucht‹ – eine wissenschaftstheoretische Kritik«, in: *Sucht Aktuell*, 17, 2, 2010, S. 14–18.

Petry, J.: »Eine kritische Betrachtung des Mainstreams zur Erklärung der Computer-Internet-Sucht«, in: *Alternativer Sucht- und Drogenbericht*, 2014, S. 40–45.

Pinker, S.: *Gewalt. Eine neue Geschichte der Menschheit*. Frankfurt am Main: Fischer 2011.

Plöger, T.: »Dokumente der Gewalt – Oliver Stones *Natural Born Killers*«, in: W. C. Barg & T. Plöger: *Kino der Grausamkeit*. Frankfurt am Main: Bundesverband Jugend und Film e. V. 1996, S. 123–134.

Rehbein, F., Kleimann, M. & Mößle, T.: *Computerspielabhängigkeit im Kindes- und Jugendalter. Empirische Befunde zu Ursachen, Diagnostik und Komorbiditäten unter besonderer Berücksichtigung spielimmanenter Abhängigkeitsmerkmale*. Hannover: Kriminologisches Forschungsinstitut Niedersachsen 2009.

Rehbein, F., Mößle, T., Arnaud, N. & Rumpf, H.-J.: »Computerspiel- und Internetsucht. Der aktuelle Forschungsstand«, in: *Der Nervenarzt*, 84, 5, 2013, S. 569–575.

Reichert, R.: *Die Macht der Vielen. Über den neuen Kult der digitalen Vernetzung*. Bielefeld: transcript 2013.

Renz-Polster, H. & Hüther, G.: *Wie Kinder heute wachsen. Natur als Entwicklungsraum. Ein neuer Blick auf das kindliche Lernen, Fühlen und Denken*. Weinheim und Basel: Beltz 2014.

Scherpe, M.: *An jedem einzelnen Tag. Mein Leben mit einem Stalker*. Köln: Bastei Lübbe 2014.

Sonnenmoser, M.: »Aggressive Kinder und Jugendliche: Mangel an evidenzbasierten Interventionen«, in: *Deutsches Ärzteblatt*, PP, 7, 2011, S. 325–329.

Spitzer, M.: *Vorsicht Bildschirm! Elektronische Medien, Gehirnentwicklung, Gesundheit und Gesellschaft*. Stuttgart: Klett 2005.

LITERATUR

Spitzer, M.: *Digitale Demenz. Wie wir uns und unsere Kinder um den Verstand bringen.* München: Droemer Knaur 2012.

Spitzer, M.: *Cyberkrank! Wie das digitalisierte Leben unsere Gesundheit ruiniert.* München: Droemer Knaur 2015.

Spreckelsen, T.: »Was sagt Bilbo zu Gollum?«, in: *Frankfurter Allgemeine Sonntagszeitung,* 50, 1992, S. 65.

Stadelmaier, P.: »Digitaler Dadaismus«, in: *Süddeutsche Zeitung,* 185, 2014, S. 9.

Stern, D. N.: *Die Lebenserfahrung des Säuglings.* Stuttgart: Klett-Cotta 1992.

te Wildt, B.: *Digital Junkies. Internetabhängigkeit und ihre Folgen für uns und unsere Kinder.* München: Droemer 2015.

Turkle, S.: *Verloren unter 100 Freunden. Wie wir in der digitalen Welt seelisch verkommen.* München: Riemann 2012.

Twenge, J. M. & Campbell, W. K.: *The Narcissism Epidemic. Living in the Age of Entitlement.* New York: Atria Books 2010.

Wallner, S.: *Bewusstsein 2.0. Wie die modernen Medien unser Denken manipulieren.* Amerang: Crotona 2014.

Weber, A.: *Mehr Matsch! Kinder brauchen Natur.* Berlin: Ullstein 2011.

Wölfling, K. et. al.: »Computersucht – Ein psychopathologischer Symptomkomplex im Jugendalter«, in: *Psychiatrische Praxis,* 35, 5, 2008, S. 226–232.

Wolf, C.: »Helfen Sie Dr. Helmstaedter!«, in: *Bild der Wissenschaft,* 5, 2014, S. 24–27.

Zanzotto, A.: *Die Welt ist eine andere. Poetik.* Holderbank, Wien und Bozen: Urs Engeler Editor und Folio Verlag 2010.